가트맨의
부부
감정 치유

What Makes Love Last?
Copyright © 2012 by John Gottman, Ph.D. and Nan Silver.
ALL RIGHTS RESERVED.
This edition is published by arrangement with Brockman, Inc.
Korean translation copyright © 2014 by EULYOO PUBLISHING CO. LTD.,

이 책의 한국어판 저작권은 저작권사와 독점 계약한 ㈜을유문화사에 있습니다.
저작권법에 의하여 한국 내에서 보호를 받는 저작물이므로 무단전재와 복제를 금합니다.

가트맨의 부부 감정 치유

존 가트맨 · 낸 실버 지음 | 최성애 옮김 | 조벽 감수

What Makes Love Last?: How to Build Trust and Avoid Betrayal

을유문화사

가트맨의
부부 감정 치유

발행일
2014년 2월 10일 초판 1쇄
2024년 8월 30일 초판 16쇄

지은이 | 존 가트맨·낸 실버
옮긴이 | 최성애
펴낸이 | 정무영, 정상준
펴낸곳 | (주)을유문화사

창립일 | 1945년 12월 1일
주   소 | 서울시 마포구 서교동 469-48
전   화 | 02-733-8153
팩   스 | 02-732-9154
홈페이지 | www.eulyoo.co.kr
ISBN 978-89-324-7225-6 13590

* 값은 뒤표지에 표시되어 있습니다.
* 옮긴이와의 협의하에 인지를 붙이지 않습니다.

신뢰를 명실공히 이해하는 나의 아내 줄리에게
- 존 가트맨

나의 아이들 윌과 엘리자베스에게
- 낸 실버

추천사

신뢰는 과정이다

조벽(동국대 석좌교수)

'신뢰프로세스'라는 신조어가 국내에 등장한 지 꽤 되었습니다. 하지만 이 단어가 무엇을 뜻하는지 여전히 베일에 쌓여 있습니다. 신뢰라는 단어 하나만도 참으로 복잡한 개념인데 거기에다 프로세스란 영문이 가미되는 바람에 더 모호해져 버렸습니다. 그러나 이 책이 신뢰와 과정(프로세스)이라는 개념이 함께 언급될 수 있는 근거를 마련해 주고 있습니다.

일단 우리는 신뢰를 명사로 사용합니다. 물건같이 존재하는 개념으로 신뢰가 있다, 없다고 표현합니다. 그래서 신뢰를 주고받을 수 있고, 쌓거나 잃을 수 있습니다. 신뢰를 느낄 수도 있고, 신뢰에 금이 가거나 심지어 신뢰가 깨지기도 합니다. 또한 신뢰를 동사로도 사용합니다. 신뢰한다, 안 한다고 말합니다. 그래서 신뢰할 수 있는 사람, 할 수 없는 사람으로 구분하는 것도 가능해지지요. 그러니 신뢰는 사람의 품성이나 성질과 같은 '신뢰성', 품질의 수준 같은 '신뢰도', 감각 차원의 '신뢰감'으로 연결됩니다. 결국 형용사 같은 양적, 질적 표현이 가능해지기 때문에 높고 낮은 신뢰, 또는 신뢰가 강하다, 약하다고 하는 게지요.

그러나 '신뢰심'이라는 단어도 존재합니다. 즉, 어느 상대방에게서 발견하고 느낄 수 있는 요인만이 아니라 그 상대방을 대하는 나 자신의 마음 자세와 태도를 지칭하고 있습니다. 신뢰란 상대방의 신뢰도와 무관하게 내가 일방적으로, 독립적으로 지니는 일념 또는 신념일 수 있다는 것입니다. 극단적인 예를 들어, 제3자가 볼 땐 영락없는 사기꾼에 대해 어떤 사람은 무한한 신뢰를 지닐 수 있다는 것입니다.

이 책은 이토록 다차원적이고 복합적인 신뢰라는 개념을 가트맨 박사의 과학적인 연구로 분석하고 명료화했습니다. 40년에 걸친 종단 연구의 방대한 규모에도 놀랐지만 가장 놀라운 사실은 신뢰가 형성되고, 상호작용하고, 금이 가고, 틈이 벌어지고, 깨지고, 소멸되는 연속적인 과정을 매우 구체적이고 구분 가능한 단계로 깔끔하게 정리했다는 것입니다. 가트맨 박사는 마치 신뢰에 생애주기가 있는 듯 각 단계의 특성과 속성을 명쾌하게 설명했습니다. 신뢰가 어떻게 한 단계에서 다음 단계로 넘어가는지, 어떤 이유로 중단되는지, 무엇을 할 때 그 전 단계로 퇴행하게 되는지를 섬세하게 묘사했습니다. 결국, 신뢰는 과정임을 알아낸 것입니다. 이것이 바로 '신뢰프로세스'입니다.

신뢰는 두 사람 (또는 개체) 사이의 상호의존 상태를 뜻하고, 신뢰프로세스는 그 상태가 일정한 단계를 거치면서 발전하거나 퇴행하며 변해 가는 과정을 뜻합니다. 가트맨 박사는 신뢰가 해를 입고 해체되는 과정에 이득 계산, 부정적 비교, 유독한 대화, 배반 등이 개입되어 있고, 신뢰를 형성하거나 회복하는 과정에는 정서적 애착형성법, 감정적 조율법, 긍정적 소통법, 건설적 갈등관리법 같은 기술들이 필요하다고 합니다. 즉, 세상에는 자그마한 신뢰의 씨앗을 키워 가는 기술이 있으며, 깨진 신뢰를 회복하기 위한 과학적 연구에 기반을 두고 임상 실험으로 그 효과가 입증된 방법이 있다는 것입니다. 그리고 이 책은 그 기술과 방법들을 알려 주고 있습니다.

이 책은 비록 부부 또는 함께 살고자 하는 두 사람 사이라는 특별한 인간관계에서 존재하는 신뢰에 대한 연구지만 결과는 모든 인간관계에 다분히 적용되는 매우 위력적인 이론입니다. 그래서 필자는 이 책이 '신뢰'가 사회적 이유가 된 현재 한국에 절실히 필요한 깨달음을 주고 신뢰 사회를 구축할 수 있는 방법을 제시해 주리라고 믿습니다.

들어가기 전에

2010년과 2011년 두 번에 걸쳐 가트맨 박사님을 한국에 초청했을 때 저는 박사님께 요즘 어떤 연구를 하시느냐고 여쭤 보았습니다. 박사님은 '신뢰와 배반'에 관해서 연구한다고 하시면서, 그 이유는 전 세계적으로 외도와 불륜이 너무 유행병처럼 만연하기에 그 진단과 치료법을 찾고 싶어서라고 하셨습니다. 저는 한국에도 그 유행병이 급속하게 번지고 있고 '막장 드라마'를 전 세계로 수출하며 '불륜공화국'이라는 부끄러운 명예를 얻고 있는 한국에 가트맨 박사의 연구가 치료제와 예방제 역할을 할 수 있으리라는 희망을 가졌습니다. 그래서 이 책이 나오자마자 단숨에 읽었고 번역 의뢰를 선뜻 수락했습니다.

이 책은 우리 모두에게, 부부 사이만이 아니라 모든 인간관계에서 신뢰를 형성하고 배반을 치료하고 예방하는 방법을 알려 줍니다. 예를 들어 다음과 같은 상황의 부부가 있다고 합시다.

:사례 1:

김미경(36세) 씨는 결혼 8년 차, 일밖에 모르는 남편에게 지쳐 가던 중 중학교 동창회에 갔다가 정현석 씨를 만났습니다. 서로 반가워하며 근황을 묻고 연락처를 주고받은 뒤 헤어졌는데, 오랜만에 본 정현석 씨의 모습이 자꾸 눈에 아른거렸습니다. 특히 보자마자 반갑게 환히 웃던 모습과 성형외과 전문의가 되었다는 것, 그리고 김미경 씨에게 "여전히 예쁘구나, 넌 성형 수술할 데가 한 군데도 없어서 나한테 올 필요 없겠는데……. 그래도 한번 보자."라고 하면서 건네주던 명함을 핸드백에 잘 간직해 두었습니다. 일주일 뒤 김미경 씨는 용기를 내어 정현석 씨에게 전화를 했고, 두 사람은 점심시간에 만나 즐거운 식사와 담소를 나눈 뒤 헤어졌습니다. 그뿐이었습니다. 아무 성적인 접촉이나 부적절한 대화도 없었습니다. 그러나 김미경 씨는 이 사실을 남편에게 말하지 않았습니다. 남편이 어디 있느냐고 문자를 보냈을 때, 김미경 씨는 학부모 모임 중이라고 답글을 보내면서 들킬 것 같아 가슴이 두근두근했습니다.

:사례 2:

마흔 살 차윤호 씨는 어느 기업의 부장입니다. 스물한 살 인턴 사원 미나 씨의 싹싹하고 부지런한 모습이 마음에 들어 아내에게 칭찬을 했습니다. "요즘 보기 드문 아가씨야. 하는 짓이 예쁘고 기특해." 윤호 씨의 아내는 초등학교 5학년 아들과 세 살 된 쌍둥이 딸을 키우느라 지쳐서, 남편의 말을 건성으로 듣는 둥 마는 둥 했습니다. 그러던 어느 날 남편이 직원들과 회식한다며 늦게 들어온다고 했습니다. 새벽 3시에 아내의 전화기로 문자가 왔습니다. "미나 씨, 사랑해요!" 남편이 그 아가씨를 집에 바래다주고 보낸 문자인데 실수로 아내의 번호로 온 것이었습니다. 아내는 문자를 본 순간 구토증이 날 정도로 속이 뒤틀렸습니다. 그 후로 부부는 지금까지 열전과 냉전을 반복하고 있습니다.

:사례 3:

결혼 3년 차인 이민주 씨는 이혼을 고민 중입니다. 남편이 시어머니나 시누이와 관련된 일이라면 민주 씨가 입도 벙긋 못하게 눈을 부라리며 화를 내기 때문입니다. 경제력, 학력, 인물, 매너 등 빠질 것 없는 남편이지만, 시댁과 관련된 일에서는 그야말로 '남의 편'인 남편이 이민주 씨는 야속하기만 합니다.

이 세 가지 사례는 상당히 다릅니다. 첫 번째 사례는 어리석지만 호기심이 발동한 '별일 없는' 만남이었다고 볼 수 있습니다. 두 번째 사례는 노골적인 외도일 가능성이 높지요. 세 번째는 불륜이나 외도와는 전혀 관계없는 전통적인 고부 갈등의 일면이라고 할 수 있습니다. 그럼에도 불구하고 공통점이 있습니다. 당사자들의 감정이 극도로 부정적으로 변한다는 것과 관계에 심각한 손상이 생긴다는 것입니다. 가트맨 박사는 이 세 사례에서 '배반'이라는 공통분모를 발견했고, 관계의 '상호 의존 상태'를 측정할 수 있는 신뢰 지표를 개발했습니다.

가트맨 박사는 배반이 어느 날 벼락처럼 일어나는 사건도 아니고 전혀 예측 못할 '우연이나 운명'도 아니라고 합니다. 그의 연구에 따르면, 외도와 배반은 예측 가능한 24코스로 나아가는 '진행성 과정'입니다. 따라서 그 코스 중 어느 단계에 있는지 알면 앞으로의 방향이 어떻게 진행될지 알아차릴 수 있을 뿐 아니라, 그 코스로 계속 진행할지 말지 선택하고 결정할 수 있게 된다는 것입니다. 가트맨 박사에 따르면, 사례 1의 경우는 이미 외도가 진행되고 있다고 봅니다. 남편에게 지쳐 부정성이 쌓이던 중 다른 남자를 만났고, 전화하고 만난 사실에 대한 '비밀'을 갖는다는 것은 앞으로 이 관계가 배반으로 이어질 가능성이 높다는 의미입니다. 특히 남편과 정현석 씨를 은근히 비교하면서 남편은 점점 더 못나 보이고 정현석 씨는 점점 더 긍정적으로 보인다면 그 관계가 배반 쪽으로 더 진행될 가능성이 높습니다.

사례 2의 경우는 배반의 코스에서 좀 더 진행된 상태입니다. 아직 육체관계까지는 가지 않았을지 몰라도 이미 남편은 아내보다 그 여자에게 정서적으로 훨씬 가깝습니다. 문자를 본 아내는 심한 배반감, 분노, 놀람, 불안, 슬픔 등 여러 고통스러운 감정을 느끼고 그 고통을 덜어 달라고 항의, 호소, 협박, 심문, 냉담 등의 다양한 행동을 취할 것입니다. 이런 아내의 격분과 불신감이 남편의 방어, 역공격, 변명, 합리화, 냉소 등의 부정적 반응과 맞부딪칠 때마다 두 사람의 관계는 심각한 손상을 입고 이 관계의 미래는 어둡게 됩니다.

또한 사례 3과 같이 육체적 외도는 아니라도 부부가 서로에게 최우선의 헌신을 주지 못하고 감정을 일축하면 신뢰가 부식됩니다. 부부 이외의 누구라도, 어떤 것이라도 이에 해당됩니다. 일, 성공, 돈, 취미, 자유, 종교, 여행, 친목회나 동호회 등을 배우자보다 우선시한다면 부부 사이에 신뢰감이 쌓이지 않고, 관계는 고통스럽거나 갈등이 증폭되어 해체의 결말을 맞는다고 가트맨 박사는 경고합니다.

이 책에서 가트맨 박사는 이렇게 부부간에 가장 중요한 '신뢰'에 대한 진단뿐 아니라 관계를 매우 고통스럽게 하는 배반에서 방향을 선회하여 치유의 길로 가는 처방도 자세히 알려 주고 있습니다. 또한 배반이 일어나지 않도록 예방하는 방법도 가르쳐 줍니다.

이 모든 것이 단순한 경험이나 통찰에서 나온 것이 아니라 40여 년에 걸친 엄밀한 과학적 연구로서 밝혀진 것이고, 임상을 통해 효과가 검증된 방법들이라서 믿고 적용해도 좋다고 생각합니다. 저는 배반의 고통으로 괴로워하는 부부들뿐 아니라 그런 고통을 예방할 수 있도록 예비부부와 신혼부부에게도 이 책을 권합니다.

우리나라의 이혼율은 현재 OECD 국가 중 1위입니다. 정말 심각한 상태입니다. 우리나라보다 먼저 이혼으로 홍역을 앓은 선진국에서는 30년 이상 폭증하는 이혼으로 인해 많은 사회적 비용을 치르며 부부 문제를 치료하기 위한 방법들을 개발해 왔습니다. 시행착오를 최소화하고 이미 검증을 거쳐 효과가 입증된 방식, 그중에서도 대표적인 방식인 가트맨 부부 치료법은 이제 국내에서도 유명합니다. 가트맨 박사는, 부부 치료 전문가로서 미국을 비롯한 전 세계에서 권위를 인정받고 있고, 40여 년 동안 연구와 적용을 거쳐 그 효과가 입증된 가트맨 방식을 만들었습니다. 미국 역시 예전에는 우리나라처럼 부부 치료 전문가라고 할 수 없는 심리 치료사나 심리 상담사, 목회자 등이 과학적이지 않은 관점에서 상담하여 부부 문제를 상담받으러 갔다가 오히려 관계가 나빠져 이혼하는 경우도 적지 않았습니다. 관계 치료에 필요한 전문적인 훈련을 받지 못한 이들에게 상담받았기 때문일 것입니다. 심리학자이자 수학자인 가트맨 박사는 미국에서 이혼률이 급증하던 1970년에 연구를 시작했습니다. 당시 30대 초반이던 가트맨 박사는 사귀던 여성들과의 관계가 대부분 좋지 않게 끝났고, 결혼마저 실패했습니다. 여성과의 관계에서 실패를 거듭하던 그는 결혼에 관해 과학적으로 연구되지 않았다는 점을 깨닫고, 자신처럼 불행한 결혼생활을 이혼으로 끝낸, 버클리 대학교 심리학과 교수인 로버트 레벤슨 박사와 함께 관계에 대한 연구를 시작했습니다. 원래 MIT에서 수학과 물리학을 전공한 가트맨 박사는 그 분야에 일가견이 있었고, 생리심리학을 전공한 레벤슨 박사는 심장박동 수나 혈류량, 땀이나 소변 속의 스트레스 호르몬 양 등을 측정하는 데 굉장한 지식을 가지고 있었습니다.

주목할 점은, 연구를 시작할 때 두 사람이 아무런 선입견이나 가설도 세우지 않았다는 것입니다. 그들은 실제 부부들의 사는 모습을 통해 어떻게 하면 행복한 결혼 생활을 할 수 있는지 배우고자 했습니다. 본격적으로 연구를 시작한 가트맨 박사는 워싱턴 대학교 의과대학 기숙사에 아파트와 같은 공간을 꾸미고 그곳에 부부들을 초대해 평소처럼 지내게 했습니다. 일상생활을 하고 때로는 다투는 등 집에서와 똑같이 행동하는 모습을 24시간 동안 비디오에 담았습니다. 그 외에 부부의 성격 검사도 하고, 직업, 학력, 수입, 나이, 결혼 연수, 자녀 수, 결혼에 대한 생각 등을 검사지에 기록하고 심층적인 구술 면접을 했습니다. 그리고 심장박동 수와 혈류량, 스트레스 지수, 호르몬 양 등을 측정했습니다. 그런 뒤 그들의 5년 후, 10년 후, 15년 후를 추적했습니다. 행복하게 사는 부부, 이혼은 안 했지만 불행하게 사는 부부, 이혼한 부부가 서로 어떤 점이 달랐는지도 살펴봤습니다. 그리고 검사지에 기록한 성격, 직업, 수입 등 여러 요소의 상관관계를 다 맞춰 보았지만 공통점을 찾을 수 없었습니다. 그래서 촬영한 비디오테이프를 세세하게 분석했습니다. 억양과 음량, 음의 높낮이, 눈빛과 얼굴 근육의 움직임, 몸짓, 몸을 움직이는 정도, 두 사람의 거리 등을 측정했습니다. 그리고 부부가 열띤 논쟁을 하는 장면을 보여 주면서, 촬영하던 당시에 측정한 심장박동 수, 땀의 양, 혈류량과 다시보기 할 때의 수치를 비교해 보았습니다. 이렇게 36년 동안 약 3천 쌍의 자료를 측정해서 연구한 결과, 이런 부부가 행복하게 산다거나 이런 부부가 헤어진다고 예측했던 부부에 대한 상식이나 통념과 전혀 다른 답을 찾아냈습니다.

그것은 흔히 말하는 성격 차이도, 경제력도 아니었습니다. 가트맨 박사의 연구 결과, 이혼하는 사람들의 공통점은 부정적인 싸움 방식에 있었습니다. 관계를 망치는 가장 안 좋은 방식이 비난, 경멸, 방어·반격, 도피(담쌓기)이며, 이것은 부부가 대화 중 피해야 하는 것들이라는 결과였습니다. 관계를 망치는 지름길을 택하면 어떤 부부라도 관계가 고통스러워지기 마련입니다. 반면, 연구 과정에서 발견한 행복한 부부들은 일상의 사소한 일에서 긍정성을 훨씬 많이 보였습니다. 불행한 부부와 행복한 부부의 차이는 성격이나 재산 같은 조건이 아니라 상호작용의 패턴으로 결정된다는 것입니다. 예를 들어 행복한 부부들은 대꾸를 잘 해 주거나 자주 고개를 끄덕이고 바라보거나 어깨에 손을 얹는 등의 모습을 보이며 서로에게 관심을 보이고 호응했습니다. 불행한 부부들이 상대방의 이야기에 별 반응 없거나 서로 멀어지게 하는 말을 주고받아 감정이 격해지는 것과는 다른 모습이었습니다.

이렇게 실험과 연구를 통해서 내린 두 가지 결과는 이렇습니다. 첫째, 관계가 건강하게 유지되려면 우정과 우호감을 돈독하게 쌓아야 합니다. 둘째, 갈등을 대하는 태도가 점잖고 부드러워야 합니다. 실험에서, 갈등의 내용이 문제가 아니라 격한 말이나 경멸적인 태도를 보이며 감정적으로 흥분하거나 서로 파괴적으로 나가면 적대감이 커지고 관계를 회복하기가 어려워지는 모습을 보였습니다. 즉 싸우는 방식이 관계를 깨뜨리는 것입니다. 우호감을 충분히 쌓지 못한 데다 갈등을 관리하는 방식이나 대화 방식이 잘못되면 결국 관계는 돌이킬 수 없는 지경에 이릅니다.

가트맨 박사가 만든 방식으로 이혼 가능성을 약 96퍼센트 정도 정확하게 예측할 수 있습니다. 가트맨 방식은 문제 해결뿐 아니라 친밀감을 어떻게 형성하고 유지하는지, 마찰을 어떻게 해결하는지, 상대와 나의 감정을 어떻게 다스려야 하는지 등을 제시해 줍니다. 막연한 이론이나 추측에 근거한 것이 아니라, 구체적으로 진단하고 치료하는 방식은 물론 예방법까지 제시합니다. 치료 효과 면에서도 지금까지 나온 어떤 부부 치료 방식보다 성과가 높습니다. 가트맨 방식은 수치가 정확히 나오는 요리책처럼 레시피에 적혀 있는 대로만 요리하면 실패하지 않고 만들어 낼 수 있는 실용적인 방법입니다. 소금 약간과 갖은 양념을 넣고 적당한 불에 요리하라는 두루뭉술한 요리책과는 다릅니다. 가트맨 방식은 행복한 결혼 생활에 대한 실천 가능한 방법을 과학적으로 검증된 방식으로 한 단계씩 구체적으로 알려 줍니다.

가트맨 방식은 관계의 치료가 핵심입니다. 가트맨 부부 치료의 목표는 이혼으로 가는 지름길을 차단하고 관계에 독이 되는 말투나 행동 방식 대신 해독제 역할을 하는 행동 패턴을 가르쳐 줍니다. 또한 상담자가 문제 해결의 열쇠를 직접 제시하는 것이 아니라 부부가 서로의 생각을 들어 주고 말하되 격한 감정 속에 숨어 있는 상처나 꿈, 실존적 의미와 가치를 존중할 수 있도록 갈등 관리 기술을 가르쳐 줍니다. 즉 부부가 오래도록 함께 안정적인 관계를 유지하면서도 둘 사이의 생동감을 잃지 않도록 하며, 상대에게 우호감을 느끼고 행복하게 살 수 있는 '과정'을 습득하도록 도와주는 것입니다. 스탠퍼드 대학교의 프레드 러스킨 교수는 "존 가트맨 박사는 결혼을 과학의 경지에 올려놓았다"고 말했고, 베스트셀러 작가 맬컴 글래드웰은 "가트맨 박사는 부부 싸움의 첫 3분만 봐도 그 부부가 이혼할지를 96퍼센트의 정확도로 예측할 수 있는 최고의 전문가"라고 말했습니다. 이 책은 가트맨 박사가 지금까지 해 온 연구 결과가 녹아 있는 결정체라고 할 수 있습니다. 그의 이론과 실제 사례가 잘 섞여 이해가 쉽고 공감이 가며, 적용이 가능할 뿐 아니라 상대방의 마음을 더 잘 헤아리게 해 줍니다.

이 책을 번역하면서 가트맨 박사님께 다시금 깊은 존경과 감사를 느꼈습니다. "미국의 기업과 교육의 미래가 가트맨 박사의 손에 달렸다"고 평한 뇌과학자 존 메디나 박사와 "인류 역사상 가장 성공한 예언자"라고 극찬한 미래학자의 말이 과장된 평이 아님을 독자들도 공감하시리라 믿습니다.

2014년 1월
최성애
국제 공인 가트맨 부부 치료사

일러두기

- 이 책에 실린 일화들과 대화는 가트맨 박사가 부부들을 연구하고 상담하면서 얻은 수년간의 경험에 기초를 두고 있습니다. 모든 이름과 신원 정보는 바꾸었습니다. 대사는 간결성과 명료함을 위해 편집되었고, 몇몇 일화는 가트맨 박사의 이론을 설명하기 위해 합성하거나 가상으로 만든 부부를 사용하였습니다.
- 원주는 번호로 표시하고, 옮긴이 주와 편집자 주는 *로 표시하여 구분하였습니다.

차례

추천사 — 7
들어가기 전에 — 11
서문 — 23

1. 당신의 신뢰 지표 측정하기 — 33
2. '좋음', '중립' 그리고 '끔찍' — 59
3. "그렇게 될 줄은 몰랐어!"(왜 외도를 하는 것일까?) — 85
4. 남자, 포르노, 성 충동 — 107
5. 배반으로 가는 열 가지 다른 방식 — 117
6. 신뢰와 조율의 본질 — 139
7. 초보를 위한 정서적 조율 방식: 친밀한 대화의 기술 — 149
8. 서로에게 다가가는 대화 — 161
9. 크고 작은 갈등 해결해 나가기 — 173
10. 외도로부터의 회복 — 221
11. 친밀한 성관계를 통한 유대감 형성 — 253

12. 헤어져야 할 때인지를 아는 방법   **289**

13. 다시 신뢰하는 법 배우기: 생명 구조 기술   **323**

14. 진정한 사랑이란 무엇인가?   **337**

부록 1. 친밀한 대화를 위한 네 가지 기술에 도움이 되는 표현법   **351**

부록 2. 가트맨의 부부 싸움 후 감정 정리 도구 상자 진행을   **357**
        위한 제안: 과거의 상처와 상한 감정 치유하기

부록 3. 부부들이 섹스를 중단하는 이유: 게임 이론 분석   **364**

감사의 말   **381**

찾아보기   **385**

서문

앤젤: 할 말이 있어…….

조지: 기다려. 내 말 아직 안 끝났어.

앤젤: 그러니까 내가 말하려는 것은…….

조지: 이봐, 그러니까 내 말은…….

앤젤: 그래, 나도 알아. 내가 안 그랬으니까…….

조지: 당신 내 말 잘랐어…….

앤젤: 나 지금 할 말 있다니까…….

조지: 아니야, 당신이 내 말을 끊어 버리니까…….

앤젤: 할 말 있다고…….

조지: 입 닥쳐!

앤젤과 조지는 두 아이를 키우며 곡예를 하듯 긴 직장 생활과 가사를 꾸려 나가는 신혼부부다. 이런 상황이라면 결혼 생활이 스트레스를 줄 만큼 매우 힘들다. 하지만 여러분이 이 부부가 곤경에 빠져 있다는 것을 알기 위해 심리학적 연구 배경을 배울 필요는 없을 것이다. 위의 대화는 내 연구실에서 그들이 했던 언쟁의 한 토막이다. 그들은 누가 일을 더 열심히 했는지, 누가 집안일을 더 많이 했는지, 누가 언제 무슨 말을 했는지에 대해 끝도 없이 말다툼을 했다. 다른 많은 갈등이 있는 부부들처럼 앤젤과 조지는 결혼 생활을 포기하고, 결국 이혼했다. 망가진 그들의 관계를 보면서, 이런 결과를 예상하지 못했던 것은 아니다. 나와 처음 만났을 때, 그들은 서로를 노려보며 경멸의 눈 굴림 없이는 거의 쳐다보지도 않았다.

수년간 나는 앤젤과 조지 같은 부부들을 시애틀에 있는 워싱턴 대학교의 기숙사인 '사랑의 연구실(Love Lab)' 실험에 참여하도록 초대했다. 그 연구실에서 나는 장기간 지속되는 로맨스에 대해 과학적인 정밀 검사를 했다. 전형적으로 하는 연구에서는 말다툼할 때뿐만 아니라 일상적인 주제에 대해서 대화를 나누는 부부들을 분석한다. 또한 그들을 함께 그리고 개별적으로 인터뷰한다. 부부들이 사랑의 연구실 아파트에서 하루 종일 시간을 보내는 동안 그들을 관찰하기까지 했다. 사랑의 연구실 아파트는 소파와 2인용 안락의자, TV, 부엌이 있고, 호수가 내려다보이며, 벽에는 비디오카메라가 설치되어 있어 부부들이 상호작용하는 모든 순간을 녹화한다(물론 욕실은 촬영하지 않는다). 이런 연구 덕분에, 나는 부부들이 서로에게 그리고 서로에 관해서 무슨 말을 어떻게 하는지와 더불어 신체 생리적인 반응에 관한 귀중한 자료가 담긴 40년 세월의 연구 자료를 축적해 왔다. 또한 요즘에는 연구에는 포함되지 않지만 자신들의 관계가 앞으로 얼마만큼 지속될지 과학적 평가를 얻으려는 부부들과 함께 비슷한 작업을 하고 있다.

앤젤과 조지 같은 부부들이 사랑의 연구실에 들어올 때, 우리는 프랑켄슈타인 박사$^{Dr.\ Frankenstein}$를 연상시키기에 충분한 센서와 전기선들을 그들에게 부착한다. 부부들이 장비와 주변 환경에 적응하는 동안, 센서들로부터 혈류,

심장과 맥박, 손의 땀, 심지어 그들이 의자에서 얼마나 꼼지락거리는지를 보여 주는 정보가 들어오기 시작한다. 비디오카메라는 그들이 하는 모든 말과 신체 움직임을 녹화한다. 반투명 거울 맞은편에서 장비 기록 수신기와 필요할 때마다 마신 콜라 캔에 둘러싸인 내 조수는 부부들의 생리적인 반응, 신체 언어, 얼굴 표정과 말 사이의 미묘한 상호작용을 면밀히 검토한다.

내가 가장 자주 하는 실험은 부부들에게 15분 동안 서로 의견이 일치하지 않는 이슈에 대해 대화를 하게 하는 갈등 토론이다. 논쟁하는 동안 그들의 얼굴 표정을 쉽게 분석하기 위해, 나는 분할된 화면에서 실시간으로 부부의 얼굴을 볼 수 있도록 부부 각자의 얼굴이 비디오카메라에 담기게 한다.

자신들의 모습을 찍는 카메라가 있음에도 불구하고 부부들이 그것을 의식하지 않고 마음 편하게 서로를 맹렬히 공격하는 모습은 더 이상 놀랍지 않다. 대부분의 부부는 집에서 옥신각신하는 것에 비해 연구실에서는 행동을 자제한다. 하지만 부부들이 '카메라가 돌아가고 있다는 것'을 의식하며 행동할 때조차, 센서들이 보내 주는 정보의 정확성을 숨길 수 없다.

수년간 수많은 부부를 면밀하게 분석해서, 긍정적인 관계를 유지하는 확률을 높일 수 있는 일곱 가지 핵심 원리를 만들어 냈다. 『행복한 부부 이혼하는 부부: 행복한 결혼 생활을 위한 7가지 원칙(*The Seven Principles for Making Marriage Work*)』에 기술되었듯이, 이 원리들은 부부 사이에 우호감의 가치, 서로의 영향력을 받아들이는 것, 의견이 일치하지 않을 때도 서로에게 다정함을 보이는 것의 중요성을 강조한다. 이런 기본 원리는 모든 관계를 위한 강력한 도구이다. 하지만 앤젤과 조지 같은 부부들의 슬픈 운명은 이런 원리들이 망가진 로맨스 관계를 구하는 데까지는 충분히 도달하지 못했다는 것을 보여 주었다. 나는 이 부부가 사랑에 실패할 수밖에 없는 운명이었다고는 받아들일 수 없었다. 이런 절망에 빠진 부부들을 돕기 위해, 무엇이 잘못되었는지 좀 더 이해할 필요가 있었다.

내가 연구했거나 상담했던 불행한 부부들에 대해서 이해할 수 없었던 것은 사랑의 연구실에서 서로에게 "입 닥쳐!"라고 명령하는 순간에도 그들은 자신들이 서로를 아주 깊이 사랑했고 관계에 헌신했다고 진심으로 주장하는 것이었다. 그렇게 헌신적인 부부라고 스스로 주장하는 수많은 부부들이 왜 끊임없이 싸울까? 그들은 자신들의 부부 싸움으로부터 어떤 관계적인 혜택도 얻지 못했다. 그들은 행복한 부부들보다 싸움에서 더 많은 고통을 호소했다. 하지만 더 자주 맹렬하게 다투었다.

사람들은 불행한 부부들은 의견이 더 자주 달랐기 때문에 다른 부부들보다 더 많이 논쟁했을 거라고 쉽게 가정한다. 무엇이 좀 더 논리적일 수 있을까? 하지만 나는 과학자로서, '명백한' 결론이 늘 정확하지 않다는 것을 안다. 우리 연구실의 컴퓨터 과학자인 타라 마디하스타Tara Madyhastha 박사가 그 답을 찾도록 도와주었다. 그녀는 불행한 부부들 사이의 상호작용을 정밀하게 해부하고 추적하기 위해 '몰래 숨겨진 마르코프 모델Markov models'이라는 것을 사용했다. 언어나 DNA 염기 순서를 해독하기 위해 종종 사용되는 이런 종류의 컴퓨터 분석은 숨겨진 패턴을 찾아낼 수 있다. 그녀의 결과는, 연인이라기보다 적과 같이 행동하는 것처럼 보이는 부부들은 전문 용어로 이른바 '부정성을 흡수하는 상태'에 갇혀 있다는 것을 보여 주었다. 이것은 그들이 그 부정성의 상태로 들어갈 확률이 그것으로부터 빠져나오는 확률보다 더 크다는 것을 의미한다. 달리 말하면, 그들은 부정성 상태에서 꼼짝달싹하지 못하는 것이다. 이런 불행한 부부들은 연인들을 위한 바퀴벌레 숙소에 감금되는데, 그들은 숙소에 투숙은 하지만 빠져나올 수가 없다. 그들의 관계는 부정성에 의해 모두 소진되어 그 숙소에서 끝난다.

다른 부부들은 피해 가는데 왜 어떤 부부들은 결국 이 끔찍한 덫에 걸려드는지 이해하는 것이 내 연구의 핵심이 되어 왔다. 결과적으로 나는 부부 역학의 새로운 이해와 고통스러운 관계만이 아니라 모든 낭만적인 관계를 좀 더 잘 이해할 수 있는 향상된 접근을 발전시켰다.

만약 여러분이 우리 연구실에서 이 덫에 갇힌 부부들이 싸우는 소리를 듣는다면, 공통점이 별로 없는 것처럼 보이는 장황한 불평들을 듣게 될 것이다. 팀은 제인이 자신보다 장모님의 의견을 더 좋아한다고 불평한다. 알렉시스는 남편을 좌절하게 할 정도로 첫아이 갖는 것을 미룬다. 지미는 팻이 교회를 바꾸는 것을 좋아하지 않는다. 하지만 이런 불행한 부부들과 이야기를 나눌 때, 나는 그 불평 속에 있는 근본적인 유사성에 충격을 받았다. 그들은 동문서답을 하거나(소리를 지르거나) 심지어 서로 소통조차 하려고 하지 않는다. 그들은 끝까지 헌신하려고 함에도 불구하고, 원초적 '동물' 수준에서 존재하는 소위 '마법'이나 '열정'이라고 불리는 연인들 사이에 있는 어떤 기본적인 것을 잃어버렸다. 그래서 결과적으로 그들의 관계는 바퀴벌레 숙소에서 끝나는 것이다.

이제 나는 어떤 구체적인 독이 부부들의 이런 귀중한 '특별함'을 고갈시켜서 그들을 무자비한 불행 속으로 몰아넣는지 알고 있다. 그것은 몰래 오기 때문에 외견상 안정적인 로맨스를 되돌리기에는 너무 늦을 때까지 관계를 무너뜨리는 유독한 침입자이다. 이 독의 이름이 배반(betrayal)이라고 말하면 여러분도 너무 당연하다고 생각할 것이다. 배반에 의해 초래되는 몇 가지 해악은 상식적으로 널리 알려져 있다. 우리는 성 중독과 사랑의 맹세를 깬 유명 인사와 정치인들의 이야기들을 타블로이드판 신문의 '딱 걸렸네(gotcha)!'난에서 끊임없이 볼 수 있다. 불신과 불충실의 교훈적 이야기는 외도가 얼마나 흔하고 파괴적일 수 있는지를 분명하게 보여 준다. 하지만 나는 배반을 '비밀스럽게' 관계를 죽이는 것이라고 부르는 것에 대한 충분한 이유를 가지고 있다. 불충실성이 항상 성적인 외도를 통해서 표현되는 것은 아니다. 그것은 배우자에 대한 외도(infidelity)라고 인정되지 않는 형태를 더 자주 띤다. 내 연구실에서 부부들은 그들이 가지고 있는 문제에도 불구하고 서로에게 충실해 왔다고 주장한다. 하지만 그들의 생각은 잘못되었다. 배반은 부부가 비록 알아채지 못할지라도 모든 망가지는 관계의 핵심에 놓여 있는 비밀이다. 만약 남편이 자신의 경력을 부부간의 관계보다 우선시한다면, 그것은 배반이다. 만일 아내가 첫아이를 갖겠다는 약속을 계속 지키지 않는다면, 그것 또한 배반이다. 만연한 냉담함, 이기심, 부당함, 그리고 다른 파괴적인 행동들은 또한 불충실(disloyalty)의 증거일 수 있으며 간통만큼이나 파괴적인 결과로 이끌 수 있다.

배반이 참으로 위험하고 널리 퍼져 있다고 할지라도 나는 부부들에게 희망을 줄 수 있다. 이 독을 해부하고 분석함으로써 그것을 물리칠 방법을 알아냈다. 이제 나는 외도(unfaithfulness)에 대한 해독제 역할을 하고 관계를 잘 작동하게 만드는 근본적인 원리가 있다는 것을 알고 있다. 이 원리는 바로 신뢰이다. 다시 한 번 말할 필요도 없는 것을 내가 자랑스럽게 말하는 것처럼 들릴지도 모르겠다. 행복한 부부들은 항상 신뢰가 서로에게 안전감을 주고, 사랑을 깊게 해 주며, 우호감과 성적인 친밀감을 꽃피우게 한다고 말한다. 불행한 부부들은 그들의 관계에 이런 요소가 결핍되어 있다고 불평한다. 하지만 모든 부부는 신뢰를 구체적인 방식으로 정확하게 밝혀내거나 측정할 수 없는 무형의 성질로 여기는 경향이 있다. 사실 지금은 부부의 신뢰와 배반 수준을 수학적으로 계산해서 과학적인 연구를 할 수 있다. 이런 새로운 분석 접근 덕분에 나는 부부의 강점과 취약점을 알아낼 수 있고, 불행한 관계를 바퀴벌레 숙소로부터 구할 수 있으며, 다른 부부들이 그 숙소에 가는 것을 막을 전략을 고안할 수 있다.

부부들에게 도움을 주는 것에 더하여, 신뢰와 배반에 대한 이런 새로운 이해는 엄청난 문화적인 함의를 가진다. 우리는 아주 흔히 거의 무너질 지점에 다다를 때까지 삶을 복잡하게 만든다. 이메일, 휴대 전화, 맡은 책임을 복잡한 곡예를 하듯 해내면서 파멸적인 스트레스 반응 상태에서 살고 있다. 우리는 스트레스에 대한 자신만의 '감당 능력'을 가지고 있으며 과부하를 겨우 피할 때까지 그것을 쌓아 두는 경향이 있다. 인터넷, 신문 가판대와 서점에서 '스트레스 치료'를 파는 헤드라인이 널려 있다. 하지만 나는 신뢰가 모든 것 중에서 가장 강력한 스트레스 해소책이라고 믿는다.

관계에 배반 가능성이 높을 때, 사람들은 시간과 감정적 에너지를 허비한다. 그 두려움이 간통이든 신의를 저버리는 것이든 간에, 의심하는 사람들은 탐정이나 검사처럼 행동하면서 배우자를 심문하고 자신의 불안감을 정당화할 증거들을 찾는다. 의사 결정은 다음과 같이 철저하며 진을 빼게 만든다. 만일 내가 출장을 간다면 남편은 내가 불신하는 아이돌봄이에게 아이들을 맡길지도 몰라, 내가 그녀의 옷장을 확인한다면 가정 경제의 긴축 예산에도 불구하고 새로 산 옷을 발견하게 될지도 몰라, 남편의 이야기를 확인하다가 직면할 위험을 감수해야 할까? 등등.

어떤 남자가 아내의 외도를 의심해서 아침에 출근하기 전 아내의 자동차 뒷바퀴에 분필로 표시해 두었다가 분필 자국이 보이지 않고 자동차 핸들이 돌려져 있는 것을 발견하고는 아내에게 나갔다 왔느냐고 물었다. 우체국에 급하게 다녀온 것을 깜빡 잊은 아내는 아니라고 말했다. 이 말이 의처증에 불타는 그의 분노를 촉발시켰고, 부부는 극도의 스트레스를 받았다.

뚜렷한 대조로, 신뢰는 불완전한 정보에 무너지지 않기 때문에 거대한 스트레스의 원천을 제거해 준다. 정신과 신체를 걱정에 희생시키지 않아도 된다. 그래서 복잡한 의사 결정을 격감시킨다. 타이어에 분필 자국을 만들 필요도 없고 배우자를 시험할 필요도 없다. 절대적인 신뢰는 많은 시간을 아끼게 해 주며 사소한 걱정거리로 싸움을 하지 않게 해 준다.

나는 장기간 지속되는 관계에 대한 이해를 증진하고 부부들이 좀 더 행복하고 건강한 로맨스로 가는 길을 잘 찾을 수 있도록 돕고자 항상 노력한다. 여전히 모든 관계가 배반을 견뎌 낼 수 있을지는 모른다. 오래 지속된 관계가 그럴듯한 이유로 끝날 때조차, 사랑에서 깨진 믿음은 엄청난 타격이 될 수 있다. 관계를 회복하기 전에 상실을 인정해야 하고 직면해야 한다. 만일 당신이 관계의 파탄(이별이나 헤어짐)으로부터 회복하는 중이라면, 앞 페이지에서 언급되었던 결과물과 연습 문제들을 풀어 보길 바란다. 이렇게 함으로써 무엇이 잘못되었는지 좀 더 깊이 있게 이해하고 새로운 사람과 관계 맺을 준비를 할 수 있을 것이다.

깊은 상처를 받은 뒤 앞으로 살아갈 길을 계획하는 것은 관계를 잘 작동시키는 방법을 배우는 것만큼이나 중요하다. 당신이 지난 관계에서 실패했다면, 누군가를 다시 믿는 것이 두려울지도 모른다. 하지만 이런 조심은 평생 동안 지속되어 당신을 큰 외로움에 취약하게 만들 수 있다. 이런 고립은 심각한 심리적 영향뿐만 아니라 신체적인 영향을 준다. 속임에 대한 당신의 레이더를 아주 정확하고 세심하게 조정함으로써, 이 책은 당신이 믿을 만한 짝을 찾는 데 필요한 용기, 강인함, 지혜를 갖도록 도와줄 것이다.

내 연구 경력 동안 많은 회의론자들이 센서, 컴퓨터, 비디오카메라와 다른 연구실 기기들로써 사랑과 같은 신비롭고 겉으로 봐서는 정의할 수 없는 것을 평가하는 걸 믿지 못한다고 말해 왔다. 물론 과학자들이 모든 관계의 문제에 대한 사랑의 묘약이나 해결책을 만들어 낼 수는 없다. 하지만 나는 입증되지 않은 이론이나 특정 치료사의 주관적인 실험이 아닌 객관적인 자료에 기초한 조언을 제공할 수 있다. 나의 연구 결실들이 이 책에 실려 있다. 이 연구들은 로맨스가 실패하는 이유를 설명해 주는데, 이것은 사랑 그 자체만큼이나 이해하기 어려워 보일 것이다. 여러분이 잘 성장해 가는 관계를 보호하거나 이미 위험에 처한 관계를 구하는 데 내 연구 결과들을 사용하기를 소망한다.

1. 당신의 신뢰 지표 측정하기

　　　　　　　　과학적인 통찰이 언제 번뜩 떠오를지는 아무도 모른다. 나는 TV 범죄 드라마를 보는 도중에 "유레카!" 하는 순간이 찾아올 거라고는 전혀 기대하지 않았다. 「넘버스(Numb3rs)」*의 한 에피소드에서 주인공들이 테러리스트의 공격을 막아 냈는데, 천재 역할을 맡은 주인공이 '신뢰 지표(trust metric)'를 생각해 냈다. 이것은 테러리스트라고 의심할 만한 다양한 사람들 사이의 충성도를 계산하는 수학적 측정법이다. 테러리스트일 가능성이 있는 사람들 사이의 신뢰를 정확하게 측정할 수 있다는 생각은 아주 흥미로운 발상이었다. 나는 그것을 드라마에 자문해 주는 수학자와 창의적인 작가가 함께 지어낸 환상에 불과하다고 생각했다.

　　그런데 나한테 있는 연구 자료가 실제 신뢰 지표를 계산해 내는 데 핵심이 될 수 있을지도 모른다는 생각이 번쩍 들었다. 물론 폭력적인 극단주의자들 사이에서가 아니라 백년가약을 약속한 부부들 사이의 신뢰 지표 말이다. 신뢰에 대한 수학적인 정의가 있다면, 신뢰가 사랑의 기초가 된다는 나의 이론

＊ 미국 TV에 6년간 방영되었던 인기 드라마로, 주인공들이 수학을 동원해서 범죄를 해결한다.

을 확인할 수 있을 뿐만 아니라 실제로 임상 실험을 할 수 있을 것이다. 그렇게 되면 신뢰가 부족해서 병든 관계를 찾아낼 수 있을 것이다. 심지어 배우자 본인들이 알아차리기 전에 마음을 위한 내비게이션을 만들어 행복한 부부들이 방향을 잃지 않도록 돕고, 이미 멀어진 부부들에게는 서로에게 다시 돌아갈 수 있도록 안내해 줄 수 있을 것이다.

과학에서는 아주 흔하게 다른 연구자들의 연구 결과를 바탕으로 새로운 발견을 하게 된다. 하지만 신뢰에 대한 나의 탐구에서는 그런 지지를 받지 못했다. 왜냐하면 내가 아는 한 수학적인 신뢰 지표에 대한 연구는 존재하지 않기 때문이다. 부부 사이의 충성도는 대대적인 수식적 통계 분석이 필요할 정도로 중요한 주제로 고려되지 않았다. 대부분의 심리학자들과 사회과학 연구자들은 신뢰를 관계의 기초라기보다는 관계의 견고함을 결정하는 많은 특성 중 하나라고 간주한다. 몇몇 연구자들은 신뢰를 본래부터 있거나 없는 성격적 특성으로 여긴다. 하지만 나는 그렇게 생각하지 않는다. 내가 확고히 믿는 바는 대다수의 부부가 서로에 대한 충성도를 극대화할 수 있고, 그 결과 배신을 예방해 행복한 미래에 대한 확률을 증가시킬 수 있다는 것이다.

내가 만든 신뢰 지표는 부부 사이의 충성도에 게임 이론을 응용한 것이다. 부부간 신뢰 문제를 매우 심도 있게 조사하는 수학적인 접근이다. 하지만 원래 게임 이론은 관계를 구해 내는 데 목적을 두지 않았다. 게임 이론은 냉전 시대에 인기가 많았는데, 그 당시 분석가들은 의사 결정을 면밀하게 조사함으로써 적대적인 집단이나 나라들의 행동을 더 잘 예측할 수 있을 거라고 믿었다. 게임 이론은 요한 루트비히 폰 노이만Johann Ludwig von Neumann 박사와 오스카어 모르겐슈테른Oskar Morgenstern이 그들의 핵심 업적이 담긴 책 『게임 이론과 경제적인 행동(*Theory of Games and Economic Behavior*)』[1]에 게재된 수학에 기초를 두고 있다. 수학자들은 지금 게임 이론의 한계를 인정하고 있지만, 게임 이론의 발전은 노벨상으로 이어졌고, 냉전시대 전사들이 컴퓨터가 다양한 외교 전략의 장단점을 평가하는 미래를 꿈꾸도록 영감을 주었다. 하지만 게임 이론 숭배자마저 게임 이론이 전쟁이 아닌 사랑에서 승리를 원하는 부부들에게 얼마나 유용한 도구가 될지 상상조차 하지 못했을 것이다!

셰익스피어는 "모든 세상은 하나의 무대다."라고 주장했다. 하지만 게임 이론가에게 세상은 경기장이고 우리 모두는 선수다. 축구 경기를 하든 전쟁을 하든 설거지 때문에 부부 싸움을 하든 우리는 싸우는 동안 특정한 규칙을 따른다. 명시된 규칙이 있는가 하면 명시되지 않은 것도 있다. 이런 규칙들의 근본적인 전제는 우리가 이성적이기 때문에 자신의 이익을 최대화하는 것을 간절히 원한다는 것이다. 게임 이론가는 이것을 이득(payoff)이라고 말한다.

제로섬 게임은 아마도 가장 잘 알려진 게임 이론 개념일 것이다. 경쟁에서 각 편은 자신의 이득을 최대화하고 반대편이 아무것도 얻지 못하도록 막기를 원한다. 축구도 제로섬 게임이다. 한 팀이 이기면 상대 팀은 지는 것이다. 하지만 경쟁자라고 해서 항상 '전부 아니면 전무(all-or-nothing)' 형태의 전면 대결에만 관심이 있는 것은 아니다. 예를 들어 회사에서 승진에 대한 제로섬 게임은 합리적이지 않다. 두 명의 직원이 승진을 위해 팽팽하게 경쟁하지만 둘은 여전히 협동할 필요가 있다. 업무의 성공은 그들 자신의 승진에 매우 중요하기 때문이다. 이런 종류의 갈등 상황에서는 직원들이 공동의 이득을 극대화하는 전략이나 공동의 손실을 최소화하는 전략에 중점을 둘 것이다.

---

1 폰 노이만은 컴퓨터 내부 시스템의 구성, 컴퓨터 프로그램, 컴퓨터 메모리에서 소프트웨어와 연산의 틀을 포함해, 우리가 지금 당연하게 여기고 있는 혁신적인 아이디어들을 만들어 낸 장본인이다. 그는 또한 제2차 세계 대전 동안 미국이 나가사키에 투하한 핵폭탄의 폭파 장치를 설계했다.

대부분의 게임 이론 시나리오는 한쪽이 가장 큰 이득을 얻기 위해 다른 쪽이 하는 일에 영향을 끼쳐야만 한다고 가정한다. 이제 막 결혼한 신혼부부를 예로 들어 보자. 아파트에 신접살림을 차린 제니와 알을 상상해 보자. 두 사람은 귀찮은 집안일을 서로 나누어서 할 가장 좋은 방법을 알고 싶어 한다. 게임 이론은 제니와 알이 마치 냉전 시대의 미국과 소련처럼 당연히 서로를 신뢰하지 않을 것이라고 여긴다. 비현실적인 가정은 아니다. 신혼부부와 재혼부부 사이에서 약간의 경계심은 흔히 볼 수 있다. 아무리 서로 헌신하기로 약속했더라도 상대에 대해 제한된 정보를 가지고 있기 때문에 신뢰는 흔히 잠정적이다.

합리적인 '게이머'라면 제니와 알은 집안일을 나누어서 할 방법이 네 가지뿐이라고 알 것이다. 둘 다 청소를 하지 않거나, 둘 다 청소를 하거나, 한 사람은 하고 상대방은 하지 않는 것 말이다. 각자 자신이 얻을 수 있는 최고의 결과를 원한다. 상대방에게 어떤 이득이 있는가는 중요하지 않다. 각자 상대방이 청소하게 하는 것이 자신의 이득을 극대화하는 방법이라고 판단한다.

아래의 게임 이론 도표는 제니가 네 가지 선택에 매긴 순위를 보여 준다. 제니는 자신에게 주어진 네 가지 선택을 고려하고, 각 선택들이 주는 이득의 정도에 기초해서 0에서 10의 척도로 평가한다.

제니의 이득	제니가 청소한다	제니가 청소하지 않는다	가로 합계
알이 청소한다	10	4	14
알이 청소하지 않는다	2	0	2
세로 합계	12	4	16

제니는 돼지우리 같은 집에서 살고 싶지 않다. 그래서 둘 다 청소하지 않을 경우, 자신이 아무런 이득을 얻지 못하기 때문에 그 선택에 0점을 줄 수밖에 없다. 만약 본인만 청소하는 경우, 깨끗한 집이라는 약간의 이득을 얻을 수 있지만 싫어하는 일에 더 많은 시간을 써야만 한다. 그 선택은 2점이다. 남편 혼자 청소하는 경우에는 4점을 준다. 남편이 청소를 잘 하지 못할 거라는 것을 알고 있다. 왜냐하면 눈에 뻔히 보이는 먼지와 잡동사니들을 남편은 종종 보지 못하기 때문이다. 그럼에도 불구하고 제니는 청소를 자신이 직접 하기보다는 남편이 해 주기를 선호한다. 마지막 선택인 집안일을 나누어서 하는 경우는 그녀 혼자 전적으로 집안일을 책임지지 않으면서 그녀가 세운 집안 관리 기준에 가장 가까운 결과를 가져다준다. 그래서 이 마지막 선택에 그녀는 10점 만점을 준다.

게임 이론 관점에서 보면, 이 도표에서 재미있는 분석을 도출해 낼 수 있다. 하지만 기초 수준에서 볼 때, 제니가 일의 유무에 대해 어떠한 합리적인 결정을 해도, 본인이 가장 큰 이득을 얻으려면 남편이 조금이라도 일을 해야만 한다. 도표의 오른쪽 끝에 있는 가로 합계를 보라. 본인이 청소를 하든 말든 남편이 청소를 할 때에 본인이 받는 이득의 합은 14점이다. 본인이 청소를 하느냐에 상관없이 남편이 빗자루조차 들지 않는다면, 본인의 이득은 2점으로 급격하게 떨어진다. 달리 말하면, 남편의 행동을 통제하는 것은 제니에게 12점의 증가를 가져다준다. 그것은 커다란 차이다. 요컨대 제니가 얻을 수 있는 가장 좋은 거래는 남편에게 청소를 시켜야만 하는 것이다.

다음은 남편인 알이 점수를 매긴 도표다.

알의 이득은 아내의 것과 똑같지 않지만 비슷하다. 제니처럼 그도 집이 엉망이기를 원하지 않는다. 하지만 집을 혼자서 청소하는 것도 원하지 않는다.

알의 이득	제니가 청소한다	제니가 청소하지 않는다	가로 합계
알이 청소한다	8	2	10
알이 청소하지 않는다	7	2	9
세로 합계	15	4	19

그는 혼자서 청소하는 선택에는 2점을 준다. 제니가 혼자서 집안일하는 것에는 좀 더 높은 7점을 준다. 하지만 그렇게 높은 점수는 아니다. 그는 제니가 혼자서 집을 정돈해야 한다면 화를 낼 것임을 알고 있다. 그녀는 짜증 나면 (알에게 이득으로 작용하는) 섹스에 대한 관심이 사라진다. 결과를 살펴보면, 알의 입장에서 두 개의 가장 좋은 결과는 역시 상대방이 청소하는 것에 달려 있다는 것을 확인하게 된다. 세로 합계는, 그의 이득에서의 차이는 본인의 청소 여부에 상관없이 상대방의 청소 여부에 달려 있다는 것을 보여 준다. 아내가 청소할 때는 15점이지만 아내가 청소하지 않을 때는 4점으로 떨어진다. 만약 그가 행동을 바꾸면, 그는 10에서 9를 뺀 단지 1점을 더 얻는다. 반면 그가 그녀의 행동을 변화시키면, 그는 15에서 4를 뺀 11점을 더 얻게 된다. 그의 이득을 극대화하기 위해서는, 제니가 청소하도록 설득해야만 할 것이다.

알과 제니는 마치 적과 마주 앉아 서로 노려보며 상대방의 미사일을 해체하도록 설득하는 것이 자기편에 가장 유리한 결과라고 믿는 협상가 같다. 서로 상대방에게 쓰레기를 치우거나 이불 개기를 요구하는 비협조적인 태도의 결과는 끝없는 갈등이다. 결과는 뻔하다. 아무도 집을 청소하지 않거나 (만약 한 사람만 청소할 경우) 반드시 부부 사이에 문제가 생길 것이다.

제니와 알의 지저분한 집 이야기가 매우 하찮은 것으로 보일 수도 있지만, 불신을 아주 정확하게 보여 주는 것이다. 만약 여러분이 배우자에게 믿음이 없다면, 여러분은 본인의 이득을 극대화하기 위해서 배우자가 변해야 한다는 자세를 취할 것이다. 마찬가지로 여러분의 배우자는 자신의 이기적인 이유 때문에 여러분의 행동이 변하기를 원한다. 둘 사이에 불신이 아주 많을 때는 서로 배우자의 행복을 계산에 포함하지 않는다.

불신에 대한 설명을 뒤집어 보라. 그러면 내가 생각하는 신뢰의 정의를 알게 될 것이다. 신뢰는 두 사람 사이에 생기는 모호한 개체가 아니다. 두 사람이 서로 상대방에게 이득이 되도록 자기 자신의 행동을 기꺼이 바꾸려고 할 때 존재하는 구체적인 상태다. 서로 상대방을 보호해 주는 상태다. 관계에서 신뢰가 더 많을수록 서로를 더 돌본다. 신뢰가 존재하는 관계에서는 배우자가 성공할 때 기쁨을 느끼고 배우자가 속상해할 때 걱정한다. 그런 관계에서 만약 어느 한쪽이 이득을 얻기 위해 배우자에게 상처를 준다면 행복을 느낄 수 없다.

일단 알과 제니가 서로를 좀 더 신뢰하면, 그들은 집안일을 누가 할지 서로 떠넘기지 않고 도우며 함께 청소할 것이다. 그렇게 하는 것이 배우자에게 가장 큰 이득을 주기 때문이다. '내가 청소기를 돌리는 것이 낫겠어. 그래야 아내가 저녁 때 성관계를 원할 수도 있을 테니.' 알은 이런 식으로 계산하지 않을 것이다. 그 대신 다음과 같을 것이다. '아내가 자기 엄마처럼 부엌데기가 될까 봐 걱정하니까 내가 청소기를 돌려야겠는걸. 나는 아내가 그렇게 느끼기를 원치 않으니 말이야.' 마찬가지로 제니도 결정할 때 남편의 필요와 요구를 고려할 것이다. 서로를 믿는다는 것이 본인보다 상대방의 필요성을 항상 우선시한다는 의미는 아니다. 그렇게 하는 관계가 건강하지만은 않을 것 같다. 하지만 서로를 신뢰한다는 것은 둘의 행복이 서로 얽혀 있다는 것을 의미한다. 각자 상대방의 이득을 증가시키기 위해서 자기 자신의 행동을 바꿀 것이다.

게임 이론에서 보면, 부부가 함께 청소하는 결정은 노벨상을 수상한 수학자 존 내쉬John Nash가 처음 제안한 '내쉬 균형(Nash equilibrium)*의 응용이다 (존 내쉬는 아카데미상을 받은 영화 「뷰티풀 마인드A Beautiful Mind」의 소재가 되었다). 내쉬 균형이란 두 사람이 받을 수 있는 최대 이득을 받는 지점이며, 그 상황을 바꾸려고 해도 더 많은 이득을 얻지 못하는 상태다. 하지만 제니와 알이 서로를 신뢰하는 경우에는 단지 각자의 이득만이 아니라 상대방의 이득을 증가시키려는 상태에 도달한다.

　물론 신뢰를 게임 이론을 이용해서 설명할 수도 있다. 하지만 사람 관계의 정도를 실제로 계산할 수 있는 수학적인 공식을 만들어 내는 것은 아주 다른 문제다. 다행히 나는 방대한 연구 데이터 창고를 지닌 덕분에 시도할 수 있었다. 나는 부부들이 상호작용하는 모습을 담은 엄청난 양의 녹화 자료와 분석한 결과를 가지고 있다. 나의 연구 실적 중 다섯 가지는 신뢰에 대한 연구에 안성맞춤이었다. 연구를 통합하면 다양한 연령층, 인종, 사회경제적인 상황의 부부가 모두 고려 대상이다. 이 연구 중 하나는 결혼한 지 몇 달밖에 안 된 131쌍의 신혼부부를 6년 동안 추적했다. 나와 오랫동안 연구를 함께한 로버트 레벤슨Robert Levenson, 로라 카스텐슨Laura Carstensen과 함께 40대와 60대 부부 160쌍을 20년 동안 추적 연구했다. 세 번째 연구에서 나는 아주 다양한 연령대와 다양한 관계 만족 정도를 보여 주는 부부 100쌍의 상호작용을 분석했다. 네 번째 연구에서는 저소득층 부부들 간의 의사 결정을 조사했고, 다섯 번째 연구에서는 100쌍의 부부를 대상으로 중재 개입에 관한 임상 실험을 했다. 이 모든 부부를 대상으로 신뢰에 대한 후속 연구를 진행하여, 결과적으

---

* 존 내쉬가 정의한 것으로, 게임 이론에서 경쟁자 대응에 따라 최선의 선택을 하면 서로가 자신의 선택을 바꾸지 않는 균형 상태를 말한다.

로 부부들이 연구실에서 보인 행동과 훗날 그들의 결혼 상태를 비교할 수 있었다.

이 모든 실험에서, 나는 부부가 싸우는 동안 그들의 말과 표정과 몸짓 등을 모두 녹화했다. 이로 인해 나는 부부가 의견이 다를 때 서로에게 어떻게 행동하는지 명확한 그림을 볼 수 있었다. 또한 비디오 회상 다이얼(video recall dial)이라고 하는 단순한 기계 장치 덕분에 그들이 서로에게 어떻게 반응했는지에 대한 자료도 모았다. 이 도구는 방송국에서 대통령 후보 토론회에 패널로 참여한 유권자들로부터 실시간으로 즉각적인 피드백을 받기 위해서 사용하는 도구와 비슷하다. 이 도구가 복잡한 연구를 위해서 사용하기에는 너무 단순해 보이지만, 사람들의 감정을 밝혀내는 데는 상당히 정확하다는 연구가 있다.

비디오 회상 다이얼은 신뢰 지표를 만들어 내는 데 아주 주요했다. 왜냐하면 그것은 '신뢰 미터기(trust-o-meter)'처럼 작동하기 때문이다. 예를 들어 존이 메리에게 드디어 세차할 것이라고 약속했다고 하자. 이런 약속이 존에 대한 그녀의 신뢰를 증가시켰다고는 가정할 수 없다. 그녀는 존을 믿지 않았을 수도 있다. 이 약속 또한 존이 여태껏 해온 거짓 약속의 최신 버전으로 봤을지도 모른다. 그렇지만 실험 도중에 시계 작동을 잠시 멈춘 뒤 메리의 얼굴에 마이크를 대고 과연 어떤 이득이 있는지 물어볼 수는 없지 않은가. 그래서 회상 다이얼을 사용했다.

비디오 촬영 직후, 각 배우자는 따로 비디오를 보며 다이얼을 긍정적인 방향이나 부정적인 방향으로 돌리면서 시시각각 피드백을 했다. 이런 해독된 정보가 있었기에 나는 존이 세차하는 것에 동의했을 때 순간 메리가 행복했다고 말할 수 있었다. 왜냐하면 비디오를 보면서, 그녀는 다이얼을 '매우 긍정

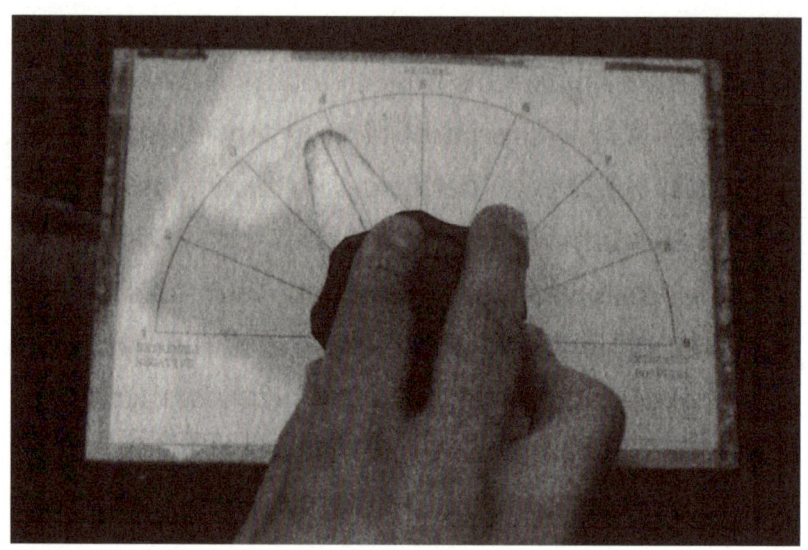

나의 '신뢰 미터기'인 비디오 회상 다이얼

적' 쪽으로 돌렸기 때문이다.

　이 방식으로 관계를 연구하는 데 한 가지 어려운 점은 짧은 대화 도중에서 마저 피험자의 긍정적이거나 부정적인 기분의 정도가 변할 수 있다는 것이다. 비디오 녹화는 행복한 부부들도 순간적으로 상태가 일치하지 않았음을 보여 주었다. 한쪽이 화났을 때 배우자의 회상 다이얼은 그것을 제대로 반영하지 못했다. 이와 반대로 마음 상태가 일치하지 못했던 부부들이 서로에 대한 공감과 지지 순간을 보여 주는 경우도 있었다. 이런 모든 상황을 아우르는 신뢰 지표를 만들어 내기 위해서 나는 불필요한 정보를 걸러 내고 높은 신뢰 관계와 위기에 놓인 관계에서 가장 흔하게 나타나는 상호작용의 유형과 빈도에 초점을 맞출 필요가 있었다. 그런 신뢰 지표는 자신들의 관계 상태를 알고 싶어 하는 많은 부부들에게 매우 큰 도움이 될 것이다. 그래서 이 엄청난 양의 자료를 관리하기 위해 나는 끔찍(Nasty), 중립(Neutral), 좋음(Nice)이라고 이름 붙인 카테고리를 마련하고, 부부의 모든 반응을 세 가지 중 하나로 분류했다. '끔찍' 카테고리에는 분노, 비난, 투쟁성, 따돌림, 방어, 슬픔, 실망, 두려움, 긴장, 징징거림, 혐오, 담쌓기와 경멸을 표현하는 행동들을 넣었다. 이런 행동들의 반대인, '좋음' 카테고리에는 관심, 재미, 유머, 웃음, 흥분, 기쁨, 타당함, 공감과 같은 긍정적인 감정과 행동을 넣었다. 그리고 긍정적이지도 부정적이지도 않은 나머지 반응들은 '중립' 카테고리에 넣었다.

만약 내가 부부들에게 행동을 어떻게 분류했는지 말해 주었다면 내 결정에 부분적으로 동의하지 않았을지도 모른다. 하지만 나는 그들의 이견에 흔들리지 않았을 것이다. 왜냐하면 나는 연구 심리학자들이 관찰 부호화 체계라고 부르는 것을 사용해 그들의 언어와 몸짓 언어를 분류했기 때문이다. 이런 방식은 심리학 연구의 정석이며 수십 년에 걸쳐 그 타당성이 무척 많이 입증되었다.[2] 예를 들어 얼굴을 찌푸리거나 아래로 향한 입술은 항상 부정적인 것으로, '진짜' 미소는 긍정적인 것으로 부호화한다. 일단 부부 싸움이 진행되는 동안 그들의 반응을 모두 추적해 그래프로 나타내면 부부의 관계를 시각화할 수 있다.

다음 그래프는 불행한 부부가 15분 동안 부부 싸움 할 때의 상태를 보여 준다. 그래프에 나타난 고저에서 알 수 있듯이, 부부는 서로에게 폭넓게 반응했다. 우리는 사람들이 논쟁할 때, 감정이 시시각각 변화한다는 것을 잘 알고 있다. 하지만 이 부부의 전반적인 추세는 부정적인 방향이었다.

내가 신뢰 지표를 만들어 내는 데 결정적인 순간은 본인의 부부 싸움을 비

---

[2] 내 연구에서 사용된 관찰 부호화 시스템은 SPAFF(특정 정서 부호 체계)라고 한다. 이 시스템은 높은 타당성과 신뢰성 때문에 전 세계적으로 많은 연구실에서 사용된다.

디오로 시청하는 부부들에게 신뢰 미터기를 주었을 때였다. 미터기 측정은 배우자의 행복이 자신의 이득에 얼마나 많은 영향을 끼치는지 알려 주었다.

진과 필이 내 신혼부부 연구에 참가한 피험자라고 상상해 보자. 진과 필은 결국 오랫동안 행복하게 살았지만, 그들이 부부 싸움을 하는 동안 항상 같은 상태에 있지는 않았다. 가끔 남편이 '끔찍'하게 구는 동안 아내는 '좋음'으로 행동하거나, 남편이 '중립'으로 행동할 때 아내는 '끔찍'하게 굴기도 했다. 예를 들어 어떤 한 시점에서, 아내의 말과 몸짓은 '좋음'에 있다는 것을 명확하게 표현했다 아내는 몸을 앞으로 기울이며 남편이 하는 말을 매우 집중해서 들

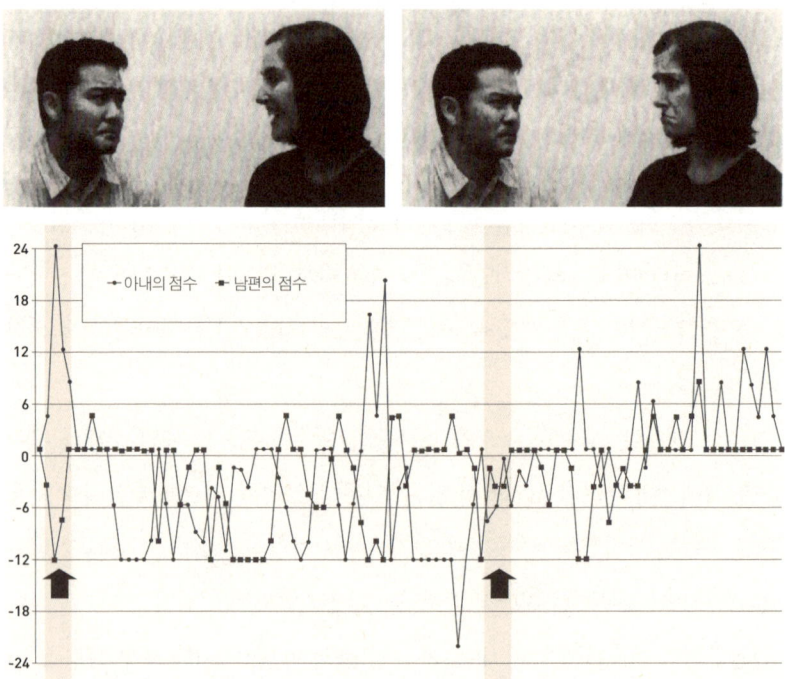

이 그래프는 문제가 있는 결혼 상황이다. 왼쪽 사진 아래의 화살표는 아내가 친절한 행동을 하는 '좋음(점수가 0보다 높다)'에 있고 남편은 '끔찍'에 있을 때 상호작용하는 순간을 표시한 것이다. 오른쪽 사진 아래의 화살표는 둘 다 마이너스일 때, 즉 '끔찍' 상태에 있을 때를 보여 준다.

었다. 하지만 남편의 말과 행동은 그가 행복하지 않다는 것을 분명하게 보여 주었다. 진은 나중에 이 부분을 비디오로 시청하면서 다이얼을 부정적 방향으로 돌렸다. 그녀가 '좋음'에 있는 바로 그 순간에 남편은 화나 있었기 때문에 어떤 이득도 얻지 못한 것이다. 마찬가지로 아내가 직업적인 성공에 대해서 얼마나 자랑스럽게 여기는지 행복하게 말할 때 비디오에 담긴 남편의 말과 몸짓은 분명히 '중립'이었다. 그러나 나중에 남편은 그 순간을 자신의 높은 이득으로 높이 평가했다. 이런 반응들은 이 부부가 높은 신뢰 관계를 지녔고 잘 조율되었다는 것을 드러내 준다. 한쪽의 이득이 배우자의 정서 상태에 달려 있었다. 그들은 본인의 정서 상태와 상관없이 배우자가 슬프거나 화난 것처럼 보이는 상황을 낮은 이득으로 평가했다.

부부가 서로를 신뢰하지 못하는 문제가 있을 때는 결과가 훨씬 달랐다. 배우자가 화내는 비디오 장면을 보는 동안 여전히 기분 좋거나, 다른 사람이 행복할 때 중립적인 상태를 보여 주는 경우를 자주 보았다. 둘 다 '끔찍'에 자주 있는 것 이외에 그들의 반응이 서로 연결된 경우는 거의 없었다.

결론적으로 행복한 부부들은 그들에게 가장 큰 이득을 주는 방식으로 행동하는 데 더 많은 시간을 보냈고, 그들에게 가장 적은 이득을 주었던 방식으로 행동하는 데 가장 적은 시간을 보냈다. 큰 이득은 '좋음'과 '중립' 조합이며, 적은 이득은 '끔찍'과 '끔찍' 또는 '끔찍'과 '중립' 조합이다. 부부가 특히 선호한 방식은 서로의 이득이 연결되어 있어 본인의 이득뿐만 아니라 배우자의 이득이 극대화되는 상호 의존적인 경우다. 달리 말하면, 부부는 양쪽 다 배우자의 말과 몸짓이 긍정적인 감정을 나타낸 순간을 가장 좋게 평가했다.

결혼 생활을 오래 지속한 부부들과 그렇지 않은 부부들이 어떤 특정한 상태('끔찍', '중립', '좋음')에 들어가려는 경향의 빈도수와 그들이 각 상황에서 얻은 이득을 비교함으로써 나는 마침내 모든 관계의 신뢰 수준을 계산할 수 있는 방정식을 만들어 냈다. 그리고 현재 이 신뢰 지표 덕분에 임상 실험 대상 부부 사이의 신뢰도를 0퍼센트에서 100퍼센트로 점수화할 수 있다.

이 책을 읽는 독자는 내 연구 결과로부터 혜택을 얻기 위해 수학을 판독할 필요는 없다. 물론 내 연구실을 방문할 필요도 없다. 52쪽에 현재 자기 관계의 신뢰 수준을 스스로 평가할 수 있는 신뢰 지표 축소판인 자가 진단지가 있기 때문이다. 당신의 결과가 어떠하든 모든 관계를 돈독하게 하는 연구에 기반을 둔 조언들을 앞으로 이 책에서 발견하게 될 것이다.

나는 신뢰 지표를 만들어 낸 뒤 추가로 관계의 행복도를 예견하는 두 가지 지표를 측정했다. 첫 번째는 서로에 대한 신뢰성을 수량화하는 것이다. 이것이 아주 잘게 구별하는 것처럼 들릴 수 있지만, 신뢰성(trustworthiness)은 신뢰(trust)와 다르다. 부부 사이의 상호 신뢰에 대한 점수는 두 사람이 얼마나 깊이 서로 함께한다고 여기는지와 서로를 얼마나 보호해 주는지를 나타낸다. 대조적으로, 신뢰성은 한 배우자가 상대 배우자를 위해서 기꺼이 희생하고자 하는지, 때로는 자신의 욕구를 뒷전으로 미룰 만큼 관계를 중요시하고 우선시하는지를 뜻한다. 대개는 신뢰와 신뢰성이 일치한다. 부부 사이에 신뢰 점수가 높으면 대개 그들의 신뢰성 점수도 높다. 마찬가지로 신뢰 점수가 낮으면 신뢰성 점수도 낮기 마련이다. 하지만 항상 그런 것은 아니다. 신혼부부 또는 재혼한 부부 중에 신뢰 점수는 높지만 신뢰성 점수가 낮은 경우를 흔히 볼 수 있다. 내 연구에 따르면, 그런 부부의 갈등은 거의 대부분 다음과 같은 문제들을 둘러싸고 일어난다. "내가 당신을 필요로 할 때 당신은 친구보다 나를 선택하겠는가?", "내가 속상해할 때 당신이 내 곁에 있어 주겠는가?", "당신은 나하고만 섹스하겠는가?" 부부의 관계가 건실할 경우 신뢰성 점수는 점

차 상승한다.3

　부부가 서로의 신뢰성을 믿을 때, 그들 각자와 동반자 관계가 유일무이한 것이고 어떤 것으로도 대체할 수 없다는 메시지를 서로에게 준다. 부부 상담을 하는 동안 나는 이것을 '신성의 창조(creating the sacred)'라고 부른다. 왜냐하면 '신성(sacred)'과 '희생(sacrifice)'은 같은 어원을 가지고 있기 때문이다. 두 단어는 숭배(worship) 형태로 치러진 희생과 연관된 원시 종교적 관행에서 유래되었다. 서로에게 장기간 충실한 관계에서 희생은 각자 어느 다른 목적이나 꿈보다 두 사람 사이의 로맨스를 가장 중요하게 여기기로 합의하는 것이다. 더 이상 정서적으로 연결되어 있지 않은 부부가 희생하는 것을 새롭게 배우는 것이 어려울 수도 있다. 무늬만 부부인 경우는 서로 분리되어 평행선을 긋는 삶을 살면서 불행한 시간들을 견뎌 냈을지도 모른다. 오랜 습관을 깨는 것은 어려울 수도 있지만, 분명히 가능한 일이다.

　나는 또한 부부가 배우자나 부부 관계를 위해서 희생하는 것을 얼마나 꺼려하는지 계산하는 배반 지표도 산출할 수 있었다. 만일 한 배우자의 배반 지표가 꾸준히 올라간다면, 그들은 외도나 다른 불충한 행위를 할 위험에 처해 있는 것이다. 배반은 부부가 신뢰 미터기 다이얼을 서로 반대 방향으로 돌릴 때 드러난다. 아내의 손실은 남편의 이익이고, 남편의 손실은 아내의 이익이다. 그들은 흔히 배우자가 기분 나빠 할 때 기분 좋아한다. 이런 부부들은

3　필립 블룸스타인(Philip Blumstein)과 페퍼 슈워츠(Pepper Schwartz)가 『미국 부부들(American Couples)』(1983)이라는 책에서 방대한 연구를 기술했듯이, 미국에서 결혼하지 않고 (즉 어떤 약속 없이) 동거하는 커플들은 대개 낮은 신뢰 관계를 가진다. 슈워츠는 동거인이 함께 오래 살수록 신뢰 수준이 결혼한 부부의 신뢰 수준을 반영할 것이라는 결과를 기대했지만 연구 결과는 정반대였다. 반면, 함께 동거하는 동성애 커플들은 결혼한 이성애 커플들과 비슷한 충성 수준을 보여 주었다.

서로를 마치 살벌한 놀음판을 벌인 꾼처럼 대한다.

가끔 미디어는 내 연구 결과를 다른 종류의 결과들과 혼동시켜 왔기 때문에, 이혼을 예견할 수 있다는 내 연구의 의미를 밝히고 싶다. 연구에 따라 다르지만 이혼율이 43~67퍼센트이다. 이 통계는 전국적으로 결혼 후 40년이 지나기 전에 몇 쌍이나 이혼할 것인가에 대한 예상이다. 내 연구는 이런 계산과 전혀 관련이 없다. 나는 장기적인 이혼율을 측정하거나 예측하는 대신 어떤 행동과 태도가 부부를 헤어지게 하는지 살펴본다. 나는 낮은 신뢰 수준처럼 어느 특정 요소의 존재가 결별을 예견할 수 있는지, 그리고 만약 그렇다면 얼마나 정확하게 예견할 수 있는지에 중점을 둔다.

예견의 정확성을 결정하는 방법은 다음과 같다. 신혼부부에 대한 연구지만, 130개의 포춘 쿠키*가 담긴 통의 경우를 상상해 보자. 113개의 쿠키 속에는 "이 결혼은 살아남을 것이다"라고 적힌 반면에 나머지 17개에는 "이 결혼은 끝나게 된다"라고 적혀 있다는 사실을 6년 후에 알게 되었다고 치자. 만약 여러분이 이런 나쁜 소식을 가지고 있는 17개의 쿠키를 알아내고 싶지만 그저 무작위로 추측한다면 효과적이지 않을 것이다. 그런 식의 정확성은 아마 0.000000000000000000003퍼센트 정도밖에 되지 않을 것이다. 하지만 만약에 어떤 타당한 이론이 존재한다면 아주 높은 퍼센트로 17개의 나쁜 운수를 담은 쿠키를 찾아낼 수 있을 것이다. 바로 내 연구 결과가 부부의 운명을 85퍼센트의 정확도로 추측할 수 있기 때문에 내 방정식이 타당하다는 것이다.

여러분은 신뢰와 배반에 대한 나의 결론이 간단하지 않고 복잡한 수학에 기반했는데도 불구하고 결론은 매우 자명하다고 생각할지도 모른다. 결혼

---

* 중국 식당에서 후식으로 내주는 과자로, 과자 속에 운수가 적힌 쪽지가 들어 있어서 '운수 과자'라고도 한다.

에 신뢰는 유익하고 배반은 해롭다는 사실을 알기 위해 굳이 전문가의 연구가 필요하지는 않다는 것은 사실이다. 또한 부부들이 화목한지 아니면 싸우며 사는지 판단하기 위해 반드시 부부들을 연구실에서 촬영할 필요도 없다. 하지만 대부분의 부부는 양극단 사이에 존재한다. 현재 눈에 띄는 문제가 없을지라도 미래에 대해서 약간 불안함을 느끼는 부부들이 많다. 나는 특히 자신의 이득과 상대에 대한 행동 사이의 상호작용을 잘못 해석하는 많은 부부들을 연구해 왔다. 바로 이런 상황에서 수학은 나에게 엄청난 도움을 주었다. 부부들이 딱 한 번의 상호작용에서도 신뢰를 측정할 수 있는 방법을 개발함으로써, 나는 미래가 그다지 분명하지 않은 관계를 포함해 모든 관계의 내적 작동에 대한 중요한 통찰을 얻었다. 이 연구에 기초하여, 모든 부부에게 그들의 사랑을 구하거나 지켜 내는 방법에 관한 조언을 해 줄 수 있다.

과학적인 연구의 매력 중 하나는 예상하던 것을 항상 얻지는 못한다는 것이다. 항상 뜻밖의 결과들이 있고, 그러기에 나는 개인적인 경험이나 입증되지 않은 이론에 기초하여 관계에 관한 조언을 하는 것이 어리석은 일이라고 생각한다. 예를 들어 여러분의 관계가 어떠하든 간에, 여러분은 각자 모든 상태('끔찍', '중립', '좋음')에서 시간을 보낼 것이다. 하지만 그것이 여러분의 미래를 위해서는 무엇을 의미하는가? '중립'에 있다는 것이 '끔찍'에 있는 것으로부터 단지 한 발짝 떨어져 있다는 것인가? 당신이 부부 싸움을 하고 있을 때 '좋음' 상태에 머물기 어렵다면 결혼 생활에 대한 나쁜 징조인가? 만약 당신이 '끔찍' 상태에 쉽게 빠진다면 관계에 대한 경고 신호인가? 이런 질문들에 대한 대답은 당신의 추측과 다를지도 모른다. 그러나 이에 대한 답들은 부부 관계에 매우 크게 영향을 미친다.

당신의 신뢰 지표는 무엇인가?

다음에 나오는 테스트는 당신에게 현재 관계의 신뢰 지표에 대한 정보를 줄 것이다. 가능하다면, 배우자도 이 테스트를 해 보게 하라. 그리고 점수를 비교해 보라. 신뢰 지표를 계산하면 관계에서 작동이 잘되는 것과 개선할 부분에 대해 좋은 대화를 나눌 수 있는 적합한 근거를 얻을 것이다(만약 결과가 당신을 불안하게 만든다면, 상담사가 개입해 배우자와 함께 논의하는 것을 고려해 보라). 많은 심리 테스트들과 마찬가지로, 이 질문들 중 몇 개는 너무 뻔한 것처럼 보일 것이다. 하지만 어쨌든 질문들에 꼭 답을 해 보라. 책을 다 읽고 책에 나오는 연습 문제를 부부가 함께 풀어 본 뒤, 이 테스트를 다시 해 보는 것도 좋다.

당신의 신뢰 지표

> 지시 사항

다음 항목에 대해 동의하는지 또는 동의하지 않는지 정도를 나타내시오. 매우 동의하지 않으면 SD에, 동의하지 않으면 D에, 동의하지도 않고 안 하지도 않으면 N에, 동의하면 A에, 매우 동의하면 SA에 동그라미를 치시오. 만일 배우자와 함께 살지 않거나 자녀가 없다면(개별적으로든 함께든), 당신이 생각하기에 당신의 배우자가 어떻게 반응할지에 기초하여 이런 주제에 관한 질문에 답하시오.

1	나는 내 배우자에게 보호받는다고 느낀다.	SD D N A SA
2	내 배우자는 나에게 충실(일편단심)하다.	SD D N A SA
3	내 배우자는 내가 재정적으로 의지할 수 있게 한다.	SD D N A SA
4	나는 가끔 배우자와 함께 있는 것이 불안하다.	SD D N A SA
5	나는 내 배우자가 다른 이성과 친밀한 관계를 맺고 있다고 생각하지 않는다.	SD D N A SA
6	앞으로 내 배우자는 나 이외에 어떤 사람과도 아이를 갖지 않을 것이다.	SD D N A SA
7	내 배우자는 우리 아이들을 충분히 사랑하고 (재혼일 경우) 전처(부)의 아이들을 존중한다.	SD D N A SA
8	나는 대부분의 사람은 믿을 만하다고 생각한다.	SD D N A SA
9	내 배우자는 내가 정서적 안정감을 느끼도록 돕는다.	SD D N A SA
10	나는 내 배우자가 항상 친구가 되어 줄 것이라고 믿는다.	SD D N A SA
11	내 배우자는 자녀 양육에 헌신적으로 도울 것이다.	SD D N A SA
12	중요한 상황에서 나는 내 배우자가 나와 나의 가족을 위해서 희생할 것이라고 확신한다.	SD D N A SA
13	내 배우자는 집안일을 한다.	SD D N A SA
14	내 배우자는 우리의 경제적 안정을 높이기 위해서 열심히 일할 것이다.	SD D N A SA
15	내 배우자는 나를 존중하지 않는다.	SD D N A SA
16	내 배우자는 내가 성적 매력을 지녔다는 기분이 들도록 한다.	SD D N A SA
17	내 배우자는 결정을 내릴 때 내 감정을 고려한다.	SD D N A SA
18	내가 아플 때 내 배우자가 나를 돌볼 거라고 확신한다.	SD D N A SA
19	우리가 잘 지내지 못할 때, 내 배우자는 우리 관계를 개선하기 위해서 함께 노력할 것이다.	SD D N A SA

20	내 배우자는 감정적으로 내 곁에 있어 준다.	SD	D	N	A	SA
21	내 배우자는 술과 약물을 남용하지 않는다.	SD	D	N	A	SA
22	내 배우자는 나를 위해 낭만적으로 행동한다.	SD	D	N	A	SA
23	내 배우자는 나의 가족에게 잘 해 준다.	SD	D	N	A	SA
24	내가 슬프거나 화나 있을 때, 내 배우자가 나에게 말을 걸어 줄 거라고 믿을 수 있다.	SD	D	N	A	SA
25	내 배우자는 나를 무시하거나 창피를 준다.	SD	D	N	A	SA
26	내 배우자를 나보다 더 챙겨 주는 사람이 적어도 한 명은 있다.	SD	D	N	A	SA
27	내 배우자는 경제적인 면에서 나와 함께할 것이다.	SD	D	N	A	SA
28	나는 부부 사이에서 권력과 영향력을 가지고 있다.	SD	D	N	A	SA
29	내 배우자는 다른 사람들에게 나를 얼마나 소중하게 여기는지 보여 준다.	SD	D	N	A	SA
30	내 배우자는 아이 양육 문제를 도와준다.	SD	D	N	A	SA
31	나는 내 배우자를 완전히 믿을 수 없다.	SD	D	N	A	SA
32	내 배우자는 약속을 지킨다.	SD	D	N	A	SA
33	내 배우자는 도덕적인 사람이다.	SD	D	N	A	SA
34	내 배우자는 하겠다고 동의한 일은 한다.	SD	D	N	A	SA
35	내 배우자는 나의 신뢰를 배반할 것이다.	SD	D	N	A	SA
36	내 배우자는 나에게 다정하다.	SD	D	N	A	SA
37	나는 내 배우자가 부부 싸움 중에도 내 이야기를 진정으로 잘 들어 줄 것이라고 믿는다.	SD	D	N	A	SA
38	내 배우자는 내 꿈을 함께 공유하며 존중한다.	SD	D	N	A	SA
39	나는 배우자가 바람을 피울까 봐 겁난다.	SD	D	N	A	SA
40	내 배우자의 말과 행동은 우리가 동의한다고 선언한 가치를 반영한다.	SD	D	N	A	SA
41	내 배우자는 나와 자주 사랑을 나눈다.	SD	D	N	A	SA
42	나는 내 배우자가 나와 함께 가족과 공동체 의식을 만들고 유지한다고 믿을 수 있다.	SD	D	N	A	SA

채점

::1단계:: 다음의 척도를 이용하여 4, 15, 25, 26, 31, 35, 39번의 답을 채점하시오. 그리고 그것들을 더하시오.

매우 동의한다: 1
약간 동의한다: 2
동의하지도 동의하지 않지도 않는다(중립적이다): 3
약간 동의하지 않는다: 4
매우 동의하지 않는다: 5

부분 합계 _____

::2단계:: 아래의 척도를 사용해서 남은 질문에 대한 답을 채점하시오.

매우 동의한다: 5
약간 동의한다: 4
동의하지도 동의하지 않지도 않는다(중립적이다): 3
약간 동의하지 않는다: 2
매우 동의하지 않는다: 1

부분 합계 _____

::3단계:: 당신 지표를 계산하기 위해서 두 개의 부분 합계를 더하시오.

총합 _____

내 점수는 무엇을 의미하는 것일까?

0-52 당신은 배우자와 관계에 대한 신뢰가 낮다. 모든 부부가 영원히 함께 살아야 하는 것은 아니다. 하지만 신뢰 문제로 힘들어하는 부부들마저 서로 강한 의지로 관계 회복 과정에 충실하겠다면 문제를 잘 **해결할 수 있다**(책의 나머지 부분을 읽기 전에, 10장을 읽어 보는 것을 고려해 보라. 10장은 당신의 배우자를 신뢰해서는 안 되는 사람인지 평가할 수 있게 도와줄 것이다). 이 책을 혼자 읽을 경우, 본인의 상황을 분명하게 할 수 있고 배우자와 함께 긍정적인 변화를 만들어 내어 잘 지낼 수 있도록 도와줄 것이다. 하지만 당신의 배우자가 동의한다면, 함께 연습 문제를 풀도록 노력해 보라. 먼저 자아 성찰이 필요하다. 둘 다 진정으로 관계 회복 과정을 이행하고자 하는가? 만약 그렇다면, 이 책을 다 읽고 조언을 행동으로 옮긴 뒤 다시 테스트를 해 보라. 만일 당신의 점수가 계속해서 낮다면, 개인 상담을 받아 보라.

53-105 당신의 신뢰 수준은 중간이다. 배우자에 대한 믿음이 있긴 하지만 불확실성도 있다. 이 책에 있는 조언을 이행함으로써 관계를 개선할 수 있을 것이다. 배우자와 함께 하는 것이 가장 좋지만, 당신 혼자서라도 노력한다면 발전이 있을 것이다. 부부 중 한 사람의 욕구와 갈망이 분명해질 때, 종종 두 사람 모두의 초점이 뚜렷이 관계에 맞추어지면서 좀 더 쉽게 긍정적인 변화를 만들어 낼 수 있다. 만일 신뢰 지표가 나아지지 않는다면, 부부가 각자 관계를 가장 중요하게 여기는지 판단해야 한다. 만일 신뢰 지표가 전보다 높아졌다면, 서로에게 좀 더 지속적으로 마음을 열수록 관계가 더 행복해지고 충만해질 것이라는 강력한 신호다.

106-210 당신은 배우자에게 깊은 신뢰감을 가지고 있다. 그런 확고한 기초는 당신의 관계가 장기간 행복할 것이라는 확률을 높여 준다. 그러나 만일 점수가 이 범위 안이지만 낮다면, 당신의 관계에 관해

서 솔직한 대화를 나누는 것이 좋을 것이다. 당신의 신뢰 수준이 매우 높아도 이 책은 여전히 당신에게 유용할 것이다. 책을 함께 읽으면서 서로 사랑에 빠져 있다는 사실을 재확인할 낭만적인 경험을 만끽하라. 이 책이 그 상태에 머물 수 있도록 돕는 도구가 될 것이다.

2. '좋음', '중립' 그리고 '끔찍'

조셀린: 여보! 여름 별장으로 나를 놀라게 하다니, 당신 정말 멋져요. 하지만 그런 큰 물건을 구입하기 전에 상의했어야 한다는 생각을 떨쳐 낼 수가 없어요. 솔직히, 나는 말이에요, 개미 떼가 나타나고 상하수도가 없는 집을 사기 위해 우리가 저축한 돈을 모두 사용한 것이 훌륭한 생각이라고는 확신하지 않아요.

미구엘: 여보, 당신의 관점을 이야기해 준 것 진심으로 고마워. 당신 이야기를 더 들어 보고 싶은데.

당신은 조셀린과 미구엘처럼 배우자와 대화를 하는가? 그럴 것 같지는 않다. 그 누구도 중대한 일에 대해서 의견이 다를 때 이토록 부드럽게 반응할 거라고는 기대할 수 없다. 그런 반응은 현실적이지도 않으며, 조셀린과 미구엘은 꾸며 낸 사람 같을 것이다. 나 역시 그들과 같은 부부를 만나 본 적이 없다. 내 연구에서는 간혹 부부가 고통스러운 대화를 나누는 데 관대하게 반응하는 것처럼 보일 때가 있다. 하지만 그들의 치솟는 심장박동 수와 혈압은 그들의 다른 심정을 밝혀 준다. 가장 건강한 관계에서마저 부부는 서로에게 분노를 느끼는 순간이 있다. 그들은 말다툼도 하고, 심지어 심각한 갈등을 빚기도 할 것이다.

그러나 아내와 남편을 모두 만족시키는 관계를 원하면 상호 존경과 애정의 보금자리인 '좋음' 상태에서 많은 시간을 보낼 필요가 있다. 게임 이론의 용어로, '좋음'은 두 사람 모두에게 큰 이득을 준다. 하지만 누구도 영원히 그 상태에 머물 수 없다. 화날 때는 긍정적이고 생산적인 방식으로 응답하는 능력을 잃기 쉽다. 연구실에서 논쟁하는 동안 부부 중 어느 누구도 '좋음' 상태에 들어가지 않는 것에 대해 나는 놀라지 않는다. 누구나 싸움을 하는 동안 '좋음'에 들어갈 수 있을지 의심하는 것은 당연하다. 그것은 불가능한 일이 아니지 않는가?

그렇기도 하고 아니기도 하다. 나는 아직 갈등 내내 '좋음'에 머물 수 있는 부부를 만나지 못했다. 하지만 내 연구는 많은 관계에서 정서 상태가 고착되어 있지 않다는 것을 보여 준다. 몇몇 부부를 '좋음'으로 분류할 때, 그들이 조셀린과 미구엘처럼 대화한다는 것을 의미하는 것은 아니다. 그들은 화날 때도 어쨌든 '좋음'에 들어갈 수 있다는 뜻이다. 이 부부들은 부부 싸움 도중에 짧은 시간이나마 화난 감정을 진정하고 다정한 방식으로 반응하는 방법을 찾는다. 이것은 대단한 성과다. 이런 부부들의 신뢰 지표가 높은 것은 놀라운 일이 아니다. 특히 서로를 진정시킬 수 있는 능력에 대해서 감사하게 생각하는 부부들이 그렇다. 그렇게 하기 위해서는 꽤 큰 신뢰가 필요하다.

다정한 부부들마저 논쟁할 때는 갈등을 해결하기 위해 심리 치료사로부터 조언받은 적절한 말이나 행동을 모두 이행하지 않을 것이다. 하지만 그들은 해결한다. 다음 시나리오를 상상해 보자. 짐은 오래 사귄 바이올렛과 함께 주말을 산에서 보내기 위해 운전하고 있다. 짐이 모퉁이에서 차를 돌릴 때 바이올렛이 "속도 좀 줄여!"라고 소리 지른다. 짐이 운전할 때 바이올렛은 종종 불안하다. 이것이 바로 그들 관계에서 민감한 부분이다. 늘 그렇듯, 바이올렛이 남자 친구의 운전을 비난할 때, 그는 이를 악물고 "나한테 소리 좀 지르지 마! 너 때문에 사고 나겠어."라고 말한다. 하지만 바이올렛은 그를 계속 야단친다. 만일 짐의 마음을 엿본다면 다음과 같을 것이다. '그녀의 운전이야말로 엉망인데, 오히려 내가 비난을 받는다니까. 내가 하는 어떤 행동도 그녀를 만족시키지 못하지. 내가 도대체 왜 이 바보 같은 여행에 동의했을까?'

산꼭대기에 있는 여관에 도착했을 때 짐은 너무 기분이 상해 트렁크에서 가방을 꺼내 내팽개칠 지경이다. 하지만 그때 바이올렛이 정말 숨이 멎을 만큼 멋있는 전경을 보며 말한다. "죽어서 천국에 온 것 같아! 자기야, 혹시 자기가 정말 차 사고를 내어 차가 절벽 아래로 굴러 떨어진 것 아니야!" 흥분된 상태임에도 불구하고, 짐은 빙그레 웃는다. 그는 바이올렛의 짓궂은 유머 감각을 좋아한다. 그녀는 미소 지으며 그의 옆구리를 장난스럽게 쿡 찌른다. 그리고 자연스럽게 그들의 관계는 벼랑으로부터 몇 발짝 뒤로 멀어진다. 바이올렛은 긴장을 완화하고 남자 친구를 진정시키기 위해 흔한 보수 작업 기술인 유머를 사용했다.

보수 작업은 모든 낭만적인 관계에서 구명조끼 같은 존재다. 보수 작업의 효과는 관계가 살 것인지, 아니면 죽을 것인지 결정한다. 보수 작업은 복잡하지 않다. 흔하게 쓰이는 보수 작업에는 유머, 칭찬, 손잡기, 질문 등이 있다(169쪽에 내 연구에 참여한 부부들이 흔하게 사용했던 보수 작업 리스트가 있다). 건강한 관계의 경우, 보수 작업을 받는 사람의 혈압과 심장박동을 낮춘다. 이성이 주도할 수 있을 정도로 긴장감을 떨어뜨린다. 만일 보수 작업을 시도했는데도 부부의 갈등이 항상 고조된다면 그들이 고통의 소용돌이에 갇혀 있다는 것을 나타낸다. 보수 작업이 잘못됐다는 것이 문제가 아니라 서로에게 상처를 주는 비생산적인 부부 갈등의 역사가 문제다.

바이올렛의 보수 작업이 그녀와 그 사이의 문제를 해결하지는 않지만, 그들이 문제를 논의하는 동안 서로 비난하지 않게 해 주어 결국 휴가를 잘 보낼 수 있게 한다. 심한 언쟁을 하는 동안 '좋음'에 들어갈 수 있다는 것은 부부의 미래에 대한 조짐이 좋다는 신호다. 나는 신혼부부 연구를 통해서 부부가 갈등의 일부를 논의하는 도중에 긍정성을 표현할 수 있는 능력이 부부가 (연구가 지속된) 6년 동안 계속 함께 살 뿐만 아니라 행복할지를 예견한다는 사실을 밝혀냈다(참고로, 운전 스타일에 대한 갈등은 가장 흔한 '해결할 수 없는' 부부 문제 중 하나다. 이런 경우에는 유머 감각이 도움이 된다).

아마 이 부부들에 관한 내 연구의 가장 중요한 발견은 그들이 재빨리 '좋음' 상태로 들어가는 시점을 시술할 때의 정밀함 수준으로 잘 맞춘다는 것이다. 시점은 대체로 배우자가 높은 수준의 스트레스를 신체적으로 느낄 때다. 만약 바이올렛과 짐이 내 연구실에서 논쟁을 한다면, 짐이 폭발하기 바로 직전에 그녀가 농담을 건다는 것을 알 수 있을 것이다. 물론 그녀는 연구실에서 기록되는 짐의 치솟는 맥박과 상승된 혈압에 대한 정보를 알지 못한다. 사실 그녀는 그런 정보가 필요하지 않다. 그녀는 직감으로 필요한 순간에 '좋음'으로 들어간다. 보수 작업을 적시에 하는 것이 바로 서로를 잘 알고 신뢰하는 두 사람이 추는 댄스의 일부다. 배우자의 스트레스로 인한 신체 생리적인 신호를 줄이기 위한 상대방의 긍정적인 노력의 위력은 나의 모든 연구에서 분명하게 나타난다. 로버트 레벤슨의 연구에서도 되풀이되었다.

이것이 바로 '좋음' 상태에 관한 진실이다. 쉽게 포착하기 어렵지만 '좋음'은 싸우는 동안에도 존재한다. 만일 높은 신뢰가 있다면, 논쟁하는 동안 짧지만 중요한 시점에 '좋음' 상태에 들어가 보수 작업을 할 수 있고, 결과적으로 건설적인 (또는 적어도 덜 파괴적인) 논의를 할 수 있다. 관계를 잘 발전시켜 나가기 위해서 늘 행복한 얼굴을 할 필요는 없다(어쨌든 그렇게 하는 것은 불가능하다). 하지만 감정적 과부하를 방지할 필요가 있을 때 열기를 낮출 수 있다는 것 자체가 바로 높은 신뢰 지표의 신호다. 거꾸로 보수 작업을 더 잘할 수 있도록 노력함으로써 부부 간 신뢰 수준을 높일 수 있다.

지루한 '중립' 지대

만약 '중립' 상태가 지루하게 느껴져서 이 부분을 뛰어넘고 싶은 유혹을 받는다면, 당신은 수많은 부부나 심리 치료사들과 똑같은 실수를 하게 될 것이다. 부부 싸움 중에 '중립' 상태는 이것도 아니고 저것도 아닌 모호한 상태가 아니다. 중립에 대한 나의 연구 결과는 내 연구가 신뢰라는 주제로 들어가게 한 가장 신 나는 일이다.

당신이 배우들을 출연시켜 다음 장면을 연출하는 TV드라마 감독이라고 상상해 보라.

(부부가 소파에 앉아 있다.)
브리아나: 엄마에게 우리가 내일 방문할 거라고 말했어.
루: 우리?
브리아나: 엄마한테 약속했어.
루: (스포츠) 결승전이 있어. 나한테 한번 물어봤어야지.

브리아나: 엄마를 한참 동안 못 봤잖아.

루: 당신은 지난주에 갔잖아.

브리아나: 하지만 당신은 가지 않았잖아. 엄마가 외로워하신단 말이야. 당신은 왜 못 가는데?

감독 입장에서는 이런 대사를 내뱉는 장면을 루가 문을 쾅 닫고 브리아나가 노트북을 쾅 닫는 행동과 함께 연출할 수 있다. 아니면 그들이 말하는 동안 서로를 껴안도록 연출할 수 있다. 만일 시청률을 염려하는 감독이라면 확실하게 택하지 않을 한 가지 연출은 부부에게 하찮고 자잘한 일상사에 대해 진지하게 논의하라고 지시하는 것이다. 그런 식으로 접근한다면 시청률이 최하위인, 실패한 TV 드라마가 될 것이다.

하지만 연구 중에 나는 각본을 다시 쓰거나 재촬영할 기회가 없다. 단지 부부의 대화를 녹화하고 분석할 뿐이다. 나는 어떤 부부들은 논쟁의 대부분 시간 동안 '중립'에 있다는 것을 발견했다. 그들은 보수 작업 기술을 많이 사용하지 않지만 또한 그것이 필요하지 않은 것처럼 보였다. 그들의 신체 생리 기록은 그들이 전혀 동요되지 않았다는 것을 확인해 준다. 맥박 수나 혈압에 큰 증가가 없다. 그리고 그들의 동작과 말은 그다지 긍정적이거나 부정적으로 보이지 않았다. 이 부부들은 서로에 대해 지루해하거나 관계가 냉담하지도 않다. 불행한 부부들과 달리, 중립적인 부부들은 서로 연결되어 있고 서로에게 반응을 보인다. 그리고 그들은 서로 이견을 말하는 동안에도 침착하다.

나는 40대 중반과 60대 부부 연구에서 다음과 같은 사실을 발견했다. 의견이 일치하지 않은 상황에서 행복한 부부들은 65퍼센트 시간을 '중립'에서 보내는 반면, 불행한 부부들은 약 45퍼센트를 보낸다는 것이다. 12년 후에,

행복한 부부들은 70퍼센트의 시간을 '중립' 상태에서 보냈다. 시간이 흐를수록 행복한 부부들은 서로를 진정시켜야 하는 상황이 점차 줄어들었다. 그리고 기록된 그들의 순간 반응 범위는 그들이 '중립' 상태에서 점점 더 많은 이득을 얻었다는 것을 보여 주었다.

이런 부부들이 부부 싸움 하는 비디오를 인터넷에 올린다면 아마도 가장 인기 없을 것이다. 사람들은 싱거운 것을 보고 싶어 하지 않는다. 리얼리티 TV의 시청률은 사람들이 고함을 치고, 통제 불가능한 부부와 상냥하고 눈물을 흘리는 화해의 순간을 보는 것에 더 관심이 많다는 것을 보여 준다. 상담을 시작한 부부들은 이런 편견에 영향을 받는다. 아무도 따분한 것을 원하지 않는다. 그들은 갈등의 고뇌를 끝내고 다시 마법과 같은 (신혼) 상태를 회복하기를 원한다. 부부 상담사도 마찬가지로 다음과 같이 생각할 것이다. '나는 이 부부가 왜 그렇게 부정적인지 알아내는 데 상담 시간을 할애할 필요가 있어. 우리가 원인을 성공적으로 알아내면 그들의 관계는 방향을 바꾸고 서로에게 고약하게 굴던 행동을 멈추고 "좋음" 상태로 들어가게 될 거야.' 아마 다음과 같이 동료에게 자랑하는 유능한 상담사는 세상에 없을 것이다. "태미와 거스와 함께했던 치료 시간은 정말 좋았어. 그들은 50분 내내 감정을 전혀 보이지 않고 싸웠어!" 상담사의 역할은 부부가 서로 긍정적인 감정을 나누면서 인생을 살 수 있도록 격려하는 것이기 때문이다.

유명한 실험에서 로버트 레벤슨과 그의 제자인 레이철 엘블링^{Rachel Elbling}은 열 쌍의 부부가 벌인 실제 부부 싸움의 첫 3분을 비디오로 녹화했다. 그들 중 반은 이혼으로 끝났고 나머지는 지금도 여전히 함께 살았다. 로버트와 레이철은 그 비디오를 치료사, 연구자, 목회 상담자들에게 보여 주고 각 부부들의 이후 결혼 생활을 예측하도록 요청했다(비디오테이프는 현재 샌프란시스코 근처에 있는 디스커버리 박물관의 전시품이 되어 있고, 박물관 방문객들은 부부들의 결과를 예측해 보고 그들의 예상이 얼마나 적중했는지 알아본다). 평균적으로 이런 전문가들의 예상은 동전을 던져서 무작위로 결정할 때보다 더 정확하지는 않았다. 왜 소위 인간 행동 전문가들이 부부 관계의 결말을 알아낼 수 없을까? 대부분의 관찰자들은 부부 싸움에서 부부들의 불꽃 튀는 행동에 초점을 두었다. 부부가 얼마나 많은 시간 동안 각자 조용하고 감정적이지 않은 상태에 머무는지는 고려하지 않았다. 아마도 별로 중요하지 않다고 생각했기 때문일 것이다. 하지만 '중립'은 관계의 운명에서 정말 중요한 열쇠다. (싸울 때) 감정을 보이지 않은 채로 대부분의 시간을 보냈던 부부들은 결혼 상태를 유지했다.

'중립'이 갈등을 피하는 아주 좋은 상태라는 것은 일리가 있다. 배우자와 의견이 맞지 않아 크게 싸웠던 날을 회상해 봐라. 돌이켜보면 만일 당신이 감정을 드러내지 않고 침착하게 있었더라면 당신에게 더 큰 이득이 있었을 것 같지 않은가? 비록 드라마틱한 싸움이 해피엔드로 이어졌어도 대다수 사람들은 '중립'을 지키면서 이득을 얻기를 바랄 것이다. 반드시 긍정적인 감정이 일어나게 해야만 하는 것이 아니라 감정적인 교류를 덜 하게 하는 방향으로 움직이는 것도 부부들에게는 가치 있는 목표라는 사실이 '중립'의 깊은 뜻이다. 싸움을 하는 동안 연인들은 '어둠의 골짜기'에 항상 있는 것보다는 '평화의 골짜기'에서 적어도 약간의 시간을 보내는 것이 이롭다.

'중립'의 안도감은 관계에 신뢰가 존재한다는 궁극적인 표현일 수도 있다. 하지만 만일 당신과 당신의 배우자가 아직 '중립' 상태로 머물 준비가 되어 있지 않더라도 걱정하지 마라. 그 상태에 도달하자면 많은 시간이 필요하다. 먼저 부부들은 싸우는 도중 한쪽에서 중요한 시점에 보수 작업을 시도하고 이에 반응할 것이라는 점을 확신할 필요가 있다. 하지만 '중립' 지대는 행복한 관계가 자주 귀결되는 곳이다.

서로 다른 특성이 있지만 '좋음'과 '중립'은 부부가 시간을 보내기에 좋은 상태다. 싸움을 하더라도 이런 상태에 접근할 수 있는 능력은 관계의 미래에 좋은 징조다. 게임 이론에 따르면, 부부가 두 상태에서 가능한 한 많은 시간을 보낼 때 가장 큰 이득을 얻기 때문에 그렇게 하는 것이 일리 있다. 하지만 불행한 부부들은 게임 이론을 거스르는 것 같다. 그들은 '끔찍'의 고통 속에 빠지는데, 결국 전혀 합리적이지 못하다.

연인들을 위한 바퀴벌레 숙소

모든 부부는 가끔 '끔찍' 상태에 들어간다. 하지만 일부 부부들은 그 상태에서 너무 많은 시간을 보내 결국 빠져나올 수 없는 부정성에 처한다. 나는 그것을 바퀴벌레 숙소*라고 부른다. 의견 불일치로 시작돼 "입 닥쳐!"라고 말하면서 끝내는 조지와 앤젤은 불행한 부부들의 전형적인 모습이다. 그들이 아무리 노력한다거나 서로에게 무슨 말을 하든, 그들의 관계 회복은 실패다. 이런 부부들 중 일부는 서로 큰 소리로 공격하며 고문하듯 괴롭힌다. 나머지 부부들은 부정적인 생각과 감정에 애간장을 태운다. 어떤 식으로 부부 싸움을 하든 끔찍한 부부들은 한결같이 부부 싸움을 싫어한다고 한다. 싸우는 것이 슬프고 기분 좋지 않다. 어떠한 이득도 얻지 못한다. 하지만 싸움을 멈

---

* 위생 상태가 좋지 않아서 바퀴벌레가 쉽게 번식하고 퇴치하기도 어려운 싸구려 숙소를 뜻한다.

추지 못한다.

    이런 불행한 배우자들의 상호작용을 분석함으로써, 나는 이들이 빠진 함정을 설명할 두 가지 특성을 발견했다. 부부가 '끔찍' 상태에 도착할 때 적어도 부부 중 한 명은 신체적으로 느낄 정도로 적개심에 매우 민감해진다. 나는 이런 신체적인 반응을 묘사하기 위해 '감정의 홍수(flooding)'라는 용어를 오랫동안 사용해 왔다. 감정의 홍수가 일어날 때, 아드레날린을 포함한 강력한 호르몬 혼합물이 맥박, 혈압, 땀의 분출 등 신체적인 스트레스 증가를 촉발한다. 속도와 근육의 힘 같은 신체적인 능력을 극대화하는 이런 호르몬에서의 변화는 자주 적과 굶주린 동물을 대면했을 우리 선조로부터 받은 진화적인 유산일 것 같다.

    원시 시대에 대한 연구는, 남자는 사냥꾼이고 보호자였기 때문에 여자보다 좀 더 신체적으로 경계심이 발달했을 것이라고 한다. 이런 진화적인 유산에 의해서 위험을 인지하면 현대 남성들은 여성들보다 좀 더 강한 '싸우거나 도망가는 반응'을 보인다. 또한 위협이 끝난 뒤에도 남자들에게 좀 더 오랫동안 각성 상태가 지속된다. 내 연구를 비롯해 많은 다른 연구에서 입증했듯이 논쟁하는 동안 남자들은 여자보다 감정의 홍수에 훨씬 더 잘 빠진다. 부부의 생물학적인 반응의 기록을 비교해 보면, 남자들이 화날 때 훨씬 더 극적인 신체적 반응을 보이는 경향이 있다. 신체는 위협의 종류에 따라 반응 방식을 조절하지 않기 때문에 남성은 화난 배우자에게도 흉포한 짐승을 대면하는 것처럼 반응하는 것일 수 있다.

    감정의 홍수는 관계에 치명적이다. 신체 반응이 극으로 치달으면 이성적인 사고가 거의 불가능하게 된다. 심리학자들이 '터널 시각(tunnel vision)'이라고 부르는 형태가 되는데, 눈과 귀는 오로지 경고 신호와 도망갈 길에만 초점을 맞추고 그 밖의 다른 어떤 것도 전달되지 않는다. 유머 감각은 멈추고, 주의를 기울여 듣고, 문제를 해결하고, 다른 사람의 감정을 이해하는 능력도 마찬가지로 멈춘다. 감정 홍수에 대한 이런 결과들을 알지 못하기 때문에 대부분의 심리 치료사들은 고통스러워서 전혀 공감할 수 없는 지경에 놓여 있는 부부에게 배우자에게 공감을 표현하도록 요청할 것이다. 이렇게 하면 부부 관계는 더 나빠진다.

상황에 따라서, 감정의 홍수에 빠진 사람은 배우자와 맞서 싸우거나(즉, 공격하거나) 대화를 거부(즉, 도망가기 — 나는 '담쌓기'라고 한다)한다. 이런 두 가지 반응이 조지와 앤젤의 대화에서도 분명하게 보였다. 조지가 "입 닥쳐!"라고 소리 질렀을 때, 그의 신체 생리적인 기록은 감정의 홍수 상태였다. 그의 아내가 논쟁을 이어 갔지만 조지는 담쌓기를 시작했고 반응을 거부했다.

부부 싸움을 하는 동안 감정의 홍수에 빠지면 상황을 진정시키는 보수 작업이 가능하지 않다. 만약 신체 또는 마음이 심하게 동요하면 생각은 더 이상 명료해지지 못한다. 사람들은 배우자가 자신을 진정시키려고 애쓴다는 것을 선뜻 받아들이지 못한다(그것을 알아차리지도 못한다). 내 연구는 이런 상황에서 훌륭하지만 실패한 보수 작업의 예들로 꽉 차 있다. 만약 앤젤이 농담을 던지거나 격려한다고 해도 남편은 여전히 외면할 것이다. 어떠한 사랑스러운 메시지도 그에게 전달되지 않을 것이다. 이것이 바로 바퀴벌레 숙소에서 오래 머무르면 서로에 대한 신뢰와 부부 관계에 대한 믿음이 사라지는 이유다.

왜 단지 일부 부부들만 이런 감정의 홍수와 보수 작업의 실패를 경험하는 것일까? 아마 일부 남자들은 다른 사람들보다 생물학적으로 감정의 홍수에 더 취약하기 때문일 수도 있다. 하지만 대부분의 경우, 근본적인 요인은 부부 사이의 역동이며, 구체적으로는 정서적 조율(attunement)의 부족이다. '정서적 조율'이라는 단어에 심리학자들이 다양한 의미를 부여하지만 나는 성인 관계에서의 정서적 조율은 배우자의 내면세계를 이해하고 존중하려는 갈망과 능력이라고 정의한다. 정서적 조율은 오랫동안 서로에게 헌신하는 관계를 위해서 신뢰를 쌓고 신뢰를 되찾는 것에 대한 청사진을 제공한다. 정서적 조율이 부족한 경우, 배우자들은 서로의 내면세계를 이해하고 있음을 보여 주지 못하거나 이해하더라도 그 사실을 지지적인 방식으로 소통하지 못한다. 6장에서 나는 관계를 개선시키거나 구하기 위해 정서적 조율의 심오한 혜택을 이용하는 방법에 대해서 자세하게 기술할 것이다. 하지만 지금은 그것이 부족할 때 무슨 일이 일어나는지에 초점을 두기를 원한다.

바퀴벌레 숙소로 가는 5단계

'조율 실패'가 모호하고 추상적으로 들릴 수 있지만, 관계에 조율이 부족할 때 일어나는 구체적인 5단계의 궤도가 있다.

1단계: '미달이문 순간'이 있다

충직한 관계에서 배우자들은 서로 말과 행동으로 끊임없이 지지와 이해를 구한다. 연구 용어로, 나는 그런 요청을 '말 걸기(bids)'라고 한다. 말 걸기는 "맥주 좀 가져다줄래요?"처럼 간단하거나, 심각한 의료 진단을 받은 뒤 "나는 당신이 필요해요"처럼 심오할 수 있다. 모든 말 걸기가 분명한 것은 아니다. 많은 말 걸기는 인지되지 못하거나 무시되거나 잘못 해석된다. "사랑해!"라고 말하면 배우자가 돌아서서 안아 주기를 기대할 수도 있다. 하지만 배우자는 딴 데 정신이 팔려 건성으로 듣고는 "당신이 날 사랑하는 거 알아."라고 말한다. 남편은 아내에게 자신이 작년 밸런타인데이에 사 줬던 것과 똑같은 사진

책을 아내에게 건넨다. 그는 잊어버렸고, 그녀는 기억하고 있다.

관계에서 말 걸기의 시작을 나는 '미닫이문 순간(sliding door moment)'*이라고 부른다. 아내나 남편이 연결하고 싶다고 표현할 때, 배우자의 반응은 미닫이문을 밀어젖히고 들어가거나 문을 닫고 외면하기다. 좋아하는 영화를 보기 위해서 가장 편안해하는 소파에 눕는 헨리를 상상해 보자. 아내인 신디는 지나치다가 화면을 쳐다보고 한숨을 쉬면서 말한다. "아! 영화 속 파리는 항상 멋지네." 아내의 애석함이 담긴 발언에 헨리가 취할 수 있는 반응은 여러 가지다. "우리도 언젠가 파리에 가면 좋겠다"라고 말하면서 문을 활짝 열 수도 있다. 나는 그런 반응을 배우자에게 '다가가기(turning toward)'라고 부른다. 또는 "쉬, 조용! 나 영화 보잖아!"라고 말하면서 멀어지는(turn away) 대화를 할 수도 있다. 관심과 연결을 나타내지 않는 반응은 여지없이 문을 쾅 닫는다.

오래 지속되는 모든 관계는 좋지 않게 끝나는 미닫이문 순간으로 가득 차 있다. 관계의 달인인 부부들조차 배우자가 슬프거나 기운이 없거나 무슨 이유에서인지 아주 특별히 들떠 있는 것처럼 보일 때도 상대방이 모를 때가 있다. 상대방이 피곤하거나 짜증이 나거나 다른 곳에 정신이 팔려 있는 경우이다. 우리는 사소한 일들에 대한 우리의 반응이(또는 반응 부족이) 매우 중요할 거라고는 별로 생각하지 않는다.

물론 사소한 말 걸기에 멀어지는 대화로 반응한다고 해서 관계가 구렁텅이 속으로 들어가지는 않는다. 불행하게 끝나는 대화가 많지만, 왜 그런가에 대

---

* 「슬라이딩 도어즈」는 기네스 펠트로 주연의 1998년작 영화 제목이으로, 하나의 작은 선택에 의해 인생 행로가 다른 궤도로 달리게 된다는 내용이다. 따라서 '미닫이문 순간'은 '운명이 달라지는 순간'이라는 뜻으로, 가트맨 박사가 만든 용어이다.

한 후속적인 논의가 없다면 관계는 위험에 빠진다. 시간이 지나면서, 한쪽이나 양쪽 모두 다음과 같이 의심하기 시작한다. '저 사람에게는 내가 가장 중요한가, 아니면 다른 사람이나 다른 것이 더 중요한가? 내 배우자는 이기적인가? 내가 계속 저 사람을 믿는 위험을 감수해야 하나?'

2단계: 후회할 만한 사건이 발생한다

미닫이문 순간에 멀어지는 대화를 나누면 갈등이 치솟는다. 배우자의 얼굴에서 상처나 비난의 표정을 알아채고, 어쨌든 당신이 실수를 저질렀다는 것을 알아차린다. 운이 좋을 경우, 배우자는 무엇이 잘못되었는지 솔직하게 말해 준다. "의사가 오늘 말한 것을 당신에게 말하고 싶었어. 하지만 당신이 바빠서 그것에 대해 이야기를 나눌 수가 없었지. 내가 검사 결과에 대해서 얼마나 불안해했는지 당신도 알잖아! 당신한테 실망했어."

만일 배우자가 자신의 '잘못'을 인정하고, 자신이 지어야 할 책임의 몫을 받아들인다면 관계를 회복할 수 있다. 하지만 만일 배우자가 멀어지는 대화를 한다면, 추가 상처와 분노는 '후회할 만한 사건(regrettable incident)'을 초래한다. 내가 '후회할 만한 사건'이라고 이름 붙인 것은 심한 부부 싸움이 불행히도 부부의 일상적인 모습이 되어 버리기 때문이다. 이러한 사건 하나하나가 부부 사이의 상호 신뢰를 살금살금 허문다.

보통 후회할 만한 사건으로 가는 맥락은 명백하지 않다. 관계는 얽혀 있다. 문이 닫힐 때, 배우자는 서로 상처받았다고 느낄지도 모른다. 친구 집 집들이에 간 조와 그의 여자 친구 매디의 사례를 보자. 조는 방구석으로 자리를 옮기자고 한 요청을 매디가 무시할 때 속상했다. 그녀가 다른 사람에게 추파를 던진다고 생각해 눈이 상기될 정도로 화가 났다. 매디가 반응을 보이지 않자

조는 자리를 떴다. 그런데 매디는 조가 화났다는 것도, 어디로 갔는지도 알지 못한다. 그녀는 이 방 저 방 기웃거리며 조를 보았는지 묻는다. 하지만 조를 본 사람이 아무도 없다. 조가 차 쪽으로 걸어가는 것을 발견한 매디는 화나서 씩씩대며 "당신 때문에 얼마나 애먹었는지 알아?"라고 말한다. 조는 그녀 때문에 상황이 이렇게 되었다는 것을 감안한다면 불평할 자격이 없다며 맞받아친다. 그녀는 조가 과잉 반응한다고 주장한다. 조는 감정의 홍수 상태가 되어 차를 타고 떠나 버린다. 그다음 날 두 사람은 '화해는 하지만' 문제는 조금도 해결되지 않았다. 바로 이렇게 '미닫이문 순간'이 '후회할 만한 사건'으로 연결되는 것이다.

물론 간혹 발생하는 이 같은 사건들이 관계를 망치지는 않을 것이다. 하지만 멀어지는 대화를 한 뒤 단절을 인지하고 관계 회복을 시도할 능력이 없는 상태가 유지된다면 부부는 바퀴벌레 숙소로 바짝 다가선다.

3단계: 자이가닉 효과가 나타나기 시작한다

1922년, 영리한 스물한 살의 심리학도 블루마 자이가닉Bluma Zeigarnick은 빈의 한 카페에서 웨이터들이 많고 복잡한 주문들을 종이에 기록하지도 않고 기억하는 것을 지켜보았다. 웨이터들의 놀라운 기억력에 매우 흥미를 느낀 그녀는, 그들을 인터뷰한 결과 그들이 금방 받아 처리한 주문들을 하나도 기억하지 못한다는 사실을 발견했다. 주문한 음식을 손님 식탁에 가져다주고 나면 곧바로 잊어버리는 것이다. 자이가닉은 훗날 뛰어난 심리학자로 성장했다. 그녀의 빈 카페 관찰은 '자이가닉 효과(Zeigarnik Effect)'로서 알려지게 되었다. 우리는 마무리된 일들보다는 마무리가 안 된 일들을 더 잘 기억한다는 것이다.

후속적인 연구는 이 효과의 위력을 보여 주었다. 우리는 마무리했거나 나름대로 정리한 문제들보다 '미해결 과제'를 거의 두 배 더 잘 기억해 낸다. 연인 사이에서 고백, 화해, 배우자에 대한 더 깊은 이해로 끝난 논쟁들은 곧 잊어버리는 경향이 있지만, 그 결과 관계가 좀 더 강화되고 좀 더 오래 지속된다. 하지만 미닫이문 순간이 미처리된 후회할 만한 사건으로 이어질 때 상처는 (자이가닉 효과 때문에) 우리의 활성 메모리에 접근할 수 있어 계속 반복해서 기억되는 것이다. 마치 신발 속의 돌멩이처럼 그 기억은 끊임없이 짜증을 유발해, 결국 배우자에 대한 부정적인 태도를 증가시킨다.

4단계: 부정적 감정의 밀물 현상이 자리를 잡는다

망가진 신뢰의 패턴이 발생할 때, 배우자들은 관계가 텅 빈 것처럼 느끼기 시작한다. 그들은 더 이상 친구 같은 느낌을 갖지 못한다. 그들은 빈번하게 서로를 부정적인 시선으로 본다. 오리건 대학교 심리학과 명예 교수인 로베르트 바이스Robert Weiss는 이런 현상에 대해 '부정적 감정의 밀물 현상(Negative Sentiment Override, NSO)'이라는 용어를 만들었다. 이런 현상에서, 사람들은 중립적인 사건과 심지어 긍정적인 사건조차 부정적으로 해석하는 경향이 있다. 결과적으로 그들은 '끔찍' 상태에 더 자주 들어가게 된다. 평균적으로 부정적인 감정의 밀물로 고통받는 사람들은 그들 배우자의 긍정적인 동작을 절반밖에 인식하지 못한다. 남편은 어느 날 자신이 저녁을 요리할 거라고 장담한다. 남편이 집안일을 거의 하지 않는다고 불평하는 아내는 그 말에 반사적으로 의심스럽게 반응한다. 부정적 감정의 밀물 현상 때문에 그녀는 남편의 속셈이 따로 있다고 확신한다. 아마 시댁 식구가 방문하기 때문에 남편은 주방 일을 하면서 그녀를 무안하게 하거나 부모님이 자신을 아주 훌륭한 남편이라고 믿기를 원하는지도 모른다. 하여간 그녀는 남편의 행동을 진심이라고 받아들일 수 없다.

부정적 감정의 밀물 현상의 가장 흔한 신호는 아무런 해가 없거나 중립적인 말들조차 부정적으로 지각하려는 경향이다. 나다니엘의 아내가 "이런! 이것 봐, 전구가 또 나갔네."라고 말한다고 가정해 보자. 만일 그녀의 남편이 부정적 감정의 밀물 현상으로 극심한 고통 속에 있다면, 나다니엘이 속으로 하는 말은 다음과 같을 것이다. '아니, 난 뭐 평생 전구 바꾸는 사람으로 태어난 운명인가? 자기가 갈 수도 있잖아!' 만일 이와 반대로 그의 생각이 상처와 의심으로 오염되지 않았다면, 나다니엘은 아내가 말 그대로 단지 전구가 나갔음을 지적한다고 생각할 것이다. 만일 아내 또한 부정적 감정의 밀물 현상을 경험한다면 그가 창밖을 보면서 얼굴을 찌푸리는 것을 보고 그의 표정에서 화, 분노, 경멸을 읽을지도 모른다. 하지만 만일 그녀가 관계에 만족한다면, 남편이 그냥 날씨를 걱정하기 때문이라는 결론에 더 쉽게 도달할 것이다. 행복한 부부들은 '긍정적 감정의 밀물 현상(Positive Sentiment Override)'에 쉽게 들어간다. 그들은 서로의 중립적인 행동들을 긍정적인 것으로 지각하고 배우자의 부정적인 감정에 기분 상하지 않는다.

부정적 감정의 밀물 현상은 배우자가 가끔 배려심이 없을 뿐 아니라 이기적인 사람이라는 믿음을 강화시킨다. 만일 한 배우자 또는 둘 다 관계에 대한 기억을 집요하게 부정적인 방향으로 편집하면 사랑의 종말이 예고된다(12장 참조). 일단 부정적 감정의 밀물 현상이 시작되면 그것을 바꾸기가 매우 어렵다. 왜냐하면 상황이 흑백처럼 간단하지 않기 때문이다. 배우자가 이기적으로 행동한다는 의심이 정당화되는 경우가 있을 것이다. 하지만 다른 배우자가 억울하게 누명을 쓰는 경우도 있을 것이다. 배우자의 부정성에 대한 추정과 예상은 관계에 손상을 주어 '끔찍' 상태가 벗어날 수 없는 감옥이 되도록 돕는다. 부정적 감정의 밀물 현상은 문제가 있는 관계를 판명하는 리트머스 검사다.

다음에 나오는 질문지는 당신이 부정적 감정의 밀물 현상을 경험하고 있는지 알아보는 데 도움을 줄 것이다.

부정적 감정의 밀물 현상 퀴즈

현재 진행 중인 관계의 문제 때문에 지난 두 달 사이에 일어났던 논쟁, 오해 또는 토론을 떠올려 보시오. 그러고 나서 다음 질문들에 '예' 또는 '아니요'로 표시하시오.

관계에서 나는 최근에 주로 다음과 같이 느꼈다.

1. 상처받았다. 예☐ 아니요☐
2. 오해받았다. 예☐ 아니요☐
3. '나는 이것을 받아들일 필요가 없어'라고 느꼈다. 예☐ 아니요☐
4. 문제에 대한 책임이 나에게 없다. 예☐ 아니요☐
5. 일어나서 떠나고 싶었다. 예☐ 아니요☐
6. 화가 났다. 예☐ 아니요☐
7. 실망했다. 예☐ 아니요☐
8. 억울한 누명을 썼다. 예☐ 아니요☐
9. 내 배우자는 그런 말을 할 권리가 없다. 예☐ 아니요☐
10. 좌절했다. 예☐ 아니요☐
11. 개인적으로 공격을 받았다. 예☐ 아니요☐
12. 반격하고 싶었다. 예☐ 아니요☐
13. 빗발치는 공세를 막고 있었다. 예☐ 아니요☐

14 앙갚음하고 싶었다.   예 ☐ 아니요 ☐
15 나 자신을 보호하고 싶었다.   예 ☐ 아니요 ☐
16 배우자의 불평을 가벼운 것으로 받아들였다.   예 ☐ 아니요 ☐
17 내 배우자는 나를 통제하려고 한다.   예 ☐ 아니요 ☐
18 내 배우자는 사람을 자기 맘대로 조정하려고 한다. 예 ☐ 아니요 ☐
19 부당하게 비판을 받았다.   예 ☐ 아니요 ☐
20 나는 그저 부정성이 멈추기를 원했다.   예 ☐ 아니요 ☐

채점

'예'라고 한 반응을 모두 더해 그 합계를 20으로 나누시오. 그리고 퍼센트로 나타내기 위해 그 결과에 100을 곱하시오.
40퍼센트가 넘는 점수는 지금 현재 당신이 부정적 감정의 밀물 현상을 겪고 있음을 나타낸다. 뒤에 나오는 실천 활동들을 열심히 하면 회복할 수 있다.

5단계: 네 가지 독이 대재앙을 일으킨다

부부의 상호작용이 부정적으로 치달을수록 서로 소통하려는 시도는 덜 생산적이다. 건설적인 방식으로 불만을 환기시키지 못하는 것은 보수 작업의 성공을 가로막는 네 가지 의사소통 방식의 등장을 알린다. 나는 이를 '네 가지 독'이라고 부른다. 즉 비난, 경멸, 방어, 담쌓기다. 나는 연구 초기에 만일 배우자들이 네 가지 독을 피하는 것을 배우면 그들이 자동적으로 사랑을 번성하게 하는 긍정적인 방식으로 의사소통할 거라고 생각했다. 하지만 그렇지 않다. 네 가지 독을 물리치는 것만으로는 부부의 모든 문제를 해결하는 데 충분하지 않다. 그것은 상호 신뢰를 치유하고 재건해야만 가능하다. 하지만 싸우는 동안 네 가지 독이 관계를 망치지 않도록 피하는 것은 매우 중요하다. 왜냐하면 이 네 가지 독이 당신을 옥죄는 부정성을 부추기기 때문이다.

첫 번째 독: 비난

비난은 가장 덜 파괴적인 독이지만 여전히 충격적인 효과가 있다. 만일 당신이 관계의 뭔가에 대해서 불편하다면 그것에 대해 공격이 아니라 부드럽게 시작하기(gentle start-up)라는 방식으로 표현하라. 이 접근법은 불편한 점에 대해 직설적으로 언급하는 것과 당신의 욕구에 대해 긍정적인 방식으로 표현하는 것을 포함한다. 부드럽게 시작하기는 다른 사람의 인격을 공격하는 비난과 반대된다.

비난: "당신이 청소한다고 말했잖아. 그런데 탁자에 부스러기가 그대로 있어. 당신은 하겠다고 한 일을 결코 하지 않아."('항상'과 '결코' 같은 말들은 다른 사람이 성격적인 결함을 가지고 있다는 것을 함축한다.)

부드럽게 시작하기: "탁자 위에 부스러기가 여전히 있네. 나는 그것들이 치워지면 좋겠어요."

비난: "7시까지 거기에 가야 한다고 내가 말했죠. 당신 일부러 늦장 부리는 거예요?"

부드럽게 시작하기: "빨리요, 우리 늦었어요. 난 지금 당장 나가야 돼요."

비난: "당신이 아이스티를 가져다준다고 했잖아요. 당신은 너무 이기주의적이어

서 내 부탁은 기억도 못하는군요."
부드럽게 시작하기: "나는 당신에게 아이스티를 가져다 달라고 했어요. 커피가 아니고요."

두 번째 독: 경멸

경멸은 배우자가 열등하다는 것을 함축하는 폭언이다. 욕, 비아냥거림, 콧방귀 뀌는 것과 하찮게 여기는 것이 포함된다.

"이걸 청소라고 한 거야? 당신이 제대로 하는 일이 있기나 해? 스펀지 이리 내놔."
"당신 정신 나간 것 아니야? 이걸 이해하는 게 그렇게 어려워? 7시까지 거기에 가야만 한단 말이야."
"상표 확인했어? 글을 읽을 줄은 알아? 어디에 아이스티라고 쓰여 있는지 한번 보여 줘 봐."

세 번째 독: 방어

만일 당신이 폭언 세례를 받는다면, 방어하고자 하는 욕구는 이해할 수 있다. 방어의 형태는 정당 분노, 역공 또는 (흔히 징징거림으로써) 무고한 희생자처럼 행동하는 것을 포함한다. 비록 방어적인 반응이 타당하다고 생각할지도 모르지만, 방어는 갈등을 끝내지 못한다. 대신 긴장 수준을 높인다. 방어의 해독제는 문제에 대한 책임을 일부 받아들이는 것이다.

경멸: "당신은 게으름뱅이야. 당신은 이미 청소를 끝냈어야 해!"
방어: "스펀지를 찾지 못했어. 스펀지를 어디다 처박아 둔 거야?"

경멸: "당신은 한 번도 제시간에 온 적이 없어. 역시나 또 늦었잖아."
방어: "내가 당신이 샤워 끝내기를 그렇게 오래 기다리지 않았다면 지금쯤 준비가 다 되어 있겠지. 그러니 나를 그만 좀 못살게 굴어."

경멸: "당신이 아이스티 안 가져왔잖아. 당신 대체 뭐가 문제야?"
방어: "이봐요, 나를 비난하지 마요! 당신이 나에게 부탁하지도 않고는."

네 번째 독: 담 쌓기

긴장 상태가 연이어지면서 감정의 홍수에 이르면, 신체적 문제가 생긴 배우자는 (머리를 끄덕이거나, 눈을 맞추거나, 짧게나마 소리를 내어 말하는 등으로) 경청하고 있다는 일반적인 신호를 보여 주는 것을 중단하고, 대신에 마치 모든 자극을 차단하는 돌담을 쌓는 것처럼 반응한다. 우리는 이런 담쌓기가 감정의 홍수로부터 회복하기 위한 시도라는 것을 알고 있지만, 담쌓기는 또한 의견 불일치를 해결하려는 희망마저 차단한다.

다음의 가상 대화는 이런 모든 독이 작용하는 사례다. 부부는 명절에 친정과 시댁 중 어디를 방문할 것인지 결정하려고 한다.

남편: 올해는 우리 아빠와 함께 명절을 보냈으면 해.
아내: 하지만 이미 우리 부모님께 간다고 말씀드렸는데.
남편: 지난 2년 동안 처가에서 명절을 보냈잖아.
아내: 그건 당신이 당신 가족이랑 명절을 보내는 걸 생각하기조차 귀찮아해서 그런 거잖아. (비판적으로)
남편: 그건 내가 바빴기 때문이야. (방어적으로)

아내: 그래, 말은 잘하지. 난 당신과 달라. 당신처럼 '아이쿠, 계획을 세워야겠군.' 하고 생각만 하다가 늦장 부리지는 않아. [경멸] 그러니 지금 와서 시댁에 가야 한다고 주장하지 마. 그건 너무 이기적이야. [비난]

남편: 당신은 항상 제멋대로 한다니까. [비난] 왜 내가 당신에게 말하려고 노력하는지조차 모르겠어. 당신, 정말 웃겨. [경멸]

(그는 아래를 보며 고개를 돌리고 말문을 닫는다.)

아내: 그래서 어쩌란 말이야……. 지금 날 무시하는 거야? 삐진 거야?

남편: (침묵)[담쌓기]

아내: 이것 봐! 여보세요? 꼬라지 하고는……. [경멸]

마지막 정거장: 연인들을 위한 바퀴벌레 숙소

관계가 이러지도 저러지도 못하는 부정성에 갇힐 때 무슨 일이 일어날까? 바퀴벌레 숙소의 비극적인 결말은 물론 서로에 대한 신뢰가 부식되며 파국적으로 사망하는 것이다. 아내는 '그는 내가 어떻게 느끼는지 상관하지 않아.'라고 생각하고, 남편은 '왜 그녀는 좀 더 사랑스럽게 행동하지 못할까?'라고 생각한다. 그들은 이런 감옥을 탈출할 수 없다. 각자 배우자가 자기 자신의 이익만 생각한다고 확신한다. 만일 이런 인식이 경험 많은 부부 치료사의 개입을 통해서 부부가 정서적으로 조율할 수 있는 능력을 강화시켜 주는 방향으로 바뀌지 않는다면, 부부는 한때 믿었던 배우자가 자신의 이득을 무시할 뿐만 아니라 아예 이득에 위배되는 행동을 한다고 믿는다. 시간이 지나면서 부부는 한쪽의 이익은 상대방의 손실이라는 끝장까지 가는 제로섬 게임에 갇힌 적대자들로 완전히 바뀐다. 물론 진짜 패자는 그들의 사랑이다.

망가진 관계는 결국 이혼으로 끝나거나 소리 높여 싸우는 대결 또는 무거운 침묵이 수년간 지속될지도 모른다. 그런 부부가 심리 상담 치료를 시작할 때, 상담사는 그들의 의사소통과 협상 기술을 향상시키는 것에 초점을 두기 쉽다. 하지만 어떤 형태의 치료나 접근도 두 사람이 더 이상 서로를 신뢰하지 않는다는 근본적인 문제에 대한 인식 없이는 소용없다. 만일 이런 불운한 부부들이 관계 조율에 대한 안내를 받지 못하면, 그들은 배우자에 대한 외도를 포함한 모든 종류의 파괴적인 배반이 동반되는 위기에 처한다.

3.
"그렇게 될 줄은 몰랐어!"

왜 외도를 하는 것일까?

나는 당신이 언제 이 책을 읽든 세상은 말 그대로 바지를 내린 채 발각된 유명 인사나 정치인에 대한 선정적인 내용으로 꽉 찬 스캔들로 떠들썩하리라 확신한다. 우리 문화가 유명 인사가 피우는 바람에 매료되는 데는 많은 이유가 있다. 하지만 만일 당신의 인생이 불륜으로 산산조각 났거나 그런 일이 일어날까 봐 두려워한다면, 당신은 최근 대서특필되는 스캔들이나 얼마나 많은 사람들이 당신과 같은 고통을 겪고 있는지에 대한 통계치조차 신경 쓰고 싶지 않을 것이다. 대신에 당신은 어쩌다가 그런 일이 당신에게 일어났는지, 당신의 관계가 구제할 만한지(아니면 구제되어야 하는지), 그리고 미래의 불륜을 예방할 수 있는지 알고 싶을 것이다.

상황이 아무리 고통스럽다고 할지라도 부부는 외도로부터 회복될 수 있다. 물론 쉽지는 않다. 배반은 적어도 둘 중 한쪽이 외롭거나 가치를 느끼지 못하게 만드는 관계에서 결함에 주의를 기울이라는 위험 신호다. 외도는 위험 부담이 높으며, 현실적으로 볼 때 변화를 주기 위해서라면 바보 같은 방식이다. 하지만 만일 외도 원인이 무엇인지 이해되고 해결된다면 부부 관계를 좀 더 굳건하게 만들어 주는 것이 불가능하지는 않다.

하지만 외도자(외도한 사람)가 부도덕한 괴물이라고 여겨진다면 회복은 불가능하다. 피해자가 처참하게 느끼며 분노하는 것은 이해할 만한다. 하지만 그런 모든 선정적인 신문의 표제에도 불구하고 바람을 피우는 사람들은 악마가 아니다. 실험실에서 그리고 임상적인 연구를 통해 냉정하게 분석해 보면, 외도는 대개 관계 자체가 원인인 것으로 판명된다.

기혼자가 하룻밤 사이에 바람둥이로 변신하는 것은 드문 일이다. 자신도 모르게 그리고 아주 느려 감지되지도 않는 속도로 외도의 길로 향한다. 그래서 많은 외도가 예기치 못한 엉뚱한 곳에서 나타난 것처럼 보인다. 내가 실험실에서 연구했던 어느 부부를 한번 보자. 제임스와 매리언이 결혼했을 때, 남편은 아내가 요리학교에 다니는 동안 아내를 부양한 성공한 사진가였다. 그로부터 10년 뒤, 사람들이 직접 사진을 찍을 수 있는 디지털 사진술이 발달해 제임스의 사업은 큰 타격을 입었다. 한편 매리언은 아주 평판이 좋은 지역 식당에서 주방장으로서 새로운 일을 막 시작했다. 그녀는 아주 신 나지만 기대만큼 잘하지 못할까 봐 걱정하고 있다. 그녀가 남편에게 불안감을 터놓고 말할 때마다 남편은 그녀의 걱정을 일축하며 좀 더 긍정적이고 낙관적으로 생각하라고 말한다. 그런 말들은 남편이 항상 자기 자신에게 했던 충고와 같다. 남편은 자신이 아내를 지지해 주고 있다고 생각하지만, 그녀는 남편의 말이 자신을 무시하는 것으로 여겨져 상처를 받는다. 하지만 그녀는 남편에게 말하지 않는다.

한편 제임스는 매리언의 성공을 자랑스럽게 여기는 척하지만 마음속으로 큰 불안과 자기 회의를 느끼고 있다. 그들 부부의 직업 전망과 수입에 예상하지 못했던 차이가 발생하면서 제임스는 지배적이었던 엄마에 대한 기억을 떠올린다. 제임스의 엄마는 그의 아버지를 끊임없이 무시했다. 매리언이 일하느라 너무 바빠서 자신 곁에 없는 것처럼 느껴져 남편의 두려움은 고조된다. 그는 외롭고 화가 나서 아내가 이기적이고, 의기양양하고, 거만하다고 생각하기 시작한다. 그는 좀 더 사랑스럽고 현재 자신의 어려운 처지를 지지해 주는 아내를 마음속에 그린다. 제임스는 분노를 키우며 자기를 흠모하던 옛 여자 친구에 대한 생각을 많이 하는 자신을 발견한다. 옛 여자 친구가 자신을 대하는 태도는 요즘 매리언의 태도와 극명한 대조를 이루었다고 느낀다. 그는 이런 생각이나 느낌을 아내와 전혀 나누지 않는다.

그들은 각자 불만에 대해서 입을 다물기 때문에 둘 다 가슴에 화가 들끓고 서로에게 거리를 두고 있다는 것을 안다. 그들은 부정성에 고착되고 불신으로 가는 길에 있다. 그들의 관계가 위험에 처해 있다는 것이 제3자에게는 분명하게 보이지만, 당사자들은 본인들이 위기에 놓였다는 것을 인지하거나 인정하지 못한다. 그들에겐 살다 보면 힘들 때도 있다고 가정하는 것이 훨씬 쉽다. 바로 이 시점에서 질문을 받는다면, 매리언과 제임스는 서로의 사랑과 지지를 장담할 것이고, 둘 중 어느 누가 부정행위를 저지른다는 것은 웃기는 말이라고 할 것이다. 그리고 그것은 진심일 것이다.

어느 비 오는 날 아침, 근처 커피숍에서 빨간 머리 여자가 제임스의 발에 우산을 떨어뜨린다. 그녀는 사과를 하고 제임스는 그녀에게 괜찮다고 말한 뒤 대화를 시작한다. 사람들이 줄 서서 커피를 기다릴 때 흔히 나누는 유쾌하고 피상적인 대화다. 그녀가 커피를 받아 들고 갈 때 제임스에게 환한 미소를 지어 보이는데, 그 미소에 제임스는 뜻밖에 두근거림을 느끼고 기분이 꽤 상쾌하다. 다음 날 제임스는 그녀를 우연히 다시 만나 옆자리에 앉는다. 그들은 대화를 시작하고 통성명을 하고 자기 인생의 전체적인 윤곽을 서로에게 말한다. 그녀의 이름은 준이고, 컴퓨터 분석가이며, 이웃 동네에 살고 있다.

둘 다 무성 영화 팬이다. 또한 그녀는 미혼이다. 대화 중에 제임스는 주변을 힐끔 둘러본다. 혼잡한 커피숍에서 옆 탁자에 앉아 있는 사람과 비슷한 관심사에 대해 말하는 것보다 무엇이 더 순수하겠는가? 제임스는 안심한다. '그래, 준이 매력적이라고 느껴지긴 하지만 내가 아내 이외의 여자를 좋은 사람이라고 여긴 게 처음이 아니잖아. 또한 나는 그녀에게 추파를 던지지 않았어.' 게다가 제임스는 대화 도중에 일부러 매리언을 여러 번 언급했다고 확신한다.

몇 주가 흐르면서 제임스와 준은 커피숍 친구가 된다. 어느 날 아침 매리언과 옥신각신한 뒤, 제임스는 자신이 준을 생각하기 때문에 평소보다 덜 화난다는 것을 발견한다. 자신은 인정하지 않지만, 그는 준을 우연히 만날 것을 기대하는 날에는 좀 더 신경 써서 면도를 하고 머리를 빗는다. 그녀가 거기에 없으면 실망감을 느낀다. 서서히 준은 제임스에게 그녀 삶의 세부적인 것들을 털어놓는다. 그녀는 작년에 사귀던 남자가 결혼에 대해 망설여서 헤어졌다. 그녀는 온라인 데이트 사이트에서 남자 친구를 사귀려고 시도했지만 아직 '정상적인' 사람을 단 한 명도 만나지 못했다. 제임스는 "당신처럼 이렇게 아름다운 사람이 데이트를 하지 못하다니 믿을 수가 없군요!"라고 말하고 나서 쑥스러운 듯 눈을 깜빡인다.

찰리 채플린^{Charlie Chaplin} 영화 축제가 동네 극장에서 열릴 때 그들의 우정은 더 발전한다. 함께 가자고 제안하는 것이 당연하지 않은가? 어쨌든 매리언은 바쁘고 무성 영화를 싫어하니까 말이다. 그래서 제임스와 준은 휴대 전화번호와 이메일 주소를 주고받는다. 둘은 무성 영화뿐만 아니라 일반 영화도 함께 자주 보러 간다. 제임스는 매리언이 자신의 의도를 오해할 수 있을 것 같아서 매리언에게 새로 사귄 친구에 대해 말하지 않는다. 말하면 그들은 또 대판 싸울 것이다. 매리언을 배려하고 갈등을 피하기 위해 제임스는 비밀을 간직한다. 제임스는 비밀이 사소하다고 믿는다. 어쨌든 아내가 늦게까지 일할 때만 준과 시간을 보내며, 준은 자신이 기혼남이라는 사실을 알지 않는가. 제임스는 자신이 하는 일에 아무 해가 없다고 자신을 설득한다.

결국 제임스는 결혼 생활 문제를 준에게 털어놓는다. 그녀는 아주 공감하며 이야기를 들어 준다. 그녀는 매리언과의 문제를 잘 해결해서 이혼의 고통을 피하라고 그에게 조언한다(그녀도 이혼한 적이 있다). 추가로 제임스는 매리언조차 모르는 내용을 준에게 이야기한다. 본인이 어느 광고 회사 임원직의 최종 후보자 명단에 있다는 소식이다. 준은 큰 관심과 지지를 표현하면서 차후 면접 결과를 자신에게 알려 달라고 한다. 제임스가 다른 후보자에게 기회를 빼앗겼을 때, 그는 다른 일에 정신이 홀린 아내조차 뭔가 잘못되었다는 것을 알아챌 정도로 낙담한다. 제임스가 면접에 대해 말하자 매리언은 "만약 당신이 미리 말해 줬다면 면접 준비를 도와줄 수도 있었을 것이고, 그러면 그런 좋은 기회를 망치지 않았을 텐데. 당신이 나를 탐탁잖게 여기지만, 실은 나도 할 줄 아는 게 있으니까."라고 말한다. 그러나 제임스는 "당신의 도움 같은 것 필요 없어."라고 맞받아친다. 또 하나의 후회할 만한 사건이 회복 없이 지나간다. 각자 움츠러들고, 침묵의 밤을 '함께' 한 번 더 보낸다.

다음 날 제임스가 준에게 취직되지 않았다는 소식을 전하자, 준은 제임스를 안아주면서 동정하고 지지해 준다. 제임스는 준이 주는 지지와 매리언으로부터 감지되었던 지지 부족의 차이를 주목하지 않을 수 없다. 아내와 달리 준은 비판하지 않는다. 그녀는 자신의 생각과 아이디어에 관심이 있는 것처럼 보인다. 자신이 찍은 사진 몇 장을 그녀에게 보여 줄 때, 그녀는 자신의 재능에 대해서 신 나게 말해 준다. 제임스는 매리언으로부터는 더 이상 느끼지 못하는 존경과 존중을 준이 주고 있다고 생각한다. 그는 한참 동안 의식의 가장자리에서 준이 아내보다 훨씬 더 예쁘고, 섹시하고, 친절하다는 생각이 맴도는 것을 인정한다. 그는 매리언이 아닌 준과 결혼한다면 인생이 얼마나 멋있을까 하는 환상을 갖는다. 이런 반란적인 생각은 그의 감정에 영향을 미친다. 제임스는 아내와의 깊어 가는 감정의 골을 느끼고, 죄책감을 밀어 내고, 그 허전함을 준에 대한 생각으로 대체한다.

제임스와 준의 관계는 그들이 만난 지 6개월이 지날 때까지 성적으로는 발전하지 않는다. 하지만 그의 배반은 그보다 훨씬 전에 시작되었다. 준을 만나기 훨씬 전, 제임스가 자신을 흠모하던 옛 여자 친구와 매리언을 부정적으로 비교한 순간부터. 부정적인 비교는 서로 멀어지는 대화를 하며 자신들의 감정을 표현하지 못하는 경향과 맞물려 여러 사건이 연속적으로 일어나게 하여 결국 아내를 실제로 배반하게 했다.

제임스는 이 사건에 무죄가 아니다. 하지만 뿔이 나고 꼬리가 달린 악마도 아니다. 의도가 좋은 사람이지만 단지 자신의 취약성을 의식하지 못했을 뿐이라고 보면 그리 불공정하지 않을 것이다. 나는 이와 비슷한 상황을 되풀이해서 상담한 많은 관계 전문가들이 제임스와 매리언이 둘 다 결혼 생활을 방치했기 때문에 외도가 일어났다고 말할 거라는 것을 안다. 그들은 자동차의 엔진이 부드럽게 돌아가기 위해서는 때때로 '조율'이 필요한 것처럼 관계에도 '조율'이 필요하다고 조언할 것이다. 이런 조언에는 다음과 같은 진실이 있다. 만일 당신이 환상의 차를 샀어도 10년이 지나는 동안 잘 관리하지 않는다면 처참하게 망가질 것이다. 하지만 사람은 자동차가 아니다! 방치가 결혼의 불만족에 큰 역할을 한다고 해도 기혼자가 타인의 품에 안기는 이유로는 충분하지 않다.

어떻게 배반이 생기는가?

우리는 방금 부부 사이의 신뢰 지표가 가파르게 떨어지는 궤도를 그리는 과정을 보았다. 그것은 멀어지는 대화를 하며 배우자의 감정을 무시하는 것으로 시작된다. 그런 뒤 감정의 홍수, 해결되지 않은 채로 쌓이는 후회할 만한 사건들, 자이가닉 효과, 부정성의 고착화, 그리고 마지막으로 불신에 이른다. 이 모든 것이 제임스와 매리언의 부부 생활에서도 시작되었다. 그들은 서로의 감정을 무시하고 상대방의 고통 신호를 읽지 못한다. 그들은 서서히 자신의 불만족을 비밀에 부치기 시작한다. 그들은 갈등이 고착되는 것을 막기 위해서 자신의 욕구를 서로에게 말하는 것을 피한다. 관계를 '구하기' 위한 이런 시도는 정반대 효과를 낸다. 즉 그것은 점차 부부의 신뢰 지표를 떨어뜨리고 바퀴벌레 숙소에 갇힐 정도로 다가간다.

이런 슬픈 궤도는 배우자를 적으로 바꿔 관계가 파괴되지만, 그것으로 인하여 부부가 서로 배반하게 만들지는 않는다. 나는 불행하고 끝없는 싸움에 갇혀 있는 부부의 30퍼센트가 서로를 신뢰하고 있다는 사실에 놀랐다. 신뢰 지표가 추락하고 제로 섬 게임에 갇히게 되었어도 그들은 여전히 관계를 위해 희생하며 관계를 최우선순위에 둔다. 그들은 바람을 피우지 않으며 다른 방법으로도 배반하지 않는다. 어떤 부부들은 가정을 지켜야 한다는 종교적 믿음 때문에 서로에게 충실한다. 또한 우울증과 낮은 자존감 때문에 떠나지 못하는 경우도 있다. 이런 관계에는 깊은 슬픔이 있다.

하지만 나머지 70퍼센트의 불행한 부부들에서는, 최소한 한쪽의 신뢰 지표가 뚝 떨어진다. 그 배우자는 더 이상 관계가 신성하다고 보지 않으며 관계를 가장 중요하게 여기지도 않는다. 바로 그때 배반 지표가 올라간다. 적어도

한 배우자가 신뢰성을 낮게 평가할 때, 관계는 바퀴벌레 숙소에 빠질 뿐만 아니라 불신 상태로 가는 궤도에 들어가게 된다.

배반의 마지막 독: 부정적인 비교

불신 상태가 존재할 때, 부정적인 미달이문 순간은 내가 '부정적인 비교(negative comparison)'라고 부르는 상태로 이어진다. 믿음이 가지 않는 배우자는 단지 멀어지는 것이 아니다. 그는 동시에 배우자를 실제 존재하는 사람이나 상상 속의 다른 사람과 비교하고, 당하는 배우자는 비교에서 늘 진다. 사례를 보자. 프리실라가 남편 칼의 급료를 보면서 내쉬는 한숨 소리를 남편이 듣는다. 아내에게 그 한숨이 무엇을 뜻하는지 물어보는 대신, '형수님은 절대로 형이 봉급 때문에 기분 상하게 하지 않았는데.'라고 생각한다. 그런 부정적인 비교를 하는 경향은 바라던 '다른 사람'이 실제로 존재하는 사람이든 상상 속의 사람이든 간에 그 배우자로 하여금 미래에 배반을 위한 준비를 시킨다.

긍정적 그리고 부정적 비교의 개념이 오랫동안 관계에 관한 사회 심리학의 분야가 되어 왔음에도 불구하고 비교를 실험실에서 수치화해서 측정할 수 없었기 때문에 그다지 유용하지 않았다. 하지만 우리의 연구 분야에 매우 큰 기여를 한 훌륭한 연구 심리학자 고(故) 케릴 루스불트[Caryl Rusbult] 박사는 부부의 헌신 수준을 재는 간단한 자기 보고(self-report) 질문지를 고안했다. 30년 넘는 일련의 연구들에서, 루스불트 박사는 충절이란 부부가 본인들 사이의 관계를 다른 관계와 비교할 때 점점 더 자주 호의적으로 비교하는 점진적인 과정이라는 점을 발견했다.

제임스의 경우 준을 만나기 전부터 부정적인 비교를 하는 경향이 시작되었다. 그는 최근 아내에게 감지되는 경멸과 자신의 옛 여자 친구가 자신에게 보여 주었던 호감을 비교하면서 옛 여자 친구를 자주 생각하는 자신을 발견한다. 게임 이론가는 제임스가 현재 결혼 생활에서 얻는 이득을 다른 관계에서 그가 얻을 수 있는 이득과 비교하기 시작하고, 현재 결혼 생활이 비교에서 졌다고 말할 것이다. 그리고 바로 그때 준이 등장한다.

낭만적인 관계에 있는 사람들도 현재 상태를 실제든 상상이든 다른 가능성과 자연스럽게 비교한다. 만일 남편이 아내에게 미소를 지을 때 아내가 미소로 대답해 준다면 남편은 다음과 같이 생각할 것이다. '우와! 정말 아름다운 미소인걸! 다른 어떤 여자도 날 이토록 흥분시키지 못하지.' 하지만 다른 날에는 그녀의 미소가 그렇게 빛나지 않아서 그에게 약간의 실망감을 안겨 줄 수도 있다. 그래서 '젠장! 나는 애교를 부리고 있는데 그녀는 눈치채지 못하는군. 저쪽에 있는 섹시한 여자가 나에게 훨씬 더 큰 반응을 보여 줬을 게 틀림없어.'라고 생각한다. 이게 바로 사소한 부정적 비교이고, 관계에는 해가 되지 않는다. 하지만 시간이 흐르면서 서로 멀어지는 대화를 하는 동안 지속적으로 그런 생각을 하면 배반으로 가는 낭떠러지 초입에 들어설 수 있다. 준과의 비교에서 매리언이 하찮아 보이면, 제임스의 결혼은 한 번 더 불신의 계곡으로 굴러떨어진다.

루스볼트 박사는 충실한 관계 초기에는 긍정적인 비교가 '이게 바로 천생연분이야.'라는 확신을 강화시킨다는 것을 발견했다. 배우자들은 서로를 점점 더 소중하게 여기고 배우자의 장점에 대해서 감사함을 느끼기 시작한다. 동시에 배우자의 단점은 최소화한다. 샤론이 점심을 먹으려고 친구 조디를 만날 때, 그녀는 남편과 조디의 남자 친구를 마음속으로 빠르게 비교한다. 그녀는 다음과 같이 생각한다. '조디가 불쌍해! 조디의 남자 친구는 너무 까다롭고 유머 감각도 없지. 내 남편은 아주 친절하고 재미있으니 나는 정말 운이 좋은 사람이야.' 찰나적 긍정적인 비교지만 남편에 대한 감사함이 증가되고 충절이 강화된다.

전반적으로 긍정적인 비교를 하는 부부들은 다른 가능한 대안을 평가절하하며 일종의 '우리와 세상 나머지'라는 태도를 발전시킨다. 그들이 정서적인 욕구를 충족하기 위해 관계에 의존하는 정도가 올라감에 따라 관계에 우호적인 생각도 늘어난다. 그들은 헤어지는 것은 엄청난 비극이라고 믿는다. 부부가 어려운 상황에 처할 때 그동안 쌓아 온 긍정적인 비교의 결과는 힘든 시기를 잘 견디게 할 수 있다. 결혼 생활 20년 동안 갈등이 증가했음에도 불구하고, 샐리라는 여성은 "남편이 때로는 나를 화나게 했지만 내 친구들의 남편을 둘러볼 때마다 나는 운이 좋다고 느껴요. 다른 남자와의 결혼은 상상도 할 수 없었어요."라고 말한다. 비록 그녀가 깨닫지 못했지만 샐리는 남편을 다른 남자와 비교했다. 그런데 비교에서 남편이 아주 쉽게 이긴 것이다.

이와 대조적으로, 자주 부정적인 비교를 하는 배우자는 쇼핑 구매자처럼 '나는 이보다 더 잘할 수 있는데.'라고 후회한다. 나는 부정적인 비교로 가해진 악영향을 생각할 때, 4년간의 결혼 생활을 개선하기 위해 다섯 명의 치료 상담사를 거쳤지만 실패해 나에게 상담을 청했던 젊은 부부 애비와 타일러가 종종 떠오른다.

애비는 시간제로 일하며 학교에 다니는 쌍둥이의 양육을 주로 도맡고, 타일러는 종일 근무하는 컴퓨터 기술자다. 아내가 자녀 양육에 훨씬 더 많은 시간을 할애함에도 불구하고 타일러는 집에서 아내를 돕기보다 최소한 일주일에 두 번은 친구와 골프 칠 자격이 있다고 여긴다. 타일러는 생계비를 자신이 주로 벌기 때문에, 이런 휴식 시간은 그가 벌어 오는 돈에 대한 공정한 대가라고 주장한다. 타일러는 자신에게 유리한 최상의 결과를 얻기 위해 애비와 흥정한다. 당연히 애비는 그의 의견에 동의하지 않는다. 시간이 지남에 따라 애비의 타일러에 대한 불신도가 증가한다. 남편은 자기 자신만 위하는 것처럼 보인다. 예를 들어 어떻게든 골프를 치기 위해 그녀와 협상하듯이 말이다. 애비는 끝없는 아이 양육의 짐으로 녹초가 되고 남편이 사라진다는 것에 분노한다. 아내의 욕구에 반응하지 않음으로써, 또한 아이 양육의 부담을 덜어 달라는 요청을 무시함으로써 타일러는 아내의 신뢰 지표를 갉아먹는다. 그는 아내의 이득을 고려하거나 높이려고 하지 않는다. 아내의 불평을 무시할뿐더러 오히려 불평으로 대항한다. 아내의 기분이 좋지 않을 때, 타일러는 본인의 기분이 훨씬 더 좋지 않다고 말한다. 타일러와 애비는 뒤끝이 나쁜 미달이문 순간을 수없이 경험한다. 그들의 단절감은 커져만 간다. 하지만 아직까지 둘 다 외도는 하지 않았다.

어느 날 밤 집들이를 하던 중에 피곤한 애비가 타일러의 어깨를 가볍게 두드리며 집에 가자고 한다. 엘리스라는 매력적인 여성과 대화에 푹 빠져 있던 남편은 아내의 제안에 동의하지만 내키지 않는 게 분명하다. (타일러가 나중에 나에게 말하길) 문밖으로 나오는 길에 남편은 '엘리스는 애비보다 훨씬 더 화끈하고 행복하군. 애비가 아니라 그녀와 결혼했더라면 내 인생이 훨씬 더 나았을 텐데!'라고 생각한다. 차를 타고 집으로 오던 중에 타일러는 자기가 너무 힘든 고된 일을 하고 있으며 인생을 충분히 즐기지 못한다고 불평한다. 애비는 자신이 엘리스와 비교된다는 것을 알아차릴 만큼 남편을 잘 알고 있다. 그래서 끔찍한 논쟁이 시작된다. 애비는 남편에게 쏘아붙인다. "나를 소중하게 여기며 내가 얼마나 힘들어하는지 이해하는 사람과 결혼했으면 얼마나 좋을까?" 또 한 번의 부정적인 비교다.

"만일 ~했다면 어땠을까?"에 집착하는 것이 타일러와 애비의 패턴이다. 둘 중 한 사람이 멀어지는 대화를 할 때마다, 또 '헛소리, 지겨워라'에 이어서 '다른 사람하고 산다면 행복할 텐데.'라고 생각한다. 전에 받았던 다섯 번의 치료 시도가 효과적이지 않은 게 당연하다. 피할 수 없는 삶의 스트레스가 애비와 타일러를 뒤흔들수록 그들은 점점 다른 사람에 대한 환상을 갖게 된다. 그들의 근본적인 문제는 자주 다투는 것도 아니고, 남편의 추파도 아니고, 남편이 아버지와 남편으로서 인생에 온전히 개입하는 데 저항하는 것도 아니다. 루스볼트 박사의 연구가 보여 주듯, 결혼 생활이 잘 돌아가지 않는 이유는 그들이 아직 서로에게 충실하지 않기 때문이다. 다른 가능성에 대한 환상은 그들 둘 다 부부 관계를 조건적이며 이차적으로 대한다는 사실을 보여 준다. 이 때문에 타일러는 이기적으로 행동하고 애비는 버림받는다고 느껴, 결국 각자 멀어지는 것이 마땅하다고 여긴다. 다른 사람과 있을 때 훨씬 더 좋을 수 있으니 말이다.

애비와 타일러는 여태껏 충실하고 헌신적인 결혼 생활을 해 본 적이 없었고, 그런 결혼 생활을 구하려고 애쓴다는 사실에 깜짝 놀란다. 내가 이 부부를 마지막으로 봤을 때 그들은 심리 치료 중이었고, 미닫이문 순간에 마음을 열고 서로 다가가는 대화를 하려고 노력하고 있었다.

충직한 관계에 있는 많은 부부들도 자기 자신이나 배우자에게 인정하지 않은 채 부정적인 비교를 한다. 그들은 '모든 사람'이 때때로 부정적인 비교를 한다고 추정하면서 그런 위험한 생각을 무시해 버린다. 그 추정에 진실은 있다. 하지만 이런 생각이 짐, 타일러, 애비의 경우처럼 '멀어지는 대화와 감정을 인정하지 않는 것과 맞물리면' 독이 된다. 부정적 비교들을 무시하면 부부는 그들의 관계가 망가지는 쪽으로 향해 가고 있다는 중대한 경고를 놓친다.

부부가 바퀴벌레 숙소에 갇혀 부정적인 비교를 할 때 관계는 급락한다. 부정성에 갇힐수록 부정적인 비교를 더 많이 하게 된다. 결국 더 불행해지고, 이것은 다시 부정적인 생각을 촉발시키며, 관계는 더 아래로 아래로 굴러떨어진다. 바퀴벌레 숙소와 넘쳐나는 부정적인 비교가 함께 내가 '배반의 싹(germ of betrayal)'이라고 이름 붙인 상태를 만든다. 새로운 사람이 한 배우자의 삶 속으로 들어오면 외도 가능성이 이미 존재한다. 불륜의 주인공 제임스처럼 '나는 결코 어떤 일도 일어나지 않게 할 자신이 있어요.'라고 자기 자신에게 계속 말하고 있을지라도 이런 일은 일어난다.

잠재성으로부터 현실화까지: 외도의 단계

이제 우리는 부부가 외도를 하게 만드는 동력이 무엇인지 이해했다. 즉 진정한 자신을 서로 공유하지 못하는 상태에서 부정적인 비교가 결합되는 것이다. 하지만 어떻게 이런 '배반의 싹'이 배우자의 가슴을 찢는 행동으로 가게 만드는 것일까? 자제력을 연습하고 품위 있게 행동하면 좋지 않을까? 그것에 대한 답을 찾는 것은 인간의 결함만 파고들기보다는 과학에 의존하는 것이 훨씬 더 유익하다고 믿는다. 외도자를 악한 사람으로 낙인찍는 것은 외도를 예방하는 것을 돕지도 않으며 치유를 가져오지도 않는다.

시작 단계부터 외도를 향해서 가는 행군은 작고한 심리학자 셜리 글래스 Shirley Glass의 『'그저 친구'는 아닌 사이(Not 'Just Friends')』라는 유명한 책에서 묘사된 것처럼 관계의 '벽'과 '창문'을 약하게 만든다. 일반적으로 장기간 서로 충직한 관계에 있는 부부들은 외부 세계로부터 그들의 사생활을 보호하기 위해 벽을 세우는 동안 서로에게는 창문을 활짝 열어 둔다. 이 시나리오는 두 사람만이 서로 결합되어 있다는 뜻이 아니다. 그들은 부부 관계 이외에 일, 가족, 친구, 활동 등 각자 삶을 경험한다. 그들 각자는 이런 안식처의 안전감 안에서 삶을 가꾸어 가는데, 이것은 서로에 대한 친밀감과 신뢰에 기반을 두고 있다. 하지만 일단 배반의 싹이 틈새로 침입해 오면, 두 사람이 알아채지 못하는 사이에 관계를 망치는 독이 그들의 안식처를 공격한다.

가장 먼저 비밀을 지니는 것이다

부부가 서로 비밀을 말하지 않고 지닐 때 공격 태세가 갖추어진다. 후회할 만한 사건들이 빈발하게 일어나서 부부의 충절을 약화시킬 때 침묵이 시작된다. 부부는 아기가 생긴다거나 새로운 직장을 얻는 등 인생에 중요한 변화가 있을 때나 부모의 죽음, 질병, 문제를 일으키는 아이와 같은 예상하지 못한 트라우마가 생길 때 특히 취약하다. 그런 상황은 서로의 배경, 기질, 신념에서 근본적인 차이가 뚜렷이 드러나게 하며, 아주 튼튼한 관계의 경우에도 어렵게 한다. 이런 상황에서 한쪽이 손을 내밀었는데 배우자가 눈치 못 챌때, 만일 그들이 이런 후회할 만한 사건들에 대해서 논의하지 않는다면, 실망과 외로움이 밀려들 것이다. 특히 부부가 그 문제에 대해서 목소리를 높여 싸우는 경우라면, 서로 회피한다고 생각하지 못할 수도 있다. 논쟁을 하지만 그들은 상처를 다루지 않고 결코 회복되지 못한 채 주변을 맴돈다.

일단 서로의 감정을 무시하고 일축하는 역사가 있고 서로에 대한 신뢰 지표에서 후속적인 하락이 있으면, 부부는 상황이 더 악화되지 않도록 하기 위해서 갈등을 피하려고 할지도 모른다. 그들은 화근이 될 만한 주제는 멀리하고, 로버트 크릴리Robert Creely가 말한 것처럼 '양탄자가 굽을 때'까지 문제들을 양탄자 아래에 처박아 둔다. 부부가 평지풍파를 일으키는 것을 피할 때, 그들은 자신의 욕구 일부를 관계 밖에서 충족함으로써 심지어 관계를 돕고 있다고 믿을지도 모른다.

관계가 이토록 취약할 때 배우자의 마음을 다치게 할지도 모르는 것을 털어놓으면 역효과가 나는 것처럼 보일 수도 있다. 제임스가 준을 처음 만났을 때 매리언에게 뭐라고 말하겠는가? "있잖아, 여보. 내가 오늘 커피숍에 있는데 아주 멋진 여인이 나에게 말을 걸었어. 정말 기분이 좋더라!" 매리언이 이 모든 말을 이해할 수 있도록 하려면 제임스는 아내의 새 직장 때문에 자신이 약해지고 '남자답지 못하게' 느꼈다는 사실을 말해야만 할 것이다. 하지만 그는 절대로 그 모든 것을 그녀에게 고백하지 못할 것이며, 아마 자신에게조차 말하지 못할 것이다! 제임스처럼 갈등을 피하는 사람들은 부정적인 감정을 다이너마이트와 동일시한다. 만일 매리언에게 자신이 느끼는 내면의 혼란스러움에 관해 말해야 한다면 그는 결혼 자살 폭파범처럼 느낄 것이다. 그래서 그는 준의 존재나 그녀를 만나면서 느끼는 복잡한 감정을 말하지 않는다. 제임스는 그것을 무시하고 '단지' 부정적인 비교를 좀 더 하게 된다.

하지만 매리언에게 자신의 비밀을 털어놓지 않음으로써 제임스는 아내가 지지와 사랑을 보여 줄 수 있는 기회를 빼앗는다. 셜리 글래스의 전문 용어를 이용하면, 서로에게 자신의 비밀을 털어놓는 것이 부족하면 신뢰의 열린 창문 대신 부부 사이의 벽이 세워진다. 그 결과 감정적인 거리감이 생기고, 비밀을 지닌 사람이 외로워지도록 만든다.

우리 문화가 흔히 외도를 성적인 유혹에 직면했을 때 단순히 절제력이나 품성이 부족하기 때문이라고 비난하는 것은 제임스 같은 사람에게 도움이 되지 않는다. 사실 연구 결과는 대다수의 외도는 성욕에 원인이 있지 않다는 것을 보여 준다. 순식간에 성적으로 끌리는 것은 생물학적인 인간의 일부다. 심지어 아주 잘 조율된 오래된 관계를 유지하는 사람들도 다른 사람의 매력을 보지 못하는 것은 아니다. 하지만 관계가 두 사람의 감정적인 욕구를 만족시킨다면 그들은 이런 성적인 생각들 주변에 넓은 울타리를 세운다. 튼튼한 관계에 있다면 배우자가 다른 사람에게 순간적으로 끌리는 것마저 반드시 털어놓아야 하는 것은 아니다. 하지만 만일 신뢰 지표가 낮다면 그것에 관해 반드시 말할 필요가 있다. 심지어 그렇게 하는 것이 파괴적인 것처럼 보일지라도 말이다.

이 차이를 분명하게 이해하기 위해서 한 부부가 거리에서 매력적인 여성을 지나쳐 가고 있다고 상상해 보자. 남편이 그녀를 아주 잠깐 쳐다본다. 그의 아내는 딴 여자에게 그의 눈이 쏠리는 것을 알아채고 "당신은 나보다 저 여자가 더 예뻐?"라고 묻는다. 만일 두 사람이 성적으로나 감정적으로 아주 강하게 연결되어 있다면 남편은 "아니, 당신이 훨씬 더 아름다워!"라고 말할 것이다. 아마 이 말은 아내를 위한 선의의 거짓말일 수 있다. 아내가 남편의 대답이 진심이 아님을 안다고 해도 그녀는 남편의 거짓말 뒷면에 있는 사랑과 존경을 인정할 것이다. 반면에 만일 불신이 서로에 대한 즐거움을 해치고 있다면, 남편이 다른 여성에게 끌렸다는 사실을 부인하면서 주제를 피하는 것은 파괴적일 것이다. 나는 잔인한 시인을 제안하는 것이 아니다. "맞아! 그녀가 훨씬 더 멋있네!"라고 말하는 것은 관계에 도움이 되지 않을 것이다. 만일 그가 "때로는 다른 여자에게 관심이 가기도 해. 우리가 대화를 많이 하지 않거나 성생활을 많이 하지 않아서 그런 것 같아. 그리고 나는 그것 때문에 괴로워지기 시작했어. 나는 당신이 그리워. 나는 우리가 그리워."라고 답한다면 유익할 것이다. 나도 그렇게 말하는 것이 어렵다는 것은 인정하지만, 그만한 가치가 있다(9장에서 이런 어려운 대화를 어떻게 하는지에 관한 조언을 보게 될 것이다).

그다음 뒤바뀐 벽과 창문

내가 '건강한 관계의 집'이라고 부르는 관계 모델에서 가장 큰 위험은 불행함 때문에 제임스처럼 배우자가 아닌 다른 사람에게 자신의 고민을 털어놓을 때 발생한다. 그는 집안 속사정을 새로운 친구에게 털어놓는다. 이제 부부를 둘러싸고 있는 벽 대신에 서로를 단절시키는 새로운 벽이 생기고 배우자와 친구 사이에는 창문이 활짝 열린다. 제임스는 매리언과의 삶에 관해 준에게 털어놓기 시작할 때 이런 뒤바뀜을 경험한다. 하지만 문제는 거기에서 멈추지 않는다. 제임스처럼 많은 '침입자'들은 자신에게 위로와 연결감을 주는 새 사람을 잃어버리는 것을 힘들어한다. 그들은 새로운 관계를 자신의 배우자로부터 안전하게 지키기 위해서 그 둘레에 벽을 세운다.

외도자가 배우자와의 관계를 내다 버린다

일단 배우자가 아닌 다른 사람과 동맹을 맺으면 '죽는 날까지' 가는 결혼에 대한 시각이 변할 게 거의 확실하다. 마치 전기 스위치가 켜진 것 같다. 부정적 감정의 밀물 현상이 시작되고, 자신의 결혼 생활을 재해석한다. 배우자의 단점에 집중하고 장점은 최소화한다. 보호해 주려는 배우자를 만사를 자기 뜻대로 하려는 사람으로 여긴다. 배우자의 깊은 애정은 집착으로 바뀐다. 수줍음은 오만함으로 변형된다. 예전에는 배우자를 소중하게 여겼고 다른 관계를 평가절하했지만, 이제는 자신의 관계를 평가절하고 배우자를 쓰레기 취급 한다. 이전에는 미래를 함께 상상했고, 공유한 목표에 대해서 꿈을 꾸었으며, 천생연분을 만나 운이 좋았다고 느꼈다. 그러나 이제 그 반대의 생각이 마음을 흐트러뜨린다. 이런 전환은 잠재적인 애인의 성적인 접근을 수용적으로 만들 것이다.

외도자는 배우자를 신뢰할 수 없는 사람으로 여긴다

창문과 벽이 뒤바뀔 때, 관계는 불안정해지면서 역설적인 비극을 경험한다. 잠재적 '외도자'가 배우자를 신뢰하지 않기 시작하는 것이다. 흔히 사람들은 반대로 배우자가 '잠재적 외도자'를 신뢰하지 않을 거라고 생각하겠지만 모든 면을 낱낱이 관찰하는 내 실험실에서 부부의 상호작용을 분석할 때 결과는 분명하다. 비밀을 유지하는 것은 거리감을 만든다. 미래의 외도자는 단절감을 느끼면 느낄수록 배우자를 덜 믿는다. 관계 단절에서 본인에게 책임이 있음에도 불구하고 외도자는 배우자가 덜 신뢰할 만하다고 여긴다. 내 실험실에서 잠재적인 외도자는 그들의 관계에 관한 질문을 받으면 배우자에게 '이기적'이라는 꼬리표를 붙인다. 죄가 없지만 불행한 배우자를 오로지 자기 자신만을 위해 애쓰는 것으로 본다. 이 이중적인 배우자는 '나는 아직 기혼이다. 그리고 나는 다른 사람과 사랑에 빠지고 있다.'라는 두 가지 상반된 생각을 가지고 있다. 이런 인지적인 부조화를 해결하기 위해서, 불충한 배우자는 자신이 취약하고 외로워하는 것은 배우자의 책임이라고 결론짓는다. "그것은 내 잘못이 아니야." "나는 잘못한 게 없어." "나는 어쩔 수 없이 이 지경에 오도록 강요당했어."

나의 연구에 참여한 첼시는 최근에 엄마가 암 진단을 받아 심란해하고 있었다. 그녀는 남편인 그랜트에게 럭비 경기를 취소하고 자기와 함께 시간을 보내 달라고 요청했다. 하지만 그랜트는 자기가 출전하지 않으면 팀이 몰수패를 당할 수 있다는 이유로 경기에 나가기로 결정했다. 그랜트의 관점에서는 게임에 출전하는 것이 더 적은 사람들을 실망시키는 것이기 때문에 도덕적으로 옳은 선택이었다. 첼시는 남편이 야속하게 느껴져 기분이 상했다. 하지만 그녀는 남편에게 집에 있어 주어야 한다고 고집하지 않았다. 남편에게 자신의 의견을 주장하거나 자기 기분을 알리지 않음으로써 남편이 그녀를 위해 있어 줄 수 있는, 즉 모든 다른 사람들보다 그녀를 우선시할 수 있는 기회를 그에게 주지 않았다. 대신에 엄마의 상태가 악화되면서, 첼시는 위안을 얻기 위해 그녀를 배려해 주고 지지해 주는 테니스 코치에게 기대기 시작했다. 그들의 우정이 성적인 관계로 바뀌었을 때, 그녀는 그랜트가 믿을 만한 사람이 아니라고 여김으로써 자신의 변절을 정당화시켰다.

오랜 시간에 걸쳐서 건강한 관계의 집이 지어지는 것을 상상해 보라. 그러고는 상상을 급속도로 반대 방향으로 되감아 그 집이 하나씩 해체되는 장면을 상상해 보라. 이런 식의 파괴가 위태로운 비밀 때문에 부부에게 생기는 것이다. 치료 개입이 없다면 그들의 사랑은 무너져 폐허가 된다.

선을 넘다

배반자는 이제 새로운 동반자와 성적인 관계를 위한 준비를 마쳤다. 아마도 신체적 배반을 처음 저지르는 골목길은 스캔들의 수만큼 많을 것이다. 그 과정은 거의 감지하기 어려울 정도로 느린 속도로 진행되는 편이다. 사람들은 소소한 한계를 넘는 것을 자신에게 허용한 뒤, 오랜 시간을 거치면서 "당신처럼 멋있는 사람이 데이트 상대가 없다니 믿을 수가 없군요!"와 같은 사적인 주제에 대해서 말하고, 비밀을 털어놓고, 상대의 눈을 들여다보고, 잠시 서로를 만지고, 그다음에는 조금 길게 만지고, 헤어질 때 뺨에 가볍게 키스를 하고, 그다음에는 그 키스가 좀 더 길어지고, 서로에 대한 공상을 하고, 마치 서로 떨어져 있는 커플처럼 느끼는 식으로 발전한다. 하지만 새로운 친밀감이 성적으로 변화하기 전에 이미 외도자는 본래 배우자를 사랑하는 능력이 마비된 상태다. 부부의 정서적 친밀감이 약해져 관계의 집은 무방비 상태로 남는다.

4. 남자, 포르노, 성 충동

　　　　　　　유명한 코미디언 빌리 크리스털$^{Billy\ Crystal}$은 여자는 이유가 있어야 육체적인 사랑을 나눌 수 있지만 남성은 장소만 있으면 된다고 말했다. 성별 차이를 논하지 않고서도 성적인 부정에 관하여 낱낱이 파헤칠 수 있다고 생각한다면 순진한 오산일 것이다. 대부분의 심리학적인 연구들은 빌리 크리스털의 말이 옳음을 증명해 준다. 평균적으로 남성은 여성보다 더 '성관계에 집중하는' 경향이 있다. 남녀 간의 이러한 차이를 가져오는 생물학적·문화적 원인이 무엇이든 간에 이런 격차가 존재하지 않는다고는 볼 수 없다. 연구에 따르면, 결혼했거나 동거하는 이성 간의 관계에서 남성이 여성보다 성관계를 요구하는 횟수가 더 많다. 특히 삶의 전환점이 되는 중요한 일들을 겪고 나서 이러한 격차가 더욱 커질 수도 있다. 내가 진행했던 신혼부부에 관한 연구에 따르면, 첫아이를 출산하고 3년이 지나면 남성은 1주일에 세 번 정도 성관계를 요구하는 것으로 나타났다. 반면 여성의 경우는 2주일에 한 번꼴이었다. 남녀 간 격차가 무려 6대 1의 비율로 나타나다니 놀랍지 않은가! 뿐만 아니라 같은 신혼부부들을 상대로 전문 설문조사를 실시한 결과 첫아이의 출산을 경험한 신혼부부의 약 70퍼센트가 성욕이 생기도록 해 주는 우호적인 감정 자체가 줄어드는 경험을 했다. 이렇게 부부간 정서적인 유대감이 약화될수록 부정적인 비교를 하기가 더 쉽다.

남성의 성욕이 비교적 강해졌다고 해서 무조건 나쁜 남자가 되거나 부도덕하고 비윤리적이거나 죄인이 되는 것은 아니다. 그러나 남녀 간에 존재하는 차이를 인정하면 부부나 연인 관계를 위협하는 잠재적인 위험을 줄이는 데 도움이 된다. 상식적으로도 그렇지만 남성은 최소한 바람피우고 싶은 유혹을 여성보다 더 많이 받는다는 점이 연구를 통해 증명되었다. 그러나 여성이 사회생활을 시작한 이후 여성의 혼외정사 비율이 남성의 혼외정사 비율을 따라잡고 있다는 연구 결과가 점점 늘어나고 있다. 그리고 결혼 관계에서 여성이 바람을 피우는 시기가 남성보다 빠르다. 아내의 경우 관계가 지루해지기 시작하는 시기는 결혼 6~7년 차가 아닌 2~4년 차라는 연구 결과도 있다.

남성이 여성보다 부정적인 비교를 더 많이 하는 경향이 있다면, 그것은 남성이 시각적인 정보에 더 자극을 받기 때문이라고 볼 수 있다. 대부분의 여성들은 정서적 유대감과 촉각을 통해 성적인 감정을 느끼기 시작하지만, 남성들의 경우 상대방의 외모를 보고 성적 흥분을 먼저 느끼며, 그런 성적인 욕망이 더욱 깊은 유대감으로 발전한다. 아무리 충실한 남편이라고 할지라도 본능적으로 다른 여성에게 눈길을 돌리는 경향이 있다. 그리고 일단 다른 사람에게 눈길을 준 상황에서 부정적인 비교를 많이 해 온 상태라면 내 아내나 남편 대신 그 사람과 함께하는 상상을 할 수도 있다. 그러나 대부분의 경우 섹스를 하기 위해 바람을 피우는 것이 아님을 분명히 기억해야 한다. 결혼 생활에서 느끼는 외로움을 나에게 관심을 가져 주는 다른 사람을 통해 채우려고 바람을 피우는 것이다. 이러한 우호감에 대한 갈망은 남자든 여자든 누구나 느낄 수 있다.

섹스 중독자는 정말 존재하는가?

"내 탓이 아니라 섹스 중독증 때문"이라고 말한다면 자신이 저지른 부정에 대한 너무나 가벼운 변명이 아닐까? 요즘 각종 연예인들의 섹스 중독이 연일 화제다. 이름만 들으면 알 만한 유명인들이 섹스에 중독되었다며 서둘러 치료 수속을 밟는다. 그러나 치료가 끝나고 사회로 나오면 또다시 바람을 피운다. 그런 사람들을 욕하기는 쉽지만, 섹스 중독이란 실제로 존재하며 간통의 근본적인 원인이 되는 경우도 있다.

'중독'이라는 용어를 기술적인 의미로 사용하려면, 내성과 금단 증상이라는 두 가지 기준을 충족시켜야 한다. 중독자는 똑같은 만족을 얻기 위해 점점 더 큰 자극을 필요로 한다. 그러다가 결국 '그것을' 하지 않고는 자신이 '정상'이라고 느끼지 못하는 순간이 찾아온다. 중독자가 단숨에 끊으면 극심한 심리적·물리적 고통이 뒤따른다. 지나친 성 활동을 한다고 해서 모든 경우 이런 중독의 기술적 정의를 충족시키는지는 알 수 없지만 관계를 망치는 것은 매한가지다.

간통으로 상처받은 부부나 연인을 위해서 내가 추천하는 치료법(10장 참조)을 적용하면 당사자의 성 중독 치료에 도움이 될 것이다. 그러나 중독자의 강박과 충동을 극복하기 위해서는 전문가의 추가적인 도움이 필요하다. 알코올 중독이나 약물 중독을 포함한 모든 의존증으로 인한 관계 손상도 마찬가지다.

패트릭 칸스Patrick Carnes의 『그림자 밖으로(Out of the Shadow)』는 아마도 성 중독의 이해와 치료에서 가장 큰 영향을 미친 저서일 것이다. 타이거 우즈Tiger Woods의 담당 의사이기도 했던 칸스는 성 중독자의 사고 능력 손상과 그에 수반되는 합리화와 부정(否定)에 초점을 맞추고 있다. 중독자는 자신이 스스로 만든 거짓들을 믿는다. 칸스는 성 중독의 사이클을 다음과 같이 상정한다.

1. 몰두(Preoccupation): 모든 만남과 사고는 성적 강박이라는 필터를 통해 여과된다.
2. 의식화(Ritualization): 중독을 조장하는 일상적인 의식이 뒤따른다.
3. 충동적인 성행위(Compulsive sexual behavior): 강박의 정점에서 성적 행위를 표출하며, 이런 행동을 통제할 수 없다.
4. 절망(Despair): 변화가 불가능하다고 느끼며 절망과 무기력감을 경험한다.

어느 시점이 되면 중독자는 성적 흥분을 위해 속옷 등 특정한 상징적 물건에 집착하며, 지배나 굴복의 판타지를 채울 수 있는 대상으로서 물건의 종류도 다양하다. 다른 중독도 마찬가지지만 성 중독자의 강박적인 욕망 앞에서는 가족, 친구, 직장, 윤리, 종교, 공동체 등 자신이 소중히 여겨 왔던 모든 것이 소용없게 된다. 사고 능력의 손상, 충동적인 행동, 통제할 수 없는 욕구들을 먼저 해결하지 않고서는 유혹을 이길 수 없고, 중요한 사람과의 관계도 회복할 수 없다. 성적 강박 때문에 위험하고 어리석은 행동을 저지르는 대표적인 예가 바로 일명 바바리맨이다. 바바리맨들은 달리는 자동차 안에서 여자들에게 성기를 보여 주다가 교통사고를 내기도 한다.

포르노로 인한 배반

인터넷상에는 무려 5억 페이지 이상의 포르노 사이트가 존재하며 거의 모두 남성을 타깃으로 한다. 포르노 산업은 전 세계적으로 연간 970억 달러 이상의 수익을 창출한다. 놀랄 일도 아니지만 포르노와 성 중독은 언제나 서로 연관되어 있다. 강박증이 없다고 할지라도 포르노를 보면 부부 관계나 연인 관계는 위협을 받는다. 포르노를 보며 자위행위를 하면 애착과 관련된 호르몬인 옥시토신과 바소프레신이 분비되는데, 포르노 이용자는 비인격적인 이미지에 애착을 느끼며 집착할 수 있다는 말이다.

부부가 성관계 시 만족도를 높이기 위해서 포르노를 이용할 경우에는 문제가 되지 않는다. 그러나 대부분의 경우 포르노는 혼자 있을 때 보며, 비록 그런 습관이 강박의 기술적 정의를 충족하지 않는다고 할지라도 배우자를 배반하는 원인으로 작용한다. 대부분의 포르노는 우리가 앞서 살펴본 배우자를 배반하는 단계들을 밟도록 부추긴다.

유대감과 감정의 결여

포르노물의 시나리오는 십중팔구 비인격적이고 육체적인 것에만 초점을 맞춘다. 어쩌다 만난 사람과 로맨틱하지도 않고 감정도 없는 섹스를 하는 행위를 묘사한다. 사회 심리학자인 돌프 질만$^{Dolf\ Zillmann}$과 제닝스 브라이언트$^{Jennings\ Bryant}$가 포르노물을 분석한 저서 『포르노그래피(Pornography)』에 따르면 전형적인 포르노 대본에서는 낯선 사람끼리 만나 성관계를 하고 다시는 서로 만나지 않는다. 일반 포르노 소비자가 침실에서의 섹스가 그와 비슷할 것이라고 기대하는 순간부터 문제가 생길 수 있다. 포르노를 본 사람은 성

관계 상대가 자신의 환상을 (상대가 싫어도) 충족시켜 주길 원한다. 포르노를 지나치게 자주 보면서 자위행위를 했던 사람은 이제 포르노물의 시나리오대로 하지 않으면 성적 흥분을 느끼지 못한다. 뿐만 아니라 포르노물을 지나치게 시청하면 부부간 정서적 유대감이 깨진다. 제니퍼 슈나이더Jennifer Schneider의 연구에 따르면, 한쪽이 사이버 섹스 중독을 갖고 있는 커플의 70퍼센트에서 최소한 한쪽이 성생활에 흥미를 잃은 것으로 나타났다.

비밀 유지

포르노를 보는 사람들 대부분은 자신이 포르노를 본다는 사실을 연인이나 배우자에게 숨겨야 한다고 생각한다. 배우자가 모르는 비밀을 갖고 있다는 것 자체가 거리감을 조성하고, 친밀감을 반감시키며, 그럴수록 오히려 포르노 시청이 늘어난다.

부정적 비교

다시 말하지만 오르가슴을 느낄 때는 옥시토신과 함께 남성의 경우 정서적 유대감을 증진시키는 바소프레신이라는 호르몬이 분비된다. 호르몬의 분비가 늘어날수록 (실험실에서 측정한 바로) 오르가슴이 강해진다. 포르노를 시청하며 오르가슴을 느낄 때는 자신의 배우자가 아닌 사람의 이미지와 유대감이 형성된다. 그리고 비교하게 되어 배우자의 성적 매력이 반감된다.

배우자를 쓰레기 취급

포르노 사이트를 계속 보다 보면, 특히 여성에 대한 비하와 폭력이 결합된 포르노물에 점점 더 많이 노출된다. 이런 포르노물들은 남성의 욕구를 충족시키기 위해 여성을 힘으로 제압하고 통제하는 환상이 주를 이룬다. 성관계 시 그런 기대감을 가지면, 수치감을 느끼면서 상대방의 환상을 충족시켜 준 배우자는 정신적 외상을 겪을 수 있으며, 역겨움을 느낀 배우자가 요구를 거부하면 관계가 소원해질 수 있다. 둘 중 어느 경우든 부부 관계에 해로운 영향을 미친다.

해결 방법

포르노는 부정을 저지르도록 돕는 사다리와 같은 역할을 한다. 각종 관음적인 인터넷 사이트와 채팅방, 폰섹스 광고, 전문 또는 아마추어 성매매 종사자들을 어디서나 손쉽게 만날 수 있기 때문이다. 포르노에서 간통에 이르는 전형적인 순서는 다음과 같다. 포르노 사진을 감상하다 영상물을 찾아보고, 가장 강하고 빠른 흥분을 줄 수 있는 선호 조건이 생기면 (특정 신체 유형이나 성관계 시 역할) 온라인 채팅을 통해 자신의 구미에 맞는 강박을 갖고 있는 사람을 물색하고, 그 사람과 실제로 만나 성관계를 하는 환상을 키우다 결국 넘어서는 안 되는 선까지 넘게 되는 것이다.

포르노 때문에 관계가 흔들리고 있거나 흔들릴까 봐 걱정된다면, 아직 문제를 해결할 방법은 많이 있다. 뿐만 아니라 개인 치료를 받으면 강박적으로 포르노를 찾는 이면의 문제들을 해결할 수도 있다. 이어지는 장에서는 삶의 개인적인 문제들을 터놓고 얘기함으로써 배우자와의 친밀감을 높일 수 있는 통찰과 조언을 담고 있다.

5. 배반으로 가는 열 가지 다른 방식

성적인 부정이 신뢰와 관계를 깨뜨리는 유일한 원인은 아니다. 다른 유형의 배반도 바람을 피우는 것만큼이나 관계에 악영향을 미치지만 인식하지 못한 채 지나치거나 과소평가되는 경우가 대부분이다. 심지어 피해자도 이것을 잘 인식하지 못한다. 어떤 커플이 '끔찍' 상태에서 빠져 나오지 못한 채 서로 상대방이 관계를 우선시하지 않는다고 생각한다면 자신들이 실제 배반이라는 문제를 안고 있다는 사실을 인식하지 못하고 있을 확률이 높다. 도대체 왜 자신들이 만족하지 못한 채 끝없는 싸움만 계속하는지 의아해할 것이다. 상대방이 변했다거나 서로 멀어졌고, 더 이상 맞지 않는다고 말할 것이다.

부정적 비교가 외도의 근본 이유가 되는 만큼 성관계가 없는 것도 배반의 근본적인 이유이다. 이러한 경우, 자신의 배우자가 다른 사람과 비교해서 지면 불만스러운 배우자는 바람을 피우지는 않지만 무례한 언동을 하거나 다른 방식으로 자신의 부부 관계를 폄하한다. 배우자를 사람이 아닌 어떤 상황과 비교하는 말을 하기도 한다("뉴욕에 있을 때 결혼하는 대신 취직했더라면 이렇게 살지는 않을 텐데."). 이런 무례한 말이 외도로 이어질 수도 있겠지만, 많은 경우 이런 배반의 말 자체가 관계를 끝내게 한다.

　배우자 모두 한쪽이 부정적인 비교를 한다는 사실을 알고 있지만 둘 다 인정하지 않거나 그 위험을 인식하지 못하는 경우도 있다. 자신의 삶에 백 퍼센트 만족하며 사는 사람이 몇이나 되겠냐고 반문하며, 이런 종류의 배반은 바람을 피우는 것보다 낫다고 생각한다. 하지만 잘못된 생각이다. 부부나 연인 관계는 서로 신뢰하고 존중하며 서로를 보살피고 보호하기로 계약한 사이다. 이런 계약을 깨는 것이라면 무엇이든 배신행위에 해당한다. 물론 살다 보면 배반이 불가피한 경우도 분명히 있다. 아무리 유대감이 강할지라도 항상 의견이 잘 맞을 수는 없다. 서로를 신뢰할 수 있는 커플이 그렇지 않은 커플과 다른 점은 이러한 실수가 관계를 망치지 않도록 잘못된 점을 고치거나 잘 넘어간다는 점이다.

　관계를 죽이는 요인은 두 가지로 나눌 수 있다. 첫 번째는 기만(불쾌한 언쟁을 피하기 위해 진정한 욕구를 말하지 않는 것)이고, 두 번째는 지금의 배우자에게서 찾을 수 없을 것 같은 정서적 유대감을 동경하는 것이다. 다음은 배반이 이루어지는 열 가지 일반적인 방법을 정리해 놓은 것이다(앞으로 새로운 기만의 형태를 발견하더라도 놀랄 일은 아니다). 현재 부부 또는 연인 관계 가운데 존재하는 배반을 직시해야만 서로 간의 신뢰를 다시 쌓을 수 있다.

　주의: 육체 또는 정서적 학대 등 폭력을 통해 상대방을 통제하는 행위는 최악의 배반 형태로서, 앞으로 설명하려는 열 가지 방법에서 제외되어 있다. 이런 경우는 관계 개선을 위해 이 책을 적용해서는 안 된다. 침실에서 일어나는 강압적인 접촉 등 모든 원하지 않는 접촉은 육체적 학대의 전조다. 정서적 학대에는 사회적 고립, 성적 강압, 극단적인 질투, 공적인 자리에서 모욕 주기, 무시 또는 비하, 폭력 행사의 위협, 두려움을 주는 행위, 재산이나 애완동물,

자녀에게 상처를 입히는 행동 등이 포함된다. 배우자가 이와 같은 폭력을 행사한다면 스스로 그런 대우를 받지 않을 권리가 있다는 점을 인정하고 도움을 요청하라. 같은 처지에 있는 피해자들을 돕기 위한 비영리 기구나 정부 차원의 프로그램이 많이 있다.

다음 목록을 읽어 보고 익숙하거나 불편하게 느껴지는 상황이 하나라도 있는지 살펴보라. 만약 있다면 배우자가 제3자와 뜨거운 문자를 주고받는 정도로 심각한 잠재적 배반이 존재한다는 뜻이다. 이 열 가지 목록은 누구를 비난하거나 관계를 끝내기 위해서 만든 것이 아니다. 누가 옳고 그름의 문제가 아니다. 이런 문제를 인정하고 관계를 회복한다면 불륜과 마찬가지로 배반으로 인한 문제 역시 해결될 수 있다. 열 가지 목록은 특정한 순서대로 나열한 것이 아니다. 열 가지 모두 똑같이 치명적이기 때문이다.

1. 조건적 충절

조건적 충절의 근본적인 태도는 다음과 같다. "당신 곁에 있을게……. 더 괜찮은 사람이 나타날 때까지만." 앞서 3장에서 만난 타일러와 애비 커플이 조건적 충절의 전형적인 유형이다. 이런 부부의 경우 다른 이성과 추파를 던지거나 음흉하게 쳐다보면서 연애를 할 수 있다는 암시를 주지만 실행에 옮기지는 않는다. 이들은 현재 관계에 완전히 충실하지 않기 때문에 간단한 말싸움부터 감기나 직장 스트레스마저 배우자에 대한 친밀감과 지지를 감소시킨다. 배반당한 배우자는 보통 그런 이유들을 실제적인 문제라고 생각한다 ("제 아내는 승진 때문에 걱정하고 있습니다"). 그러나 사실 모든 갈등의 원인은 피상적인 충절 때문이다.

    커플 중 한 사람이 서로 간의 유대감을 강화하기 위해 결혼이나 동거를 강요하면 이런 조건적인 관계가 형성될 가능성이 높다. 결혼하고 싶지 않은데 결혼하는 것은 십중팔구 잘못된 일이다. 강한 유대감의 결과로서가 아니라 강한 유대감을 형성하기 위해 결혼을 시도한다면 성공적인 결혼 생활을 하기 어렵다. 시간이 지날수록 관계의 피상성이 여실히 드러나기 때문이다. 안나는 초혼 시절을 회상한다. 결혼 생활이 삐걱거리기 시작한 것은 남편이 아이를 갖지 않으려고 했을 때부터다. 처음에는 아버지가 되는 것이 두려워서 그런 줄 알았는데, 부부 상담을 진행하면서 안나와 더 깊은 헌신의 관계로 나아가고 싶지 않아서 그렇다는 사실이 분명해졌다. 처음에는 자신이 가지고 있는 것을 잃을까 봐 필사적인 집착으로 전전긍긍했지만, 결국 진정한 결혼은 애초부터 없었다는 진실을 받아들이게 되었다. "재혼을 하고 아이도 있는 지금 지난날을 돌아보니, 초혼 시절 전남편은 진정으로 저를 지켜 준 적이 없었네요. 전남편은 저를 사실상 배반한 것이지요. 그이가 남에게 던진 추파가 실제로 바람을 피운 것이나 마찬가지였으니까요. 이제 재혼하고 보니 진정한 헌신이 무슨 뜻인지 알 것 같아요."

    조건적 헌신 중에는 배우자 또는 연인이 배반의 대상을 사람이 아닌 사물과 비교하는 상황도 있다. 데어드르의 남자 친구는 그녀의 건강 보험을 적용받기 위해 그녀와 결혼했다. 그럼에도 불구하고 데어드르는 '영원한' 관계를 맺었다고 생각했다. 그러던 어느 날 남편이 중국에 지대한 관심을 가지기 시작했다. 틈만 나면 중국에 관한 서적을 읽고 중국어를 배우더니 휴가 기간 내내 중국 여행을 다녀왔다. 직장을 옮겨 중국에서 일할 수 있는 기회가 남편에게 찾아왔지만 데어드르는 가고 싶지 않았다. 남편은 훌쩍 떠났고 얼마 뒤 이혼 서류가 날아왔다. 이 부부의 경우, 같은 의미를 공유하던 시스템이 서서히 무너졌기 때문에 갈팡질팡했다. 친밀한 부부나 연인이라면 둘이 함께 살아가는 목적이나 의미가 무엇인지 터놓고 이야기해야 한다. 부부끼리 깊은 주제를 논의하지 않고 피해 버리거나 무시한다면 얄팍한 충절밖에 남지 않는다. 이를 방지하기 위해 기회가 생기기를 무작정 기다리지 말고 의도적으로 시간을 내어 서로의 목적과 꿈을 나누어야 한다.

2. 비성적인 불륜

치열한 삶의 현장에서 매일 만나다 보면 정신적인 사랑과 같은 우정이 생기는 일은 흔하다. 간혹 사람들은 직장 동료 간 느끼는 동지애를 '직장 아내(work wife)'* 또는 '직장 남편(work husband)'이라고 표현하기도 하지만, 이런 유대 관계는 헬스장, 잘 가는 술집이나 커피숍, 또는 취미 생활이나 자원봉사 활동을 하면서 형성될 수도 있다. 이런 관계는 말 그대로 비성적(非性的)인 관계지만, 친구로 지내다 보면 서로의 은밀한 사생활까지 알게 될 수도 있다. 직장 아내나 직장 남편이 있다고 해서 무조건 배우자를 배반한 것은 아니다. 배우자를 배반하는 기준은 다음과 같다. 그 사람과 대화하는 모습을 보고 내 배우자의 마음이 불편해지거나, 그 사람과 주고받는 신뢰가 배우자를 화나게 할 것 같다면 그 관계는 위험하다. 즉 내가 살고 있는 건강한 관계의 집이 있다면, 새로운 우정을 감추기 위해 그 집의 벽과 창문을 뒤집어 놓는 것과 마

---

* 우리나라에서는 흔히 오피스 와이프(office wife)라고 표현하고 있다.

찬가지다. 배우자가 이 '타인'으로부터 온 수상한 이메일이라도 발견한다면 마치 안방 침대 시트에서 낯선 로션이나 향수 냄새를 맡은 것처럼 치명적인 결과를 초래할 수도 있다.

마고는 남편 켄과 함께 근무하는 중학교 교사들을 초청해 뒤뜰에서 피크닉을 열던 날, 남편의 비성적 불륜 사실을 알게 되었다. 새로 부임한 수학 부장교사 비키에 대해서 남편이 한 번도 언급한 적이 없는데, 처음 집에 온 비키라는 여자가 집에서 기르는 애완견의 이름까지 알고 있는 데다 켄의 양말을 물어뜯지 말라고 나무라는 장면을 보고 너무나 놀랐다. 비키는 켄의 소소한 습관까지 잘 알고 있는 것 같았다. 뿐만 아니라 아이들이 제일 좋아하는 과자를 사 들고 왔다. 마고가 남편을 쏘아본다. 이 여자가 어떻게 이런 것까지 알고 있을까? 당황한 남편의 얼굴을 보자 마고는 가슴이 철렁 내려앉는다. 사람들이 돌아간 뒤 그녀가 자초지종을 묻자, 켄은 '그냥 친구'라며 비키와의 우정은 아무것도 아니라고 주장한다. "이럴까 봐 아무 말도 하지 않았다"며 오히려 마고에게 비합리적이며 질투심이 많다고 비난한다. 켄은 아내가 화낼 것으로 예상한다. 마고는 자신이 분노하고 질투하는 것이 당연하다고 생각한다. 그가 인정하든 인정하지 않든, 그는 분명히 바람을 피우고 있는 것이다. 그가 비키에 대해서 비밀에 부치고 있었다는 사실이 그 증거다.

재스민에게는 굉장히 전형적인 '친구' 문제가 있다. 남편 찰리는 전처 앨리스와 완전히 헤어지지 않았다. 앨리스가 도와달라고 말하면 손발 걷어붙이고 나섰다. 재스민은 남편이 정 많은 사람이라 존경했다. 그는 책임감이 강한 남자였고, 이혼 후 앨리스가 많이 힘들어한다는 사실을 알고 있어서 도와주는 것이었다. 그러나 더 이상 참기 힘든 순간이 찾아왔다. 어느 날 밤 퇴근해서 집에 도착하니 앨리스가 안방 소파에 앉아 차를 마시고 있는 것이 아닌가.

"앨리스 집에 전기가 나갔대." 찰리가 말했다.

"앨리스는 호텔이라는 것을 들어 보지도 못했대요?" 재스민이 쏘아붙였다. 그날 밤 그녀는 남편에게 최후통첩을 했다. "나와 그 여자 둘 중 하나만 선택해요." 찰리는 앨리스와 연락을 끊기로 했다.

내 배우자가 다른 이성과 나누는 유대감이 순수한 우정이 아닌 비성적 불륜임을 어떻게 알 수 있을까? 배우자가 그 관계를 숨겼는가? 그 우정에 대해 말문을 열지 못하게 하는가? 그만 만날 것을 요구했지만 소용없는가? 내가 정해 놓은 한계가 무시당했는가?("그이와 함께 콘서트에 가지 말라고 했잖아") 부부 관계가 좋지 않을 때 그 친구가 환상의 대상이 되는가? 이러한 질문에 하나라도 "그렇다"고 답할 경우, 그 우정은 지나치게 친밀한 관계다.

3. 거짓말

사소한 거짓이 관계에 해를 끼치는 이유는 분명하다. 부부 둘 다 거짓말을 하는 경우도 있다. 엠마와 웨인은 자신들이 '행복한 결혼 생활'을 하고 있다고 생각하지만, 이 부부는 자주 한쪽이 완전히 굴복할 때까지 싸운다. 그래서 부부는 점점 쌓여 가는 긴장을 피하기 위해 서로 비밀을 갖기 시작했다.

웨인은 실직한 채 약물을 남용하는 남동생에게 아내 몰래 돈을 보내 준다. 계좌에서 돈이 빠져나간 것을 알게 된 엠마가 자초지종을 묻자, 그는 고객에게 저녁 대접을 하는 데 썼다고 말한다. 아내가 실제 용도를 알면 화를 많이 낼 거라는 사실을 알기 때문이다. 어느 날 제발 웨인이 남동생에게 돈을 보내지 못하게 해 달라는 시어머니의 전화를 받고서야 그녀는 진실을 알게 된다.

돈이 자꾸 생기니까 오히려 약물 중독 치료를 받으러 가지 않는다는 것이다.

엠마가 몹시 화를 내며 남편에게 따지자 그는 소리를 지르며 사실대로 말한다. "지금처럼 발끈할까 봐 말 안 한 거야. 당신은 내 동생에게 눈곱만큼도 관심이 없잖아. 하지만 걔는 내 친동생이라고."

한편 엠마도 웨인을 속이는 일이 있다. 그녀는 이제 초등학교 1학년인 아들 대니얼이 글 읽기 과외를 받아야 한다고 생각하지만 (담임 선생도 동의) 남편은 그럴 필요가 전혀 없다고 말하며 학습 전문가에게 검사조차 받지 못하게 한다. 걱정이 된 엠마는 남편 몰래 아들을 데리고 검사를 받았고 난독증이라는 진단을 받는다. 엠마는 화도 났지만 어쨌든 문제가 무엇인지 알았으니 안도한다. 남편에게 무슨 일이 있었는지 얘기하자, 웨인은 화를 내며 자신 몰래 검사를 받았다는 사실에 상처를 받는다. 엠마의 기만으로 오히려 부부 모두 아들의 문제에 집중하지 못하는 형국이다.

평화를 유지하기 위해서 하는 거짓말은 부부간의 신뢰를 깬다. 이런 거짓말이 해롭기는 하지만, 반드시 관계를 파멸로 몰고 가야 할 이유는 없다. 일단 사실이 드러나면 거짓말을 하도록 만든 문제들을 해결하면 된다. 그러나 정말로 걱정해야만 하는 유형의 거짓말도 있다. 항상 거짓말을 하는 사람들이 있다. 만성적인 거짓말쟁이들은 부부 관계가 위협받지 않을 때조차 끊임없이 사소한 거짓말을 내뱉는다. 이런 거짓말은 배우자의 잘못도 아니고, 관계에 문제가 있어서도 아니다. 개인의 성격에 문제가 있기 때문이다. 만성적인 거짓말은 어린 시절 차갑고 권위적이며 벌을 많이 주거나 감정을 무시하는 부모 밑에서 자란 사람들이 보이는 유형이다. 자녀는 부모의 극심한 비난을 피하고 착하게 보이기 위해 거짓말을 배운다. 그리고 이런 아이가 어른이 되면 벌이라는 위협이 없음에도 불구하고 자신도 모르게 거짓말을 한다. 이런 사람들은 개방적이고 정직하며 친밀한 부부 관계로 나아가기 위해서 심리 치료사의 도움을 받아야 할 것이다.

4. 다른 사람과 한편이 되어 배우자와 대립하기

결혼한 지 5년이나 되었지만 코니는 아직도 인생의 중요한 문제들을 친정어머니와 상의한다. 그녀는 남편 톰이 재정 문제라든가 자녀 훈육 문제 등 다른 사람이 관여해서는 안 되는 영역이라고 하는 문제들까지도 어머니의 의견을 묻는다(그러면 어머니는 열을 올리며 당신의 의견을 피력하신다). 만약 어떤 사안에 대하여 톰과 어머니가 서로 상반된 의견을 보이면 코니는 친정어머니 쪽을 따른다. 더 심한 것은 두 여인이 같은 편이 되어 톰의 흉을 보는 것이다. 코니와 어머니는 톰의 직장 문제, 옷차림(코니가 사 준 옷은 제외), 심지어 말투까지 흉본다. 부부 싸움이라도 하면 코니는 친정어머니에게 달려가 모두 일러바친다. 둘은 한편이 되어 톰을 괴롭힌다.

상담을 시작하면서 코니는 남편이 기분 나빠 할 이유가 없으며 부당한 주장을 하며 과민 반응을 보인다고 비난했다. 친정어머니와 가까이 지내는 것이 무슨 문제냐는 것이다. 그러나 상담 치료를 받으면서 코니는 어머니와 유대 관계를 유지하는 것과 편을 갈라 남편을 흉보는 것은 차이가 있다는 것을 이해하게 되었다. 전자는 건전하지만 후자는 그렇지 않다. 톰이 화내는 것은 당연하다. 배우자로부터 기대하는 정서적인 지지를 아내가 주지 않기 때문이다. 코니는 결혼 관계에서 친정어머니를 배제시켜야 한다. 톰이 느낀 배신감과 그가 갖고 있는 불만의 정당성을 인정해야만 부부 관계가 개선될 수 있다

(친정어머니는 이런 변화에 상처를 받고 톰을 더 심하게 비난함으로써 예전 관계를 되찾으려 하지만 현재 성공하지 못하고 있다).

더 흔한 예로는 남편과 시어머니가 같은 편이 되는 것이다. 아내는 언제나 불쑥불쑥 끼어드는 시어머니와 좋은 관계로 지낼 수 없다. 아내는 갈등을 중재하기 위해 남편을 부르지만, 그는 어머니 편을 들며 아내를 배반한다("그냥 도와주시려는 것뿐이잖아.", "너무 예민하게 굴지 마.", "좋은 마음으로 그러시는 거야."). 이런 관계의 역동 자체가 싸움의 근본적인 원인이다. 두 여인은 한 남자의 인생에서 제일 중요한 사람이 되기 위해 경쟁하는 것이다. 남편은 아내가 우선이라는 것을 어머니에게 분명히 보여 줄 책임이 있다. 그리고 어머니가 아내를 비난할 때 그냥 넘어가면 안 된다. 남편은 결혼 생활의 사적인 영역에 대해 침묵을 지켜야 한다. 부부 싸움을 하고 있다면 더욱 그렇다. 부부 관계에 방해될 경우 어머니와 보내는 시간을 줄이거나 어머니와 통화하는 시간을 줄일 수 있어야 한다.

5. 배우자의 부재와 냉담함

그날 아침에 있었던 일 때문에 티나의 결혼 생활은 거의 산산조각 날 뻔했다. 티나는 아버지가 관상동맥혈전증으로 위독하다는 소식을 듣고 남편인 진에게 연락했지만, 진은 미안하다며 중요한 회의가 있어서 병원에 가 볼 수 없다고 했다. 대기실에 앉아 있자니 울음이 나왔다. 아버지가 위독해서만은 아니었다. 깊은 상처를 받은 그녀는 남편에게 전화했지만 음성 사서함으로 넘어갔다. 회의 때문에 어쩔 수 없었을 거라며 이해하려고 했다. 부부의 미래를 위해서는 중요한 회의니까 말이다. 그녀는 스스로 기운을 차리고 상처받고 버림받은 기분을 남편에게 말하지 않았다. 여기서도 자이가닉 효과가 적용된다. 티나는 그날 이후 해결되지 않은 문제를 계속 곱씹었고, 결국 싸늘해진 채 남편과 멀어졌다. 미닫이문 순간에 남편에게 등을 돌렸다. 남편의 걱정 따위는 안중에도 없는 것 같았다. "아내는 마치 결혼 생활을 끝낸 것 같았어요. 손이 닿지 않는 곳으로 멀리 가 버린 것 같았죠." 진이 말했다. 무슨 문제가 있느냐고 물어도 아내는 "없다"고만 했다. 진은 돌아가신 장인어른 때문에 슬퍼서 아내가 변했다고 생각했다.

진은 정서적으로 힘든 시기를 겪고 있는 아내를 제일 먼저 챙겼어야 했지만 그러지 못한 중대한 실수를 범했다. 그러나 그 이후에 보인 티나의 냉담함 때문에 결혼이 위태로워졌다. 두 사람이 보인 반응 때문에 결혼은 내리막길로 치달았으며 결국 이혼을 고려하게 되었다. 그러던 어느 날 저녁 티나는 이미 이전에 했어야 할 말을 드디어 꺼냈다. 그녀는 남편의 부재로 자신이 얼마나 화나고 버림받은 기분이었는지 털어놨다. 아내가 솔직히 말하자 진은 슬퍼하는 아내를 도무지 어떻게 도와야 할지 몰라서 일을 내세워 그 뒤에 숨은 것이라고 주저하며 말했다. 말실수라도 할까 봐 두려웠고, 자신의 행동으로 아내가 그토록 상처받았는지 정말 몰랐다고 털어놨다. 남편의 부재에 대한 상처는 여전히 남아 있었지만, 티나는 최소한 남편의 행동이 이기심 때문이 아니라 사랑 때문이었는지 다시 한 번 생각하게 되었다. 그녀는 부부 상담 치료를 받기로 했고, 결국 부부간 불신의 골을 치유할 수 있었다.

정서적 부재는 이렇게 극적인 경우에만 해당되는 것이 아니다. 친구가 약속을 어겼다든지 발표를 앞두고 불안하다든지 하는 일상적인 일에서도 정서적으로 지지해 주지 않고 매번 등을 돌린다면 정서적 부재에 해당된다. 부부나 연인은 인생을 송두리째 바꿔 놓는 끔찍한 일을 만났을 때나 일상적으로 겪는 스트레스 상황에서 서로 옆에 있어 주는 것이다. 또한 좋은 일이 일어났을 때도 기쁨을 함께 나누는 것이다. 물론 부부마다 표현 방식이 다를 수 있다. 그러나 부부나 연인이라면, 서로 상대방이 사랑받고 보호받고 지지받고 있음을 느끼도록 해 주려면 무엇을 어떻게 해야 하는지 깨닫게 된다.

그러나 정서적 부재로 인한 상처를 항상 회복할 수 있는 것은 아니다. 따뜻한 마음과 정서적 지지를 아예 표현하지 못하거나 표현하기 싫어하는 사람들도 있다. 배우자가 공감해 주지 못하면 관계는 결국 흔들린다. 물론 정서적으로 거리감이 있을 때 제일 행복하다고 느끼는 예외적인 부부가 간혹 있기는 하지만, 대부분의 경우에는 배우자가 애정을 표현해 주지 않으면 깊은 거절감을 느낀다(여기서 정서적 유대감이 결여된 섹스는 '애정'에 포함되지 않는다).

공감을 잘해 주지 않는 사람과 결혼하면서, 배우자가 내성적일 뿐이며 시간이 지나면 달라질 거라고 생각할지도 모른다. 그러나 그 사람은 변하지 않는다. 타인의 감정을 모방함으로써 자신의 정서적 결여를 숨기는 법을 배운 사람도 있다. 이런 경우에는 배우자가 단순히 '조용한 타입'이 아니라는 사실을 깨닫기까지 몇 년이 걸릴 수도 있다. 그러나 결국 배우자의 냉담한 태도와 가식적인 애정이 잔인함으로 다가올 때가 있을 것이다. 이런 성격적 결함은 보통 권력과 통제의 욕구와 맞물려 있다.

가정주부인 일레인은 상담 치료 중에 남편에게 말했다. "애들 잘 키운다고 한마디만 해 주면 정말 좋겠어요. 실제로 잘 키우고 있잖아요." 남편 앤드루는 이렇게 대답했다. "아니, 그럴 수 없어. 칭찬이 싫어. 칭찬은 바라지도 말고 하지도 말자는 게 내 신념이야. 나는 문제가 있을 때만 말해. 그러니까 절대로 나한테서 칭찬을 바라지 마." 일레인은 남편이 자신을 소중히 여기고 있다는 말을 절대로 하지 않으리라는 사실을 받아들여야만 했다.

6. 성적 무관심

일, 자녀, 기타 스트레스나 의무 때문에 부부 관계가 소원해졌다면 야한 속옷이나 주말여행, 마사지 오일 등 일반적인 조언을 따르는 것이 도움이 될 것이다. 그러나 더 깊은 문제와 연관되어 있을 경우, 소원한 부부 관계는 쉽사리 해결되지 않는다. 노화와 관련된 불가피한 신체적 변화 때문에 부부 중 한 사람 또는 두 사람 모두 성생활에 자신 없는 현재 상황이 탐탁지 않지만, 그렇다고 해서 예전으로 돌아가기 위해 노력하기는 너무 창피하다고 생각할 수 있다. 아내가 늘어난 체중 때문에 힘들어하는데 아무것도 모르는 남편이 신체적인 모욕을 주는 경우를 많이 봤다. 이런 경우에는 보통 부정적인 비교와 무례함이 문제다. 이런 배우자는 존중도 사랑도 받고 있지 못하다.

또한 많은 부부들이 성적 욕구가 맞지 않아 힘들어한다. 심지어 45세 이상 부부의 약 15퍼센트가 성관계를 더 이상 하지 않는다는 조사 결과도 있다. 놀랍게도 주로 남자들이 섹스에 흥미를 잃는다. 이런 부부들은 성관계를 하지 않는다고 해서 결혼 생활의 만족감이 줄어들지는 않는다고 말한다. 그러나 성적 무관심이라는 문제를 솔직하고 사려 깊은 방식으로 해결하지 않으면 상처와 거부로 인해 부부 관계가 악화될 수 있다. 솔직해지자. 어떤 이유로든 성적 무관심은 마음을 상하게 한다. 제11장에서는 성적 불만족을 해결하는 구체적인 방법이 나와 있다(왜 부부가 부부 관계를 중단하는가에 대한 게임 이론적 분석과 놀라운 결과를 알고 싶으면 부록 3을 참조하라).

7. 무례함

보비의 아내는 항상 드러내 놓고 남편을 경멸했다. "도대체 당신이 잘하는 게 뭐예요?" 남편이 차에 흠집을 낸 것을 보고 그녀가 소리를 질렀다. 남편이 직장을 바꾸고 싶다고 했을 때는 "미친 바보"라고 했다. 그러나 정작 남편이 가출하자 큰 충격을 받았다. 조디의 남편은 좀 더 교묘한 방법으로 상대방을 무시했다. 부부의 의견이 다를 때는 믿을 수 없다는 표정으로 아내를 빤히 바라보며 다음과 같이 말했다. "합리적이고 똑똑한 사람이라면 당신의 생각이 말도 안 된다고 할 거야."(결국 미친 바보라는 뜻!) 민디의 경우, 약속이 겹치자 남편 친구들과 만나기로 한 약속을 취소하고 자신의 친구들과 만나자고 말한다. 그러자 남편은 경멸스럽게 눈을 치켜뜬다.

배우자의 의사소통 방법이 어떠하든 당신이 더 열등하다는 암시를 주면 배우자는 당신을 무례하게 대할 것이다. 사랑하는 관계에서 중요한 것은 누가 이기느냐가 아니라 서로 손을 잡아 주는 것이다. 육두문자로 욕을 하든 교묘한 방법으로 모욕하든 상대방을 업신여기는 오만한 태도는 정서적 학대에 속한다.

내가 가장 잘 드는 예 중 하나가 상대방이 불만을 토로할 때 문법이나 단어 실수를 바로잡아 주는 것이다. 한번은 부부 싸움을 하던 중 폴의 아내가 말했다. "왜 항상 말실수를 끄집어내는 거예요? 그러지 말아요! 그런 걸 내가 얼마나 싫어하는지 알면서!" 그러자 폴이 말했다. "끄집어내는 게 아니라 잡아내는 거라고 해야 옳은 말이지." 우습게 들릴지도 모른다. 하지만 이런 무례한 대화가 계속 오가는 부부 관계는 전혀 우습지 않다.

8. 불공평함

우리는 대부분 삶이 공평하지 않다는 사실을 받아들인다. 심판은 잘못된 판정을 내리고, 게으른 직장 동료는 나보다 먼저 승진하고, 마트의 소량 계산대 앞에 줄을 섰더니 앞에 서 있는 사람이 쿠폰을 수십 장 들고 카트에 담긴 60여 개의 물품을 계산하기 위해 기다리고 있다. 그러나 서로 사랑하는 장기적인 관계라면 이런 불공평함이 없는 안식처가 되어야 한다. 지나친 낙천주의자가 되자는 것이 아니라, 이것이 바로 사랑의 본질이기 때문이다. 한 편이 다른 편을 이용한다면, 상호 간의 진정한 만족은 있을 수 없다. 나는 이런 경우를 항상 본다. 대형 텔레비전 구입에는 돈을 투자하지만 아내의 운동 기구는 사지 않는 경우, 또는 결국에는 항상 아내가 좋아하는 레스토랑으로 외식을 간 경우, 그런 작은 권력 다툼에서 큰 문제가 생긴다.

일반적으로 가장 불공평한 것은 바로 집안일일 것이다. 서로 나누어서 하자고 약속했지만 어느 순간부터 누군가 맡은 일을 하지 않는다. 좀 더 솔직히 말하면, 주로 남자가 그렇다. 빨래는 거실에 굴러다니고, 더러운 접시는 식기세척기 대신 부엌 싱크대에 쌓이고, 화장실 두루마리휴지는 아무도 바꾸어 끼우지 않는다. "처음 동거하기 시작했을 때는 집안일을 서로 반반씩 나누어 하기로 했었죠." 케이틀린이 말한다. "하지만 남자 친구에게 심각한 '호텔병'이 생겼어요. 아침에 일어나서 이불도 개지 않고 젖은 타월은 마루에 굴러다니고, 마시다 남은 음료수 캔이 식탁에 그대로 있죠." 집안일 때문에 관계가 긴장되면 가장 큰 문제는 소파 밑에 먼지가 굴러다니는 것이 아닌, 불공평함이다. 하루 종일 일하고 퇴근해서 들어갔는데 더러운 빨래가 산더미처럼 쌓여 있고 '골프 치러 감'이라는 메모지만 달랑 붙어 있다면, 그것만큼 로맨스에 찬

물을 끼얹는 것이 없다.

불공평하기 쉬운 또 다른 영역은 가계 재정이다. 많은 부부가 가계부 정리와 같은 따분한 일은 함께해야 한다고 생각하지만 결국 한쪽이 떠맡는다. 맬컴은 이렇게 말한다. "결혼할 때 아내와 저는 계산서 지불을 나누어서 하기로 했어요. 그런데 재정 상황이 안 좋아졌을 때는 정말 신경이 곤두섰죠. 채권자들에게서 전화가 걸려 오면 아내는 항상 '당신이 더 잘하잖아.'라며 수화기를 저에게 건넸어요. 저도 하기 싫었지만 누군가는 해야 할 일이기 때문에 제가 처리한 거예요. 차라리 아내가 처음부터 안 한다고 했으면 그렇게 화나지 않았을 겁니다."

아이를 출산한 후 여성이 본래 약속대로 복직하는 대신 직장을 그만둘 경우, 남편은 가중된 재정 부담 때문에 자신이 더 열심히 일해야 한다고 생각한다. 아내는 아이와 하루 종일 보내지만 남편은 가족과 함께하는 시간이 줄어든다. 물론 가장으로서의 생활을 즐기는 사람들도 있다. '올바른' 자녀 양육 책임 분담이란 존재하지 않는다. 자녀를 갖는다는 것은 굉장히 큰 변화이기 때문에 어떤 방식이 우리에게 맞을지 사전에는 알 수 없다. 그러나 정말 일을 분담하고 싶다면 대화를 나누어야 한다. 혼자서 삶의 중대한 결정을 내린 뒤 상대방에게 일방적으로 "힘들지만 어쩔 수 없잖아, 견뎌야지."라고 말한다면 불공평한 처사다.

9. 이기심

장기적인 관계에서 상호 의존성이란 때때로 공동의 이익을 위해 나의 필요를 포기해야 한다는 뜻이다. 한쪽이 이런 신용을 저버린다면 상대방은 마음이 뒤틀려서 토라질 것이다. 첫아이가 태어났을 때 키스는 새로 산 스포츠카에 유아 카시트가 어울리지 않는다며 불평을 터뜨렸다. 키스의 아내인 탈리아는 남편이 딸보다 자신의 새 장난감을 더 사랑한다며 비난한다. 물론 남편이 딸을 사랑한다는 사실을 알기에 불공평한 비난이라는 것도 알고 있다. 그러나 그녀는 남편이 근무 시간을 줄이기는커녕 아이를 위한 학자금 펀드를 개설하려고 하지도 않고(모터보트를 사야 하기 때문에), 자신이 잠자리를 함께할 상황이 아니라는 것도 이해해 주지 않아 큰 충격을 받는다. 딸이 태어난 후 그런 남편의 이기적인 모습을 처음으로 맞닥뜨린 탈리아는 결국 키스에게 부부 상담을 강요하고 그도 동의한다. 상담을 받으면서 부부는 키스가 아버지가 되었다는 깊은 욕구와 두려움이 표출되어 자기중심적인 행동을 하는 것이라는 사실을 알게 되었다.

10. 약속 위반

약속을 깨면 의도적인 거짓말만큼이나 사랑에 치명적인 영향을 미친다. 삶을 함께 살아간다는 것은 특정한 기본 원칙에 서로 동의하고 매일 그 기대에 부응하며 살아간다는 뜻이다. 배우자와 함께 공동의 미래를 꿈꾸며 말로 표현하든 표현하지 않든 서로에게 약속한다는 의미이며, 그 약속을 통해 서로 간의 유대가 강화된다. 그러나 약속을 이행하지 않거나 부정하면 실망감으로 서로에 대한 신뢰와 공동의 미래가 무너져 내릴 수 있다.

신혼부부인 조이스와 카일은 월급 중 일부를 함께 저축하여 언젠가 집을 구입하는 데 사용하기로 합의했다. 그런데 최근 조이스가 저축하는 액수가 줄어들기 시작했다. 그녀는 카일이 주로 돈 관리를 한다는 사실이 마음에 들지 않았고, 이제는 세일할 때 멋진 구두도 사 신고 자신이 원할 때 돈을 쓰고 싶다는 생각을 한다. 전세를 살면 어떤가? 그녀는 소비 패턴을 바꾸기로 한 결정과 그 이유에 대해 카일에게 미리 귀띔하지 않는다. "남편이 굉장히 화낼 거라서 사실대로 이야기하고 싶지 않다."라고 그녀는 말한다. 그러나 결국 카일은 모든 사실을 알게 된다. 그리고 솔직히 말하지 않았기 때문에 오히려 훨씬 더 심각한 결과를 초래한다. 카일은 아내가 자신을 존중하지 않는다고 느낀다. "약속해 놓고 이제 와서 그 약속이 아무 의미 없다는 거죠. 아내는 그러고도 저에게 아무런 말도 하지 않았어요. 제가 더 이상 중요한 사람이 아니란 거죠."

약속 위반에는 이런 경우도 있다. 힐러리와 브래드는 결혼하면서 신앙을 가정생활의 중심에 두기로 약속했다. 하지만 아이들이 생기자 힐러리는 굳이 종교를 가질 필요를 느끼지 못했다. 아이들이 초등학교에 들어가자 더 이상 주일학교에 바래다주려고 하지 않는다. 브래드는 가족이 함께 교회 문을 들어설 때면 얼마나 자랑스러운지 항상 얘기한다. 이 부부는 종교 얘기만 나오면 싸움을 하고, 말다툼은 초점 없는 신학적 논쟁으로 발전된다. 힐러리의 종교적 관점이 변하면서 약속을 위반하게 된 경우이다. 그녀의 영적인 신념이 틀렸다는 이야기가 아니다. 하지만 이런 변화로 인해 브래드는 자신이 멍청이처럼 느껴진다. 그리고 배신감은 교회 출석 문제를 넘어 다른 부분으로 확대된다. 그는 자신이 더 이상 아내를 믿을 수 없을 것 같아 걱정된다. 이 부부가 서로에 대한 기대감을 회복하고 서로의 신념을 존중하려면 상담을 받아야 한다.

약속 위반 중 가장 심각한 경우는 중독의 문제다. 마약이나 알코올 중독, 도박, 섹스, 포르노 등 중독의 문제가 있을 경우에는 건강한 관계를 유지하기가 굉장히 힘들다. 이런 부부 사이에는 뻔한 시나리오가 전개된다. 즉 한쪽은 '변하겠다'는 공허한 약속을 던지고, 상대방은 배우자가 변할 거라 믿고 싶어 한다. 그러나 중독 증세는 되풀이되고 배신감은 더욱 깊어진다. 중독을 이겨 내는 경우도 있지만, 그렇다고 배신감이 줄지는 않는다. 중독은 정서적이고 생리적인 원인을 모두 가지고 있는 복잡한 장애다. 관계를 회복하기 위해서 중독자는 반드시 전문가의 도움을 받아야 한다.

배반인가 '고발'인가

관계는 약속이다. 그렇다고 해서 입에 재갈을 물리거나 손에 수갑을 채운다는 의미는 아니다. 때때로 배우자의 행동에 반대하는 것이 상대방을 가장 사랑하고 도와주는 행동이 될 수도 있다. 무조건적인 수용은 절대 건강한 방법이 아니다. 알렉산더 해밀턴 Alexander Hamilton 은 정부를 규제하기 위해 정부를 의심하는 것은 시민의 의무라고 말했다. 마찬가지로 배우자에게 거울을 보여 주어야 할 때도 있다. 자기도취나 이기심, 판단 착오에서 자유로운 사람은 아무도 없다. 배우자가 그런 행동을 할 때 일깨워 주는 것은 건강한 방법이다. 그렇게 함으로써 나 자신의 이득이 아닌 배우자의 이득을 먼저 생각하는 것이다. 부부는 상대방이 솔직하게 나의 가치관에 도전해 올 때 잘 받아들일 수 있어야 한다. "도대체 무슨 생각을 하고 있는 거야?", "어떻게 그럴 수 있어?" 이런 말까지 들을 준비가 되어 있어야 한다. 배우자가 나의 잘못을 꼬

집을 때는 사랑하기 때문임을 깨닫고, 자신을 방어하기보다는 배우자가 무슨 말을 하려고 하는지 잘 듣고 열린 마음으로 그 문제에 관해 대화해 보라. 그러나 배우자가 지지해 주지 않을 때는 '고발'이 아닌 이기적인 배반일 경우가 너무 많다. 어떤 종류의 배반이든 일단 부부 관계가 무너지기 시작하면 사과나 약속, 낭만적인 데이트만으로는 유대감을 회복하기 어렵다. 배반 자체가 관계를 파괴하는 핵심적 원인이라는 사실을 먼저 인식하고, 회복을 위해서 조율 과정을 거쳐야 한다. 서로의 내면세계를 다시 한 번 들여다보지 않으면 재결합하기 어렵다.

6. 신뢰와 조율의 본질

실제로 모든 치료 전문가나 자기 계발서는 서로의 차이점을 해소하는 데 의사소통이나 언어의 힘이 중요하다고 강조한다. 그리고 훌륭한 조언도 많이 해 준다. 그러나 단어 선택만으로 단절된 관계가 회복될 수 있다면 이혼율이 지금처럼 높지 않을 것이다. 너무나 많은 부부가 '올바른' 문구들을 앵무새처럼 되뇌지만 정작 그들이 하는 대화는 서로에 대한 깊은 이해에 바탕을 두고 있지 않다. 그것은 마치 뜻도 모른 채 프랑스어 문장을 외우는 것과 같다. 그 문장의 의미를 모르면 아무리 열심히 외운다고 해도 프랑스어를 할 줄 모르는 것과 같은 이치다.

부부가 서로 깊이 이해할 수 있고 서로에 대한 지식을 사랑하는 마음으로 표현할 수 있어야만 진정한 친밀감이 존재한다. '정서적 조율'이라고 하는 이런 능력은 어떤 운 좋은 부부에게는 아주 간단한 것이지만, 많은 부부가 어렵다고 느낀다. 다행히도 조율은 거의 모든 부부가 배울 수 있고, 학습을 통해 강화시킬 수 있는 기술들로 이루어져 있다.

정서적 조율을 방해하는 가장 큰 요인은 감정, 특히 부정적인 감정에 대해 각 배우자가 느끼는 '감정에 대한 정서적' 차이다. 화나거나 슬픈 감정을 표현하는 데 어려움은 없는가? 배우자가 화나 있을 때 자리를 피하고 싶은가? 아니면 그런 상황을 '해결'하는 것이 본인의 임무라고 느끼는가? 배우자에게 그저 "힘내!"라고 말해 주고 싶은가? 이 질문들에 대한 대답은 문화, 성별, 개인에 따라 천차만별이다.

감정에 대한 한 사람의 태도를 설명하기 위해 내가 만든 기술적 용어가 바로 '초감정(meta-emotion)'이다. '초(超, meta)'는 자신에게로 되돌아가는 것을 설명하기 위해 심리학자들이 많이 사용하는 재귀적 의미의 단어다. 예컨대 '메타커뮤니케이션(meta-communication)'은 우리가 의사소통에 대하여 어떻게 의사소통하는지를 말한다. 마찬가지로 '초감정'이란 자신이 느낀 감정에 대해 느끼는 감정을 말한다.

감정이 중요하지 않다고 치부해 버리는 사람들도 있다. 그러나 감정은 인간의 경험에서 선천적인 부분이다. 감정은 아무리 부정하려고 해도 없어지지 않는다. 보편적으로 우리의 뇌 속에 내장되어 있는 최소 일곱 가지 감정에는 분노, 슬픔, 혐오, 경멸, 두려움, 관심, 행복이 있다. 이런 분명한 감정들이 밀려올 때마다 사람들은 자연스레 같은 얼굴 표정을 짓는다(미소, 찡그림, 미간의 주름 등). 배경, 생활 방식, 문화적 태생과 관계없이 모든 사람은 특정한 감정들을 느끼면 똑같은 생리적 변화(심장박동 수 증가 등)를 겪는다는 연구 결과도 있다.

감정에 대한 대부분의 태도는 아동기에 형성된다. 따라서 성인 간 관계에서 조율의 핵심적인 역할에 대한 이해는 양육 방식에 대한 내 초창기 연구에서 비롯한다. 1985년에 나는 초감정 인터뷰를 개발해 부모가 자신의 감정에 대해 갖는 태도와 그 자녀들의 태도를 측정했다. 인터뷰는 분노, 슬픔, 두려움, 애정, 자부심 등 다양한 감정과 관련된 대상자의 어린 시절 경험에 관한 것이었다. 대상자들은 다음과 같은 질문을 받았다. "어린 시절 아버지는 어떤 때 화를 냈습니까?", "이것이 당신에게 어떤 영향을 미쳤습니까?", "부모님은 당신에 대한 사랑을 어떻게 표현해 주셨습니까?"

인터뷰 대상자들의 초감정, 특히 부정적 감정에 대한 초감정은 그야말로 천차만별이었다. 한 아버지는 분노라는 감정을 그다지 중요하지 않게 여겼다. "화가 나면 목을 헹구어 내는 것처럼 툭 털어 내고 아무렇지 않게 살아가면 됩니다." 전혀 반대 반응을 보이는 사람도 있었다. 누가 자신에게 화를 내면 마치 자신의 얼굴에 "변을 본 것처럼" 모욕적으로 느껴진다는 것이다.

이 연구 데이터를 통해 자녀 양육에 두 가지 상반된 접근 방식이 있음을 알게 되었다. 이것은 부정적인 감정에 대한 부모의 태도와 어린 시절에 배운 교훈에 기반을 두고 있다. 자녀가 행복해하지 않거나 겁에 질리거나 화났을 때, 한 부모 집단(불행히도 상당히 많은 사람이 이 집단에 속했다)은 주의를 돌리거나 잊어버리라고 타이르는 등 자녀의 감정을 바꾸려고 했다. 이 접근 방식을 나는 '감정 일축형(emotion dismissing)'*이라고 부른다. 이런 부모의 경우 자녀의 감정을 선택 사항이라고 믿었다. 일반적으로 감정 일축형 부모들은 부정적인 감정을 곱씹는 것이 마치 불난 집에 기름을 붓는 격이라고 생각했다. 그리고 분노라는 감정은 통제할 수 없는 공격성, 슬픔은 자기 연민에 빠져 허우적대는 것, 두려움은 비겁함과 같다고 생각했다. 한 감정 일축형 아버지는 만약 아들이 친구들에게 놀림을 당해 화가 난 상황에서 어떻게 대처하겠느냐는 질문에 이렇게 대답했다. "아들에게 이렇게 말해 줘야죠. '걱정 마. 친구들이 정말로 너를 그렇게 생각하는 게 아니야. 너무 깊이 생각하지 말고 가

---

* 감정 일축형에는 두 종류가 있다. 부정적 감정을 보상 등으로 전환시켜 달래 주려는 감정 일축형과 부정적 감정을 꾸짖고 벌주는 억압형이다.

벽게 넘어가. 적응하고 살아가야지.'"

또 다른 양육 방식은 바로 '감정 코칭형(emotion coaching)'이다. 이런 유형의 부모가 적다는 사실이 안타깝다. 이 접근 방식을 사용한 부모들은 자녀의 분노, 두려움, 슬픔 등과 같은 감정을 통해서 자녀와 교감하고 자녀가 그 감정들을 이해할 수 있도록 도와주는 기회로 삼았다(조금 단순화시켜 부모를 두 가지 유형으로 분류해 본 것이다. 사실 실험 참가자들은 자녀의 다양한 부정적인 감정에 일률적인 반응을 보이지 않았다). 감정 코칭형 아버지는 앞과 동일한 질문에 다음과 같이 대답했다. "만약 아들이 괴롭힘을 당한다면 저는 아들이 어떤 감정을 느끼는지, 그리고 왜 그런 감정을 느끼는지 이해하려고 할 것입니다. 아들은 맞았을 수도 있고 놀림을 당했을 수도 있겠지요. 만약 그렇다면 저는 모든 일을 멈추고 아들에게 온 마음을 집중할 겁니다. 아들 곁에 있어 주고 아들의 감정에 공감해 줄 것입니다."

감정 일축형 부모가 감정 코칭형 부모보다 더 차갑거나 사랑이 부족한 것은 아니다. 아버지는 좋은 마음으로 딸에게 이렇게 얘기하는 것이다. "웃어라, 아가야. 그래, 그렇게 웃어야 아빠 딸이지. 이제 기분이 좀 낫지?" 이런 양육 방식은 행동 지향적이며, 문제 해결 능력을 길러 준다는 나름의 이점이 있다. 그러나 먼저 자신이 이해받고 있다고 느끼지 못하면 아이는(누구든) 무엇을 배우거나 변하기가 쉽지 않다. 저명한 아동 심리학자 하임 기너트 Haim Ginott 박사의 말을 빌리면, 충고보다는 공감의 말을 먼저 건넬 때 가장 효과적인 지도를 할 수 있다. 바로 이런 이유 때문에 감정 코칭은 아이들에게 큰 도움이 된다. 3~4세 아동에 관한 나의 초기 연구에 참여했던 아이들 중 감정 코칭을 받은 아이들은 5년 후 감정 코칭을 받지 않았던 아이들에 비해 학업 성취도가 높고, 교우 관계도 원만하며, 신체적으로 건강하고 문제 행동도 적게 나타나는 경향을 보였다. 지능지수가 동일한 두 아이를 비교했을 때도, 감정 코칭을 받은 아이의 학업 성취도가 훨씬 높았다. 이것은 스스로를 진정시키며 집중하는 능력이 탁월했기 때문이다.

부부나 연인의 관계를 맺고 있는 성인들 사이에서 정서적 조율이란 바로 이런 감정 코칭을 말하는 것이다. 그러나 나는 코칭이라는 단어를 성인에게는 사용하지 않는다. 부모 자녀 관계처럼 힘의 차이에 따라 주로 부모가 아이에게 하듯이 지지나 공감이 일방통행인 것을 암시하기 때문이다. 그러나 감정 코칭과 정서적 조율의 원리는 같다. 우리 연구 팀은 성인 관계에 초점을 맞춘 새로운 초감정 설문지를 통해 행복한 부부일수록 서로에게 감정 코칭을 해 준다는 점을 확인할 수 있었다. 내 학생이었던 댄 요시모토$^{Dan\ Yoshimoto}$ 박사가 이끄는 연구 팀은 1백 쌍의 부부를 인터뷰했다. 먼저 각자의 가족 및 문화적 출신 배경, 감정을 표현하고 느끼는 부분에서 어떠한 교육을 받았는지 질문한 뒤, 부부를 함께 불러 서로의 관계가 어떤지 물었다. 요시모토 박사는 인터뷰를 점수화하는 방법을 개발했고, 우리는 이 도구를 통해 부부가 서로에게 마음을 열 수 있다고 느끼는 정도를 분석했다. 감정 코칭형과 감정 일축형 배우자의 비율이 양육 태도에 관한 연구와 비슷했다. 감정 일축형 배우자나 연인은 감정 일축형 부모처럼 대부분 좋은 의도로 상대방을 대했다. "자기야, 슬퍼하지 마, 울지 마, 힘 내. 밝은 면을 봐야지." 이런 말을 통해 용기를 준다고 생각했지만, 상대방이 이런 반응을 특별히 요구하지 않은 이상 실질적으로는 다음과 같은 메시지를 보내는 것이다. '당신이 이런 감정 상태에 있을 때는 말하고 싶지 않아. 다른 데 가서 기분 풀어.'

연구에 참여한 감정 일축형 배우자 중에서는 정말로 상대방이 '다른 데 가서' 감정을 추스르기를 원한 사람들도 있었다. 그들은 짜증을 내고 못마땅해하며 자신의 배우자를 옹색하고 부정적인 사람으로 묘사하는 경향을 보였다. 그리고 자신과 상관없는 이유로 배우자의 감정이 상했을 때에도 자신의 기분까지 망치는 그런 배우자의 감정을 부담스러워했다. 그런 부부들은 초감정이 서로 심각하게 어긋나 있었다.

다음은 한 부부의 메타 감정 인터뷰를 발췌한 것이다. 앤젤과 조지는 의사소통이 안 되는 불행한 부부로, 서로에 대한 불만족스러운 감정을 굉장히 퉁명스럽게 표현한다. 발췌한 인터뷰는 그나마 나은 상황이지만, 두 사람은 서로가 그토록 원하는 정서적인 지지를 전혀 주고받지 못하고 있다.

인터뷰 진행자: 어떨 때 슬프다고 느끼세요?

조지: 아내에게 마땅히 받아야 하는 존중을 받지 못할 때 그런 기분이 듭니다. 특히 무시당한다고 느낄 때 가장 슬픕니다. 제가 뭘 다시 배워야 하는 학생도 아니잖습니까. 아내는 직장을 그만둔답니다······. '여보, 잘하고 있어요.' 이런 격려도 듣지 못합니다. 이런 것들 때문에 저는 슬플 때도 있고 화날 때도 있습니다. 아니, 두 감정을 모두 조금씩 느끼는 것 같아요. 정말이지 더 이상은 이런 감정을 느끼고 싶지 않습니다.

인터뷰 진행자: 이런 감정에 대해서 아내는 어떻게 반응합니까?

조지: 뭐, 그야 시비를 걸죠. '또 우울해진 거야?' 어쩌고저쩌고 나불나불나불 (웃음). 제 감정을 인정해 주지 않습니다. 그래서 슬프다는 생각이 들면 아예 입을 다물어 버리죠.

조지는 앤젤이 시비를 걸까 봐 슬픈 감정을 표현하지 않는다. 인터뷰 후반부에서 조지는 본인이 화날 때조차 아내가 화를 내거나 또 다른 싸움으로 번

질까 봐 아무 말 하지 않는다고 했다. 그는 부정적인 감정을 표현할 수 없는 결혼 생활에 갑갑해한다. 아내가 이해심이 없으며 자신을 무시한다고 생각한다. 다음은 앤젤의 인터뷰 내용이다.

인터뷰 진행자: 슬플 때 남편이 곧잘 알아주나요?

앤젤: 예, 알아주긴 하죠. 그런데 그다음에 어떻게 해야 할지 모르는 것 같아요.

인터뷰 진행자: 남편은 어떻게 반응하나요? 슬플 때 남편은 어떻게 말하고 행동할까요?

앤젤: 아마도……. 바쁜 일거리를 만들어 거기에 더 몰두하겠죠……. 대부분 어떻게 해야 할지 모르는 것 같아요. 그런데 어떻게 해야 하는지 아는 것처럼 행동하죠. 다정다감하게 위로해 주는 일도 없어요. "여보, 안아 줘."라거나 "따뜻하게 위로해 줘."라고 말하면 물론 해 달라는 대로 해 줄 거예요. 문제는 스스로 알아서 해 주지는 못한다는 거죠.

인터뷰 진행자: 남편이 이런 반응을 보이면 기분이 어때요?

앤젤: (화난 표정으로) 좀 더 애정을 표현해 줬으면 좋겠어요. 더 다정다감하고 이해심이 있었으면 좋겠어요. 속으로만 생각하지 말고요. 정말 그런 점이 달라졌으면 좋겠어요. 같은 얘기를 남편한테도 한 것 같은데, 바꾸기가 정말 힘든가 봐요. 아마 속으로 이러겠죠. '그래, 아내도 내 잘못이 아니라고 했어. 내가 뭘 잘못한 것도 아니고, 아내가 뭘 바꾸라고 말한 것도 아니니까.'

남편과 달리 앤젤은 감정을 억누르지 않는다. 그녀의 관점에서는 화를 내는 것이 남편의 관심을 받을 수 있는 유일한 방법이다. 앤젤은 자신이 슬플 때 남편이 방어적인 태도를 보이기보다는 다정다감하게 대해 주었으면 좋겠다고 생각하지만 실제로 그럴 가망은 없다고 생각한다. 화를 낸다고 남편이 바뀌지는 않겠지만 최소한 불만이라도 토로하고 있다.

이 부부는 유대감을 강화하는 방향으로 서로의 감정에 반응해 주지 못한다는 것이 근본적인 문제이다. 최소한 겉으로도 공감해 주지 못하기 때문에 분노가 쌓이고 서로에게서 멀어진다. 이런 경우에는 부부간의 신뢰를 유지하기가 힘들다.

정서적 조율은 복잡한 기술이 아니다. 그러나 앤젤과 조지가 갇혀 있는 감정 일축의 틀에서 벗어나 분노와 슬픔, 두려움 등 상대방의 감정을 서로 수용하는 초감정으로 바꾸어야 한다. 정서적 조율은 대본을 외워 연기하는 것이 아니라 내 배우자 또는 연인을 더 깊이 이해하고, 있는 그대로 수용하고 지지한다는 표현을 해 주는 것이다. 조율을 배우는 가장 쉬운 방법은 간단하고 안전한 대화부터 시작하는 것이다. 이를 통해 마음을 터놓는 연습을 할 수 있다. 수많은 부부를 연구한 결과 나는 대부분 쉽게 따라 할 수 있는 효과적인 방법을 찾았다.

7. 초보를 위한 정서적 조율 방식

친밀한 대화의 기술

　　내가 참석한 한 저녁 파티에서 어떤 남자가 눈보라 치는 날 집 근처 배수로에 사륜 트럭이 빠진 이야기를 하고 있었다. "차를 끌어낼 수 있는 도구를 찾아보려고 집으로 들어갔죠." 그때 옆에 서 있던 한 여자가 끼어들며 말했다. "눈 내리는 날 저희 가족은 5번 도로에서 정면충돌 사고를 당했어요." 그러자 남자가 계속 말했다. "집에서 오래된 담요를 찾아 뒷바퀴 밑에 끼웠더니 차가 움직이더라고요." 그때 나는 여자를 보며 큰 소리로 말했다. "세상에, 정면충돌하셨다고요? 무슨 일이 있었던 거죠?"

　이야기가 이어지지도 않고 서로 끼어드는 이런 3자 대화는 파티 자리에서 볼 수 있는 전형적인 모습이다(참고로, 앞서 말한 정면충돌 사고에서는 차들이 서행하고 있어서 아무도 다치지 않았다고 한다). 사람들은 서로의 말을 쉽게 흘려듣는다. 잘 듣지도 않을뿐더러 질문을 하거나 논리적으로 사고하지도 않는다. 스위스의 유명한 아동심리학자인 장 피아제Jean Piaget는 이런 현상을 '집단적 독백(collective monologue)'이라고 불렀다. 취학 전 아동의 대화를 묘사한 이 용어는 성인 간 대화에도 적용되는 경우가 아주 많다. 조율된 대화의 반대말은 피상적 잡담이다. 파티와 같은 자리에서 일어나는 피상적 상호작용은 일반적인 것이고 문제가 되지도 않는다. 오랫동안 함께해 온 부부 사이에서도 이런 대화는 일반적으로 일어나는 현상이지만 관계에는 악영향을 미친다. 유대를 강화하는 친밀한 대화를 차단하기 때문이다.

다른 사람들의 관심을 끄는 것이 효과적인 대화라고 생각하는 사람이 많지만, 실제로는 다른 사람에게 관심을 가지고 귀를 기울이는 것이 효과적인 대화다. 이번 장에서는 말다툼할 때 조율 기술을 이용해 '집단적 독백'의 비생산성을 피하는 방법을 보여 주려고 한다. 하지만 갈등이 일어나고 나서야 이 방법을 실행하는 우를 범하지 않기를 바란다. 모든 관계는 매일 조율된 의사소통을 해야만 유지해 나갈 수 있기 때문이다.

'마음을 연다는 것은 좋은 일이지만 내 배우자는 절대 못할 거야!' 또는 '난 절대 못해!'라고 생각한다면 걱정할 필요 없다. '전혀 가망 없는' 부부들마저 상대방에게 마음을 터놓고 이야기하는 방법을 배울 수 있었다. 감정 조율의 기초라고도 할 수 있는 이 해결책을 나는 친밀한 대화의 기술이라고 부른다. 친밀한 대화라고 해서 갈등을 일으키는 문제나 까다로운 주제를 다룰 필요는 없고, 그냥 이야기를 나눈다고 생각하면 된다. 이 대화 기술은 상대방 모르게 구사할 수도 있지만, 배우자와 함께 기술을 적용하면 더 큰 효과를 볼 수 있다.

친밀한 대화의 기술은 조율 과정을 네 단계로 나눈다. 남과 어울리기 좋아하는 사람만 이 기술을 통달할 수 있는 것은 아니다. 나는 스스로 괴팍한 사람이라고 여기는 글렌이라는 중년의 엔지니어에게도 이 기술을 가르쳐 주었다. 그는 자신이 혼자서도 잘 산다며 자랑스럽게 여겼다. "사람들과 어울려야만 하는 사람은 결국 사람에게 실망하고 비참해지기 마련이죠." 그에게 잡담은 '쓸데없는' 일이었다. 그는 사회적 상호작용이 필요한 직장 일과 관련된 만찬 자리나 연수를 끔찍이 싫어했다. 그러나 사람과 정서적인 거리를 두는 이런 남편의 성격 때문에 20년이나 힘들게 살아온 아내를 위해서 그도 나의 대화 기술을 배우기로 했다. 그의 아내는 결혼 생활이 너무 외로워 이혼을 생각하고 있었다. 10대인 두 딸도 소외감을 느끼고 있었다. 두 딸은 자신들이 방에서 울며 뛰쳐나가도 아버지는 눈도 깜짝하지 않을 사람이라며, 마치 낯선 사람과 한집에 사는 것 같다고 말했다.

치료 상담을 받으면서 글렌은 딸들에게 어떻게 다가가야 할지 모르겠다고 고백했다. 하지만 이 네 가지 기술을 배운 뒤 가족과의 관계가 회복되었으며, 부수적인 성과도 있었다. 어느 날 상담을 받으러 온 글렌이 직장에서 있었던 일을 신이 나서 이야기해 주었다. 한 직장 행사에서 '말이 너무 많아' 항상 피해 왔던 직장 동료 옆에 앉아 같이 식사하면서 네 가지 대화 기술을 적용해 보았는데, 식사가 끝날 때쯤 동료가 글렌이 이렇게 좋은 사람인지 미처 몰랐다며 깜짝 놀랐다고 말했다는 것이다. 그는 조율 기술 덕에 자신의 명성에 금이 갔다며 빙그레 웃었다.

글렌을 비롯한 많은 사람들이 배워 간 기술을 지금부터 설명하겠다. 이것은 내 배우자의 내면세계로 들어가는 열쇠쯤으로 생각하면 된다. 이 기술을 일상생활에 적용하기 위해서 배우자나 연인과 함께 하루의 일과에 대해 이야기를 나누는 대화 시간을 정해 보면 좋겠다. 그리고 이 방법을 사용해서 상대방의 세계로 들어가 공감하는 시간을 가져 보자(친밀한 대화를 나눌 때 사용할 수 있는 단어나 문구는 부록 1의 351쪽 참조).

1. 감정을 단어로 표현하라

상담을 하면서 의외로 굉장히 많은 사람이 자신의 감정을 말로 표현할 줄 모른다는 사실에 놀란다. 자신의 내면을 잘 모르기 때문에 감정을 배우자와 나눌 수 없고, 이것이 서로를 이해하는 데 큰 장애가 된다. 말로 표현하기 어렵다고 해서 감정을 무시하거나 부끄러워하면 안 된다. 차라리 배우자에게 감정 표현이 어렵게 느껴진다고 말하고, 그 감정을 본인이 깨달을 수 있게 도와달라고 요청하라. 자신의 감정 상태를 정확히 알 수 있는 좋은 방법은 신체에 집중하고 감정을 묘사하는 단어들을 하나씩 떠올리는 것이다. 저명한 심리학자이자 철학자인 유진 젠들린$^{Eugene\ Gendlin}$ 박사는 이 방법을 '집중'이라고 부른다. 그는 어떤 감정을 묘사할 수 있는 정확한 단어를 찾고자 할 때는 생각나는 단어들을 하나씩 떠올리며 자신의 신체적 반응을 잘 살펴보라고 말한다. 신체가 이완된다면 감정을 정확히 표현한 단어일 가능성이 높다. "휴우…… 겨우 찾았네. 바로 그거야."라며 온몸이 말해 준다는 것이다.

젠들린 박사는 한 환자에게 직장 일이 어떠냐고 물었다. 그녀는 자신이 느끼는 감정을 '슬프다'는 단어로밖에 표현할 수 없었다. 젠들린 박사는 눈을 감고 자신의 감정을 시각적으로 떠올려 보라고 말했다. 그러자 플랫폼에 서 있는 자신을 두고 기차가 떠나가 버리는 장면이 그려졌다. 그녀는 자신의 경력 때문에 단순히 슬픈 것이 아니라 계속 뒤처지고 있다는 생각에 화가 나고 실망하고 있음을 깨달았다. 그녀는 동료들의 프로젝트를 도와주는 일이 많았지만, 프로젝트가 끝나면 모든 공이 동료에게 돌아가고 그녀 자신은 승진에서 번번이 제외되었던 것이다. 머릿속에 떠오른 이미지와 단어들이 이런 상황에서 느끼는 감정을 표현해 주자 신체도 이완되었다. 자신의 감정을 정확히 깨닫자 ('슬픔'이 아닌 '뒤처짐으로 인한 실망감') 일의 목표를 바꾸었고, 자신이 진정으로 원하는 것이 무엇인지 알게 되었다.

젠들린 박사의 집중 기술을 사용하면 시간이 지날수록 스스로의 감정을 잘 묘사할 수 있게 될 것이다. 나의 아내인 줄리 가트맨Julie Gottman 박사는 사람들이 '집중'할 수 있도록 도와주는 놀라운 방법을 고안했다. 먼저 이완 운동을 한 뒤 진실이 아닌 말을 큰 소리로 말하라고 한다. 예를 들어 "나는 우리 집 강아지가 싫다!"라고 외친 뒤 보이는 신체 반응을 관찰한다. 그러고 나서 진실('나는 우리 집 강아지가 좋다')을 얘기하라고 한 뒤 신체가 보이는 반응의 차이점을 관찰하게 한다. 이런 실험을 통해 자신의 신체적 반응을 보고 감정에 걸맞은 단어를 찾아내는지 알도록 한다.

나는 단어 리스트를 부부들에게 주고 현재 자신의 상태에 맞는 단어에 동그라미를 치라는 방법을 주로 쓴다. 다음은 그 리스트를 간단히 적은 것이다.

나는 다음의 감정을 느낀다.

긍정적인 감정

감사한다	매력적이다	자랑스럽다
그립다	사람들이 좋아한다	장난치고 싶다
기쁘다	섹시하다	재미있다
기운이 난다	안전하다	존중받고 있다
들뜬다	운 좋다	행복하다
똑똑하다	웃긴다	흥분된다
만족한다	유쾌하다	

부정적인 감정

긴장된다	사랑받지 못한다	오해받고 있다
멍하다	소외감을 느낀다	완고하다
무력감을 느낀다	속상하다	외롭다
무시당하는 느낌이다	수치스럽다	좌절된다
방어적이다	슬프다	죄책감이 든다
배신감을 느낀다	안전하지 않다	화난다
비난받는다	열등감을 느낀다	

2. 개방형 질문으로 물어라

　배우자가 "그렇다", "아니다" 등 한마디로 대답할 수 있는 질문은 피하라. 이런 질문을 하면 시작도 하기 전에 대화가 끊긴다. 오히려 말을 좀 더 많이 해야 하는 질문을 던져라. 예를 들어 "오늘 직장에서 괜찮았어?"라는 질문보다는 "오늘 직장에서 무슨 일 있었어?"가 낫고, "영화 좋았어?"보다는 "오늘 영화 어떻게 생각해?" 또는 "가장 맘에 드는 장면은 뭐야?"라고 묻는다. 그리고 "당신이 요즘 읽고 있는 추리소설 어때?"보다는 작가의 지난 작품과 다른 점이 무엇이냐고 묻는 편이 낫다. 이 기술은 일상적인 대화뿐 아니라 무거운 주제에도 적용할 수 있다. "화났어?"라고 물으면 대화를 이어 나가기 힘들지만, "당신 화난 것 같아. 무슨 일 있어?"라고 물으면 대화가 풍성해진다.

3. 상대방의 말에 대해 유대감을 강화하는 말을 하라

배우자가 질문에 대한 대답을 하면 들은 내용을 다시 한 번 정리해서 말해 줘라. 당신의 묘사가 백 퍼센트 정확하지 않아도 괜찮지만, 추측하거나 배우자의 의도와 다른 방식으로 해석해서 이야기하면 안 된다. 배우자의 생각과 감정을 잘 이해해서 반복해 주면, 상대방은 마음을 더욱 연다. 작은 기업의 최고 재무 책임자로 일하는 팀은 어느 날 매우 참담한 표정으로 퇴근했다. 그는 최근 회사의 재무제표를 검토한 결과 정리 해고를 권유해야 할지도 모르는 상황이 벌어졌다고 아내에게 털어놓았다. 아내인 가일은 우선 폐쇄형 질문과 함께 남편의 감정을 추측하는 말로 시작하지만 대화가 이어지지 않는다. 그래서 전략을 바꾸자, 남편이 마음을 터놓기 시작한다.

가일: 이런……. 그 사람들 불쌍하다. 당신 정말 기분이 끔찍하겠어요!

팀: (찡그리며) 당연하지.

가일: 정말 끔찍한 기분이죠?

팀: 그렇다니까.

가일: 어떤 감정이 가장 힘들어요? [개방형 질문]

팀: (한숨 쉬며) 겁나 죽겠어. 칼에게 조언하는 것이 내 직업이잖아. 나만 의지하는 칼에게 뭐라고 말하면 좋을지 모르겠어. 내가 불어 버리면 회사는 끝장이야. 아무도 해고하지 말라고 했다가 파산하면 어떡하지? 막상 정리 해고 했는데 알고 보니 불필요한 해고였다면? 사람들이 나 때문에 직장을 잃는 거잖아.

가일: 전부 당신 책임인 것 같은 생각이 드는군요. [유대 강화의 말]

팀: 맞아. 결정을 내려야 하는 사람은 난데, 무엇이 옳은 결정인지 모르겠어. 나는 한 번 결정을 내리면 그대로 밀고 나가는 성격이잖아.

가일: 그런데 결정을 내리기가 굉장히 힘든 문제군요. [유대 강화의 말]

팀: 맞아. 하지만 사실 힘든 결정도 아니야. 해야 할 일은 해야지. 그런데 잘 못할 것 같아.

가일: 정말 힘든 자리군요. [유대 강화의 말]

팀: 그래.

팀은 후일 자신에 대한 이런 회의감을 이해심 있고 믿을 만한 사람에게 털어놔서 굉장히 도움이 되었다고 아내에게 말했다(회사는 몇 명을 정리 해고 했지만 더 많은 사람들이 해고당하기 전에 부진에서 벗어날 수 있었다).

4. 공감과 연민을 표현하라

배우자가 화나 있다면 문제의 경중을 떠나 배우자 편을 들어 주어야 한다. 동반자가 과민 반응을 하거나 동반자가 지금과 '다른' 정서적 반응을 보여야 한다는 생각이 들더라도 내 의견을 얘기하고 싶은 마음을 꾹 참아야 한다. 나는 행복한 결혼 생활을 오랫동안 유지해 온 부부들을 수년간 연구한 사람으로서 옳은 말을 하는 것이 항상 최선은 아니라고 자신 있게 얘기할 수 있다. 그런 역할은 다른 사람에게 맡기고, 사랑하는 사람 곁에 항상 내가 있음을 알려 주기만 하면 된다. 내 동반자의 감정을 타당한 감정으로 받아들여야 한다. 모든 감정은 타당하기 때문이다.

모니카는 자기 아이들에게 유치한 크리스마스 선물을 보낸 언니에게 단단히 화가 났다. 언니가 자신과 딸들에게 무관심하다는 것을 다시 한 번 입증한 행동이라고 생각하고 있다. 모니카는 흥분하며 말한다. "우리는 항상 뒷전이죠. 우연히 가게에 들렀다가 마지막 순간에 생각나서 그저 손에 잡히는 대로 골라서 보낸 거예요. 언니는 우리에게 전혀 관심이 없어요."

모니카의 연인인 조너선은 아이가 없는 언니가 중학교에서 크레용을 사용하지 않는다는 사실을 몰라서 그랬다고 생각한다. 하지만 이런 생각을 입 밖에 내거나 언니에게 전화해서 속상한 감정을 털어놓으라고 조언하는 대신 이렇게 이야기한다. "나는 당신이 왜 그렇게 화내는지 알 것 같아. 언니에게 하찮은 사람처럼 여겨지는 기분 정말 싫지." 연인이 화나 있을 때는 부탁하지 않은 충고나 대안을 제시하는 것보다는 공감해 주는 편이 낫다는 것을 잘 아는 것이다.

할런은 아랫사람을 못 잡아먹어 안달하는 상관이 자신의 영업 수당을 줄이려 한다며 불평했다. 그러자 아내인 주디는 상관에게 맞설 수 있는 전략을 제안하는 대신 남편을 위로하기 위해 고개를 저으며 다음과 같이 말했다. "그런 사람 밑에서 당신이 어떻게 일하는지 모르겠어요. 정말 지독한 사람이네요!" 그런 작자는 지옥에나 떨어졌으면 좋겠다는 남편의 말에 주디가 맞장구치며 귀신들은 그런 사람 안 잡아가고 뭐 하나며 너스레를 떨자 할런의 얼굴에 미소가 번진다. 할런의 상관이 계속해서 힘겹게 하더라도 아내의 이해가 어려운 상황을 좀 더 견딜 수 있게 해 준다.

의견을 말하고 싶더라도 참아야 한다. 앞서 설명한 네 가지 단계를 전부 거치기 전에는 의견을 말하거나 문제 해결 방법을 제시하지 말아야 한다. 쉽게 조언할수록 기분 나빠 하는 사람이 더 많다("지금 내가 해결 방법을 몰라서 이러는 것 같아? 누굴 바보로 아는 거야?"). '충고보다는 공감이 먼저'라는 기너트 박사의 좌우명을 기억하자. 나는 나아가 상대방이 요청하기 전까지는 아예 한 마디도 조언하지 말라고 경고하고 싶다. 그저 옆에서 들어 주는 것만으로도 큰 도움이 되기 때문이다.

 이것만 하면 배우자의 마음을 열 수 있다. 나 자신의 감정을 먼저 털어놓고, 신뢰를 강화하는 방법으로 대화하고, 문제 해결사보다는 같은 편이 되어 줘라. 이 방법을 적용하면 할수록 하루가 다르게 서로에 대한 이해가 깊어지는 놀라운 경험을 하게 될 것이다. 배우자와의 관계가 풍성해질수록 미닫이문 순간을 만났을 때 서로 다가가는 대화를 할 수 있는 기술을 구사할 능력도 생기고, 결과적으로는 불화의 씨앗을 처음부터 차단하게 될 것이다.

8. 서로에게 다가가는 대화

　　기자들은 나에게 "부부들이 무엇 때문에 가장 많이 싸우나요?"라고 자주 묻는다. 내 대답은 항상 똑같다. "정말 아무것도 아닌 걸로요. 부부들은 아무것도 아닌 일로 싸워요." 어쩌다 문제가 발생하고 후회할 만한 사건이 생기는 것이다. 한 부부가 TV를 보고 있다. 아내가 집중해서 보고 있는데, 남편이 리모컨을 들고 안내 페이지로 채널을 돌리기 시작한다.

　아내가 "하지 마! 안 보이잖아."라고 말한다.

　"알았어. 그냥 확인만 할게."

　"싫어! 그냥 둬. 당신이 이러는 것 싫단 말이야."

　"좋아!"

　"당신은 왜 그렇게 말해?"

　"당신은 항상 당신이 하고 싶은 대로 하잖아. 그래서 좋다니까. 당신이 하고 싶은 대로 하라고."

　당신이 행복하게 살겠다고 아무리 노력한다고 해도, 리모컨을 가지고 싸우는 것과 같은 작은 말다툼은 항상 화나게 만든다. 현실의 삶은 결코 동화(또는 결혼 매뉴얼)에 나와 있는 내용과 같지 않을 것이다. 이 때문에 미달이문 순간이 있을 때마다 서로에게 다가가는 대화를 하는 습관으로 긴장을 줄이는 것이 중요하다. 이것은 배우기 쉬운 기술이며 그로 인해 얻는 수혜를 과장할 수 없다. 신혼부부 연구에서 나온 강력한 결과를 보면, 6년 차 부부들은 사랑의 실험실에서 그들이 머무는 동안 86퍼센트 정도 다가가는 대화를 했다. 또한 이 부부들이 갈등을 논의하는 과정을 관찰했는데, 그들은 유머와 애정을 표현하고 웃기까지 했다. 나머지 부부들은 그렇게 하지 않았다. 결국 헤어진 부부들은 다가가는 대화를 단지 33퍼센트만 했다.

이런 통계치는 환상적인 소식과 좋은 기회를 제공한다. 이런 통계치는 사소한 사건들이 있는 동안 관심을 가지고 배우자에게 반응하는 것만으로도 많은 고통을 피할 수 있다는 것을 보여 준다. 이런 에피소드가 사소한 것들이고 지나치는 것이라서 그것들을 보수하기는 쉽다. 부부가 함께 다가가는 대화를 할 수 있는 방법을 배운다면 가장 좋다. 하지만 배우자 중 한 사람만이라도 미달이문 순간에 자주 다가가는 대화를 하려고 한다면 관계는 개선될 것이고, 결국 상대 배우자 또한 다가가는 대화를 좀 더 할 것이다.

하지만 단지 하나의 사건만으로도 관계를 망가뜨릴 수 있고, 진지한 치료 개입이 필요할 수 있는 멀어지는 대화의 범주가 있다. 그런 경우에는 내 동료인 수전 존슨$^{Susan\ Johnson}$ 박사가 말하는 대단히 파괴적인 상호작용이 한 배우자를 취약하고 안전하지 않다고 느끼게 만드는 상처를 주는 애착 손상의 원인이 된다. 애착 손상은 필요할 때 곁에 있어 주고 서로를 돌봐 주겠다는, 어린 시절 애착 대상(대개는 부모)이 제공해 주었던 안전감을 전달해 주는 부부 사이의 암묵적인 계약을 파괴한다. 존슨 박사는 유산 후에 남편이 애도하지도 않고 그녀를 위로하지도 않아 애착 손상으로 고통받고 있던 한 여성을 치료했다. 그녀의 남편은 그런 대화가 '긍정적이고 건설적'이지 않다고 생각해 멀어지는 대화를 했고, 아내 혼자 그 비극에서 회복하도록 내버려 두었다. 가장 깊은 취약성을 믿고 맡긴 사람이 필요할 때 없거나 깊이 존재하는 욕구에 반응을 보이지 않을 때는 분노, 극심한 공포와 강한 외로움을 느낀다. 그 상처는 현재 진행 중인 작동 기억의 한 부분으로 남는다. 윌리엄 포크너William Faulkner의 말을 인용하면, "과거는 결코 죽지 않는다. 아직 지나가지도 않았다". 적절한 치료 개입이 없다면, 이런 종류의 손상으로 고통받는 관계는 산산조각 난다.

하지만 대부분의 경우 관계는 멀어지는 대화 뒤 후회할 만한 사건들이 점차 쌓이고 난 뒤에야 부정성에 빠진다. 그래서 부부들은 문제를 바로잡을 시간적 여유가 충분하다. 상대방이 지지와 관심을 받기 위해 말 걸기를 한다는 것을 깨닫지 못하기 때문에 흔히 멀어지는 대화를 하게 된다. 때로는 말 걸기가 "문에 누가 왔는지 좀 볼래요? 몇 시에 출발해야 하는지 나에게 알려 줘요." 등과 같이 너무 사소한 일들이어서 중요하지 않게 보일 수 있다. 하지만 중요하다. 작은 말 걸기가 무시되거나 일축될 때 부부는 내가 말하는 '말 걸기 사다리(bidding ladder)'를 연결과 감정적인 지지를 얻기 위한 좀 더 중요한 요청으로 이어 가지 못한다. 식당에서 어색하게 침묵하면서 식사하는 부부들은 말 걸기 사다리의 아주 낮은 단계에 막혀 있는 것이다.

모든 작은 말 걸기가 분명하거나 말로 표현되는 것은 아니다. 침대를 정리하는 아내가 남편에게 이불을 개 달라고 요청할 수 있거나 남편이 자신을 지나쳐 갈 때 단지 한숨을 쉴 수도 있다. 조율은 배우자의 미묘한 신호에 주의를 기울이는 것을 의미한다(그것은 또한 원하는 바를 분명히 해서 상대 배우자가 그것을 읽을 수 있게 하는 것을 의미한다). 매번 요구에 응할 필요는 없지만, 사랑스럽고 세심하게 반응해야만 한다.

다음에 실험실에서 부부들을 관찰해서 통계적인 분석에 기초하여 만든 미달이문 순간을 만드는 사소한 말 걸기의 순위가 있다. 우리 연구 팀은 배우자들이 얼마나 자주 각 유형의 말 걸기를 했는지와 상대방이 어떻게 반응하는 경향이 있는지에 주목했다. 배우자들이 자주 하고 대개 긍정적인 반응으로 응답되는 말 걸기를 우리 연구 팀은 '쉬운' 말 걸기라 간주하고 사다리의 맨 아래쪽에 두었다. 자주 묻지 않고 상대적으로 낮은 성공을 갖는 말 걸기는 '어려운' 것이라고 평가했고 말 걸기 척도에서 높은 단계에 두었다. 이 목록은 단지 사소한 말 걸기라는 사실을 기억하라. 인지하고 있다면 잘하기 쉬운 것들이라는 뜻이다.

* 앞부분은 괄호([ ]) 안에 있는 나의 말 걸기에 대하여 상대방이 보여 줬으면 하는 반응이다.

1 내가 말하는 것에 주의를 기울인다. ["내가 어떻게 보여요?" "와! 저 보트 봤어요?"]
2 간단한 요청에 응한다. ["일어난 김에 양념장 좀 갖다 줄래요?]
3 나를 도와주거나 나와 함께 일한다. ["이제 딸아이를 재우자고요."]
4 나의 성취에 관심이나 적극적인 흥미를 보인다. ["내가 잘했다고 생각해요?"]
5 정보를 구하는 내 질문이나 요청에 대답한다. ["서류 작성하는 것 좀 도와줄래요?"]
6 나와 담소를 나눈다. ["우리 엄마가 전화했을 때 무슨 일이 있었는지 말해 줄게요."]
7 나와 함께 일과를 이야기한다. ["직장에서 무슨 일이 있어요?"]
8 내 농담에 반응한다. ["내가 ~에 관한 그 이야기를 했나요?"]
9 내가 스트레스 해소하는 것을 돕는다. ["오늘 발표를 망친 것 같아요."]
10 내가 문제를 해결하는 것을 돕는다. ["내 상사에 관해 어떻게 하면 좋겠어요?"]
11 다정하다. ["책 읽는 동안 여기 와서 나를 안아 줘요."]
12 나와 논다. ["보드게임해요."]
13 모험이나 탐험을 함께 한다. ["내일 등산 갈래요?"]
14 뭔가를 함께 배운다. ["함께 프랑스어 수업을 들어요."]

일단 배우자가 말을 걸고 있다는 것을 알아차린다면, 물론 그다음 단계는 배우자에게 다가가는 대화를 하는 것이다. 이 말은 프랑스어나 다른 것을 배울 때 반드시 "위^{Oui}(예스)!"라고 말하는 것을 의미하는 것은 아니다. "당신 정말 프랑스어를 배우고 싶어? 오우! 어떻게 그런 생각을 했어?"와 같이 당신이 배우자 곁에 있다는 것을 보여 주는 방식으로 반응하기만 하면 된다.

보수 작업 방법

미닫이문 순간에 성공적으로 반응하지 못할 때가 많이 있을 것이다. 하지만 만일 그 문제를 알아차린다면 후회할 만한 사건이 발생하는 것을 예방하는 보수 시도를 사용할 수 있다. 수년에 걸친 연구에서 나는 배우자들 사이에 보수 시도가 왜, 언제, 어떻게 작동하는지와 어떤 것이 효과적인지에 중점을 두어 왔다. 보수 시도가 성공하기 위해 말이 세련되거나 조리 있을 필요는 없다. 물론 어떤 접근 방식은 특별히 효과적일 수도 있지만, 만약 부부가 바퀴벌레 숙소의 부정성에 갇혀 있지 않다면, 모든 진심 어린 시도는 효과가 있을 것이다.

다음은 내 연구실에서 배우자들이 주고받았던 아주 간단한 보수 시도들이다. 다리세와 레바는 부활절에 다리세의 가족을 방문하기로 계획을 세운 동성애 커플이다. 다리세는 가족들에게 자신이 동성애자라는 사실을 아직 밝히지 않았다. 그녀는 레바가 이 상황을 잘 대처할 방법을 생각해 주기를 원했다. 즉 문제 해결을 위한 말 걸기를 한 것이다. 하지만 레바는 다리세 스스로 무엇을 할지 결정해야 한다고 생각한다고 말해, 그녀가 깜짝 놀라 말을 잃게 만들었다. 다리세의 신체 생리적인 측정치는 레바가 그녀로부터 멀어지는 대화를 했다고 느끼는 조짐인 고통을 겪고 있다는 신호를 보여 주기 시작했다.

레바: 나는 이 결정을 하는 데 책임을 지고 싶지 않아. 만일 당신이 우리가 잘못된 결정을 했다고 판단한다면, 그것이 우리에게 좋지 않을 것 같아서 걱정돼.
다리세: 하지만 나는 당신이 이 일에 대해 한 마디도 하고 싶어 하지 않는다는 것이 이 일이 당신에게 중요하지 않다는 뜻으로 느껴져 정말 짜증 나. 알겠어?
레바: 그래, 이해해. 이해해.

필요한 것은 이것뿐이었다. 레바가 한 바로 그 간단한 말로 다리세의 심장 박동과 혈압은 기본 수준으로 되돌아왔다(마침내 다리세와 레바는 함께 부활절 저녁 식사를 한 뒤 다리세의 가족에게 자신들이 동성애자임을 밝히기로 결정했다). 다음은 내 연구실에서 부부들이 자주 사용하고 있는 효과적인 보수 시도의 목록이다. 이 목록은 제니스 드라이버Janice Driver 박사와 엠버 타바레스Amber Tabares 박사가 내 대학원생이던 때 세부 항목으로 나눈 것이다. 이것들 중 몇 개는 이미 여러분이 사용하는 '보수 시도' 어휘일 수도 있다. 다른 것들도 여러분의 목록에 쉽게 포함시킬 수 있을 것이다. 이 목록은 감정에 호소하는 보수 시도와 생각에 호소하는 보수 시도 두 그룹으로 나뉜다. 그중 감정에 기초한 보수 시도가 훨씬 더 효과적이다. 만일 두 가지 유형 모두 곧바로 사용한다면 가장 성공적이다.

유형 1: 인지적인 보수 시도

인지적인 보수 시도는 긴장을 진정시키기 위해 배우자의 사고 과정에 관여하는 것에 중점을 둔다.

갈등 정의하기: "당신은 내가 차에 기름을 넣어 두지 않아 당신이 기름을 넣으러 가야만 했던 일이 불공평하다고 생각하지. 그런데 나는 그게 당신을 그렇게 성가시게 했다고는 생각하지 않아. 요즘 당신은 나보다 한가한 시간이 훨씬 많잖아. 그러니까 이 일에 대해서 이야기해 보자고."

인정 요청하기: 최근에 배우자가 바라던 것을 존중했던 행동을 언급한다. "당신 말대로 지난주에 내가 차에 기름을 채워 놓아야 한다는 걸 기억하고 그렇게 했어."

타협: 상호 협력을 통해 타협안을 찾는다. "우리가 번갈아 가면서 기름을 채워 놓을 수 있겠다."

경비: 거론되는 문제의 구체적인 부분에 대응하지 말라고 경고하거나 요청한다. "나는 누가 더 많이 운전하는가는 이 문제에 끌어들이지 말아야 한다고 생각해. 그건 별개의 문제니까. 그렇게 하면 난 화날 것 같아."

갈등을 관리하기: 논의가 주제에서 벗어나지 않도록 하거나 치열해지면 그러함을 지적한다. "이 일이 난 너무 짜증 나.", "잠깐! 이 문제가 과도해지고 있는데."

방향 요청하기: "이 문제를 해소하기 위해 이제 내가 무슨 말을 해야 할지 말해 줘."

멈춤: 논쟁이 파괴적으로 되어 버렸다면 그 주제에 대해서 재빨리 종지부를 찍는다.

유형 2: 감정적인 보수 시도

인지적인 보수 시도보다 좀 더 효과적인 이런 접근법은 배우자의 감정을 이해하고 인정하며, 배우자를 진정시키고 자신의 감정도 드러냄으로써 긴장 수준을 낮추려고 시도한다.

동의하기: 당신의 배우자가 어느 정도는 옳다고 받아들인다. 당신은 자신의 입장을 주장한 뒤 이 보수 시도를 사용할 수 있거나 즉각적으로 자신의 입장을 180도 바꿀 수도 있다. "좋아, 그래. 기름이 거의 바닥나 있는 것을 봤을 때, 내가 집에 오는 길에 주유소에서 기름을 넣어야 했어."

질문하기: 배우자의 감정이나 의견을 염두에 둔 질문을 한다. "내가 이해할 수 있도록 도와줘. 그러니까 당신 말은 내가 고의로 기름을 채워 놓지 않았다는 건가?"

애정 표현하기: 상대에 대한 배려와 깊은 감사를 신체적 또는 언어적으로 표현한다.

화제 바꾸기: 관련 없고 사소한 것으로 주제를 의도적으로 바꾸는 것도 효과가 있다. 한 부부가 남편의 늦은 귀가에 대해 논쟁하고 있었다. 아내가 남편이 집에

늘게 들어오는 경향은 어린 시절에 그의 어머니가 그를 자주 오랜 시간 기다리게 내버려 두었기 때문인 것 같다고 넌지시 말했다. 그는 "하느님, 맙소사! 당신 말이 맞는 것 같네. 그것 때문에 내가 엄마를 싫어해."라고 말할 때 매우 감정적이 되었다. 그러다가 갑자기 "있잖아, 저 신발 새로 산 거야?"라고 말했다. 아내가 "응, 그런데 비싼 건 아니야."라고 말했고, 남편은 "아주 예쁘네."라고 받았다. 이런 잠깐 멈춤 후에, 그의 생리적인 반응이 진정되어 그들은 남편이 늦게 오는 것에 대해 다시 논쟁했다.

약속하기: 미래에 긍정적으로 변하기로 동의한다. "이제부터는 이 부분에 대한 당신의 기분에 좀 더 주의를 기울이도록 할게."

유머 사용하기: "잠깐! 내 생각에 그 차는 전기차였어. 당신은 아직도 그 차에 기름이 필요하다고 말하는 거야?"(경고: 배우자에 대한 비난과 경멸을 표현하거나 상대의 관점을 경시하는 유머는 보수 시도가 아니다. 그러므로 그것은 대개 역효과를 낸다.)

자기 공개하기: 갈등에 있어서 자신의 입장을 설명하는 생각이나 감정을 드러낸다. "내가 요즘 잡일을 너무 많이 하고 있어서 자동차에 기름 넣는 것 정도는 안 하고 싶어. 그렇지 않으면 내가 정말 혹사당한다고 느껴질 것 같아."

책임지기: 자신이 기여한 바를 인정한다. "내 행동이 당신에게 어떤 영향을 주는지 주의를 기울이지 못했어."

이해하기: 공감을 전달한다. "당신이 어떻게 느끼는지 이해할 수 있어. 지금 당신이 일 때문에 스트레스를 받고 있는데 내가 도움을 주기는커녕 당신에게 부담을 얹어 주었네."

'우리감(We-ness)' 강화하기: 두 사람이 얼마나 비슷한지 인정함으로써 관계를 칭찬하거나 배우자에게 공감한다. "좋아. 그래도 우리는 뿌루퉁해 있기보다는 적어도 이것에 대한 이야기를 할 수 있잖아."

우리는 괜찮아: 이 보수 시도는 부부가 논쟁하는 동안 합의에 도달하지 않을지라도 괜찮을 거라는 것을 확인한다.

이런 보수 시도들을 사용하고 연습하면 많은 대립을 멈추고 상대의 욕구를 좀 더 잘 알아차릴 수 있을 것이다. 하지만 보수 시도가 여러분의 모든 문제를 해결할 것이라는 인상을 주고 싶지는 않다. 한 가지 단순한 이유는 아무리 노력한다고 해도 대부분의 말 걸기를 놓칠 수밖에 없기 때문이다. 가끔 갈등이 일어나는 것은 피할 수 없다. 갈등이 일어날 때, 그것을 해결하기 위해서는 좀 더 집중적인 조율 도구가 필요할 것이다. 이런 개입들은 불신과 배반이 관계를 소멸하게 하는 것을 막아 줄 수 있다. 또한 그것들은 이미 막다른 골목길에 들어선 부부들마저 구해 낼 수 있다.

9.
크고 작은 갈등 해결해 나가기

　　　　　　　사람들이 배우자의 말에 얼마나 많은 시간 동안 주의를 기울이는지 솔직하게 말한다면 후하게 잡아야 50퍼센트 정도 될 것이다. 정확한 계산에 기초한 보수 시도에 관한 나의 연구를 보면 배우자가 30퍼센트 정도 상대에게 주의를 기울이는 것으로 추정하는 것이 좀 더 현실적이다. 나머지 70퍼센트 동안은 아이들, 일, 하느님, 기름 값, TV 프로그램, 창문 수리, 스포츠 챔피언전에 관한 생각으로 주의가 산만하다. 동시에 배우자가 서로에게 주의를 기울일 가능성은 (그들의 가용성은 각자에게 독립적이다) 30퍼센트 곱하기 30퍼센트로 단지 9퍼센트다($0.3 \times 0.3 = 0.09$). 이 말은 나머지 91퍼센트 동안 의사소통에 오해가 생길 수 있는 기회가 상당하다는 뜻이다. 두 배우자 모두 많은 것을 엉망으로 만들 수 있다.

　　한순간은 모든 것이 좋다가, 다음 순간에 "도망가!"라고 외칠 것이다. 미달이문 순간이 예상하지 않은 싸움이 되고, 그것은 마치 박격포 공격을 받은 것과 같을 수 있다. 후회할 만한 사건이 얼마나 피해를 줄 것인지는 부부가 사건 이후에 그 사건을 처리하고, 그것으로부터 무엇을 배우고, 어떤 단계로 나아가는지에 달려 있다. 만일 이런 단계들을 거칠 수 없다면, 자이가닉 효과가 그 사건을 당신의 활동 기억 속에 붙잡아 놓고 부정적인 기분을 상승시킬 것이다.

나는 임상적인 치료에서 미리 정기적인 스케줄을 잡고 '선약된 대화'를 주 1회씩 갖는 것이 갈등이 있는 부부에게 가장 성공적인 전략이라는 것을 발견했다. 이 만남은 두 사람이 논쟁에 대한 균형감을 갖기 위해 서로에게 조율하는 기술을 사용하는 공식적인 만남이다. 나는 부부에게 일주일에 한 시간씩 시간을 정해 집에서 이 개입법을 사용하게 한 뒤, 그 만남이 어떤 경험이었는지 논의하기 위해 매주 상담을 받게 한다. 이런 체계적인 과정에 좀 더 능숙해지면, 부부는 오해가 있을 때 예정된 만남을 위해 기다리기보다는 곧바로 조율의 기술을 사용할 수 있다.

그들의 선약된 대화 동안, 부부는 '건설적인 갈등(Constructive Conflict)'을 위한 가트맨라포포트 청사진(Gottman-Rapoport Blueprint)이라고 불리는 것을 활용한다. 그것은 적대 관계에 있는 정치적인 집단이나 나라들 사이의 협상을 이끌어 내기 위해 위대한 사회 심리학자 아나톨 라포포트^{Anatol Rapoport}의 접근법을 부부를 위한 버전으로 수정한 것이다. 라포포트는 21세기의 게임 이론가였는데, 그의 이론은 독보적이었다. 대부분의 게임 이론가들과 달리, 미국이 승리하는 것을 보장하기보다는 핵무기 대립의 가능성을 줄이는 것이 그의 목표였다. 그러므로 그는 적국 사이에 협동을 증진시키는 전략을 연구했다.

라포포트는 다음과 같은 특이하고 강력한 원리를 제안한 사회 심리학자들 중에서 유명하다. 상대편이 자신의 입장에 대해서 만족할 만큼 내가 말할 수 있을 때까지 설득하거나, 문제를 해결하거나, 타협하려고 시도하지 마라. 그 상대방도 마찬가지다. 부부 관계의 맥락에서, 이 원리는 서로에게 "그래! 당신이 제대로 들었어. 그게 바로 내 입장이고 내가 느끼는 바야."라고 말할 수 있을 때까지 타협의 단계로 나가지 말 것을 의미한다. 그렇게 하기 위해서 청사진에 따라 구조화된 방식으로 말하고 듣는 것을 번갈아 하면 된다. 첫째, 말하는 사람은 그 문제에 대한 자신의 모든 생각, 느낌, 욕구를 말한다. 듣는 사람은 상대의 관점을 충분히 이해하고 배우자의 입장을 철저하게 이해했다는 것을 배우자에게 다시 전달한다. 그런 뒤 두 사람은 역할을 바꾼다.

이 접근법은 '적극적 경청'이라고 불리는 유명한 갈등 해결 방법과 비슷하기 때문에 매우 친숙하게 들릴 수도 있다. 적극적 경청에서는 순서를 정해 자신의 의견을 말하고 이해했다는 것을 확인하기 위해 상대가 말한 것을 다시 반복한다. 하지만 이 두 접근법은 중요한 차이가 있다. 전형적인 적극인 경청에서 조용히 있으면서 대화를 순조롭게 진행하는 것은 전적으로 청자에게 달려 있다. 배우자가 "당신은 관심도 없잖아! 당신은 집에 있었던 적이 없어! 당신은 정말 이기적이야!"라고 말한 뒤, "나는 당신이 내가 일을 좀 덜 했으면 좋겠다고 말하는 것을 들었어."라는 식으로 대답해야만 하며 방어적이지 않아야 한다. 문제는 당신이 방어적으로 될 거라는 것이다. 모든 사람은 공격을 받을 때 방어적이 된다. 위협을 당하면 당할수록, 감정의 홍수에 빠져 이해와 공감을 가지고 반응할 능력을 더 잃어버리게 될 것이다.

가트맨라포포트 청사진은 대화가 성공하도록 화자를 청자만큼 책임지게 해서 이런 문제를 피하고 있다. 두 배우자는 모두 위협받는다고 느끼지 않기 위해 규칙을 지켜야만 한다.

우선 처음에는 청사진을 따르는 것이 갈등 해결에서 시간이 걸리는 접근법이라는 것을 인정한다. "잊어버려!"라고 말하는 것이 더 빠르다. 하지만 그렇게 말하는 것은 효과가 없을 것이다. 여느 새로운 기술처럼 조율한다는 것은 처음에는 낯설고 어색하게 느껴질 것이다. 나의 10대 딸이 운전을 배울 때, 브레이크와 가속 페달이 너무 가까이 있는 것처럼 느껴져 때때로 그 둘을 혼동했다. 물론 지금은 브레이크에서 가속 페달로 정확하게 바꾼다. 같은 방식으로 조율 기술을 완전히 익히는 데는 오랜 시간이 걸린다. 하지만 숙달되면 그 과정이 자연스럽게 느껴질 것이다.

'건설적인 갈등'을 위한 가트맨라포포트 청사진

시작하기 전에 생각을 기록하고 적을 클립보드, 종이, 펜을 준비하라. 나는 기록하는 데 이런 구닥다리 방법을 좋아한다. 왜냐하면 이 방법은 대화를 느리게 하며, 배우자의 말에 집중하고, 자신의 의견과 느낀 바를 표현할 시간을 주기 때문이다. 또한 감정의 홍수의 신호가 있는지 자신을 모니터하길 원할 수도 있을 것이다. 두 개의 혈압 재는 기계를 구입할 것을 제안한다. 이 간단하고 비침투적인 장치는 둘째손가락에서 심장박동 수와 산소 농도 수치를 잰다. 심장박동 수와 산소 농도 수치는 호흡을 얼마나 깊게 하는지를 나타낸다. 가격은 20달러에서 60달러 사이이고, 온라인에서 손쉽게 살 수 있다.

심장이 1분에 1백 회 이상 뛰거나 산소 농도가 95퍼센트 아래로 떨어지면 당신은 감정의 홍수 상태라는 것을 알게 될 것이다(이것은 나이와 성별에 상관없이 거의 모든 사람에 해당되는 기준이다. 단, 운동선수인 경우에는 1분에 심장박동 수가 85회가 기준이다). 이럴 경우 논의를 중단하고 20분간 진정하도록 하라. 마음을 졸이거나 갈등에 대해 생각하면서 시간을 보내지 마라. 심장박동이 기준 수치로 돌아왔을 때만 대화를 재개하라. 잠시 휴식을 취하는 것은 극적인 효과를 가진다. 부부 치료를 하는 동안, 나는 마치 배우자들이 뇌를 이식한 것처럼 보이며, 말을 하면서 대화 테이블로 돌아오는 것을 발견한다. 전처럼 그들은 논리적이고 중립적이고 공감을 하며, 상대에게 주의를 기울일 수 있게 된다. 또한 서로에게 유머를 하기도 한다.

항상 최근 두 사람 사이에 무슨 일이 있었는지 되돌아보면서 만남을 시작하라. 긍정성을 강화시키는 것은 어느 정도 긴장을 해소해 주며 두 사람을 좀 더 협동하게 만들 것이다. 조지아는 동거하는 보비에게 자기가 아닌 친구들과 함께 토요일 밤을 보낸 것 때문에 얼마나 마음이 상했는지 말하고 싶어 한다. 하지만 그녀는 그에게 낙엽을 긁어 모아 준 것에 대한 고마움을 표시함으로써 만남(대화)을 시작한다.

예비 작업의 일환으로, 나는 부부가 지난 일주일 동안 상대 배우자가 한 일에 대해 진심으로 고마워하는 것 다섯 가지를 말해 보게 한다. 이 접근이 너무 인위적으로 보일 수도 있지만, 자주 무시되는 작은 친절에 감사함을 표현하는 것은 아주 놀랍도록 강력하다. 바쁜 출근길에 당신의 머릿속에 아마 다음과 같은 생각이 스칠 수도 있다. '아! 우리 남편이 나에게 커피를 타 줬네.' 하지만 그걸 기억하거나 '고마워'라고 짧게나마 문자를 보낼 시간을 내기는 어렵다. 그래서 만일 당신의 배우자에게 지난주에 있었던 일에 대해 확실하게 호감을 보이지 않았다면 간단한 일에 대해 감사함을 표현하라. 예를 들어 당신이 자동차 열쇠를 다른 곳에 잘못 놔둔 것에 대해 짜증 내지 않은 것이나 스낵을 가져다준 것과 같은 것에 대해서 말이다. 감사함을 받아들일 당신 차례에서 고마움에 대해 각각 감사를 표하라. 이 말이 당연하게 들릴 수도 있지만, 사람들은 자주 이런 예의를 잊어버린다. 감사가 없다면 배우자는 상대방이 고마운 줄 모르는 것처럼 느낀다.

다음으로, 논의의 나머지 시간 동안 집중하고 싶은 불화의 주제와 범위를 결정하라. 처음 이 과정을 배울 때, 최근까지 의견이 일치되지 않은 것을 선택하는 것이 가장 좋다. 하지만 일단 이런 만남에 좀 더 익숙해지면, 여전히 신발 속에 있는 돌멩이처럼 느껴지는 두 사람의 과거에서 온 상처에 관한 에피소드를 되돌아보기를 권한다. 이전 갈등을 탐색하면 두 사람의 관계에 관한 엄청난 통찰을 얻을 것이다(이 연습에 관한 안내는 213쪽에 있다).

1단계: 말하기와 듣기

한 번의 대화에서도 화자와 청자의 역할을 여러 번 바꾸어 가며 의견 불일치의 여러 요소를 다룰 수 있다. 당신이 말할 차례일 때 특정 주제와 관련하여 당신의 기분과 관점을 표현하고 싶을 만큼 말한다. 하지만 당신이 얼마나 옳은가에 대해 상대를 설득하거나 즉각적인 타협을 제안해서는 (이 시점에서는) 안 된다. 상대방을 설득하고자 하는 욕구를 억누르는 것이 힘들다는 것은 알지만, 이 시점에서 협상은 역효과를 낼 수 있다.

화자와 청자가 지켜야만 하는 것들이 알파벳 대문자로 각각 세 개씩 있다. 내가 연구를 통해 신뢰가 높은 부부들의 초감정 분석 결과로서 규명한 것이다. 이들이 서로 의견이 다를 때 감정의 홍수를 예방하기 위해 그들 나름대로 자연스럽게 하는 것을 다른 부부들도 배울 수 있다. 정말 운 좋게도 기억하기 쉽게 나는 여섯 개의 알파벳 대문자를 가지고 조율(ATTUNE)이라는 단어를 만들 수 있었다(여기 조언의 일부는 '친밀한 대화의 기술(Art of Intimate Conversation)'의 일부이기 때문에 여러분에게 친숙할 것이다).

- **화자가 할 일**

  A = Awareness 알아차림

  T = Tolerance 인내 (관용)

  T = Transforming criticisms into wishes and positive needs 비난을 소망과 긍정적인 요청으로 변환하기

- **청자가 할 일**

  U = Understanding 이해하기

  N = Nondefensive listening 비방어적인 경청

  E = Empathy 공감

화자가 할 일

> A=알아차림(Awareness)

배우자를 구석에 모는 듯해서 방어적이 되지 않도록 하기 위해 말의 내용과 말하는 방식에 주의를 기울여라. 기억할 것은, 대화의 목표는 배우자가 감정의 홍수를 유발시키지 않은 채 갈등 문제를 논의하는 것이다. 비난은 역효과만 낼 것이다. 당신의 대화 방식을 알아차릴 수 있게 도와주는 세 가지 조언이 있다.

첫째, '나' 전달법을 고수하라. 이 조언은 너무 흔해서 결혼 상담에서는 거의 진부한 것이지만, 이것을 사용해야 하는 이유가 있다. 때로 상담 도중에 나는 내담자를 가리키면서 "너!"라고 소리를 지르기도 한다. 그런 뒤 이렇게 한 것에 대해서 그들이 어떻게 느끼는지 묻는다. 그들은 이런 실험적인 행동 때문에 즉각적으로 심장박동이 증가하거나 다른 부정적인 신체 반응이 있다

고 말한다. 논의 도중에 나오는 '너' 또는 '당신'이라는 단어는 강력하며 매우 좋지 않게 들린다. 토머스 고든Thomas Gordon이 맨 처음 '당신'으로 시작하는 불평과 '나'로 시작하는 불평을 구분했다. '나' 전달법의 가장 중요한 특징은 오로지 화자의 기분과 경험만을 표현하고 상대 배우자를 비난하지 않는 것이다. "나는 당신이 식당에 정시에 왔으면 했어요. 당신을 기다리면서 혼자 앉아 있는 게 창피했어요."라고 말할 때, 초점은 자신의 경험과 관점에 있다. 이런 부드러운 접근은 배우자가 비판적이거나 방어적으로 반응하지 않고 심지어 사과할 수 있는 확률을 높여 준다.

그에 반해서, '너' 전달법은 배우자의 동기, 기분, 행동 또는 성격을 비난하는 것이다. "당신은 어쩌면 그렇게 이기적이야. 당신은 식당에 혼자 앉아 있는 것이 얼마나 창피한지 전혀 생각하지 않은 게 분명해!"라고 말하는 것은 '나' 전달법이 아니다. 그것은 비난이다. 상대를 방어적으로 만들며 모든 것을 악화시킬 것이다. 몇몇 '너' 전달법은 감지하기 힘들 수 있다. "당신은 왜 그렇게 했어?", "당신은 왜 이것을 하지 않았어?" 그리고 내가 좋아하는 질문인 "당신은 뭐가 문제야?"와 같은 형태로 말하는 경우이다. 어느 누가 자신의 배우자가 "정말 훌륭한 질문이에요! 잠깐만 기다려요, 내가 확인해 볼게요."라고 응답할 거라고 기대할 수 있겠는가?

만일 당신 배우자의 행동을 바꾸기 원한다면 "당신은 내가 싫어하는 줄 알면서도 내가 후식을 먹을 때 항상 나를 괴롭혀."라는 말로 대화를 시작하지 마라. "내가 후식을 먹을 때 나를 놀리기보다 내가 후식을 먹지 않을 때 나를 칭찬해 줄래요? 그렇게 말하는 것이 좀 더 쉽게 다이어트를 지속하게 해 줄 것 같아요."와 같이 말해 보라. 가장 중요한 것은 어떤 대명사로 시작하느냐가 아니라 비난을 하지 않는 것이다.

다음으로 내가 제안하는 것은 어떤 특정한 주제나 사건이 논의될지 곧바로 분명히 하는 것이다. 그래야 주제에서 벗어나지 않는다. 배우자는 듣도록 '강요'당하는 기회인, 당신이 말할 차례에 모든 것을 꺼내어 말하고 싶은 유혹을 느낄 수 있다. 지난번 만남 또는 첫 데이트 이후 당신 배우자의 짜증 나거나 얼간이 같은 모든 행동에 대해서 다 이야기하고 싶은 유혹을 물리쳐라. 마찬가지로 당신 배우자의 성격적인 결함이나 행동상의 문제에 대해 전문가인 양 분석하는 것이 역효과를 낸다는 것을 깨닫기 바란다. '끔찍' 상태에서 벗어나 언론인들이 하는 것처럼 상황에 대한 사실을 묘사하라. 다음에 몇 가지 예가 있다. "쓰레기가 버려지지 않았네.", "노트북이 충전되지 않았네.", "아이들을 제시간에 데려오지 않았네."

마지막으로, 배우자를 화나도록 하는 것에 민감하라. 그 어떤 사람도 어린 시절을 지내는 동안 상처를 겪지 않을 수 없고, 이런 상처들이 갈등을 증폭시킬 수 있다. UCLA 심리학자인 톰 브래드베리$^{Tom\ Bradbury}$가 이런 세심함을 묘사하기 위해서 '영원한 취약성(enduring vulnerability)'이라는 용어를 만들어 냈다. 당신이 말할 순서가 되었을 때 배우자의 취약한 부분을 기억하라. 나는 부부들에게 그들의 배우자뿐만 아니라 모든 사람이 앞면에 영원한 취약성이 선명하게 새겨진 티셔츠를 입고 있다고 상상하라고 말한다. 내가 좋아하는 것들은 "제발 건설적인 비판으로 나를 발전시키려고 하지 마세요.", "반격을 보고 싶어요? 그럼 나를 비난해 봐요.", "나를 가르치려 들지 말아요.", "저한테 '이래야만 해!'라고 말하지 말아요"이다.

당신의 여자 친구가 소외감을 느끼는 것에 특별히 예민하다는 것을 당신이 알고 있다고 치자. 그렇다면 고등학교 동창회가 있는 날 밤에 당신이 옛 친구들하고만 시간을 보내고 싶어서 그녀에게 집에 있어야겠다고 제안할 경우,

아주 부드럽게 말하라. 당신은 다음과 같이 말할 수 있다. "이런 모임에 당신과 함께 가는 것이 나는 너무 좋아. 하지만 이번에는 내 친구들과 어울려 놀고 싶어. 괜찮겠어?" 마찬가지로, 만일 당신이 집안 살림을 엄격하게 하는 것이 남편에게 어렸을 때 매우 엄격하게 양육받은 불행한 기억을 상기시킨다면, 어지르는 것을 눈감아 주는 것에 대해 남편은 매우 고마워할 것이다. 이것이 내가 '예방적 보수(preemptive repair)'라고 부르는 것이다. 이것은 갈등이 시작되기 전에 피할 수 있게 해 준다.

배우자의 옛 상처가 당신을 매우 짜증 나게 하는 원인일 수 있지만, 배우자가 이런 상처들을 잊어버릴 거라고 기대하는 것은 현실적이지 않다. 당신이 '변화'를 재촉하거나 고집해도 변화는 절대로 일어나지 않을 것이다. 하지만 당신은 연민을 가지고 취약성을 인정하고 그 주제에 대해서는 화제를 돌림으로써 그 취약성이 갈등을 일으키는 것을 막을 수 있다. 배우자도 당신을 위해 똑같은 것을 배우고 있다는 것을 기억하면 도움이 된다.

가트맨라포포트 청사진에 있는 모든 조율의 기술처럼 알아차림은 갈등을 해결하는 데 하나의 도구 이상이다. 일상적인 상호작용에 알아차림을 포함한다면 서로에게 다가가는 대화를 좀 더 하게 될 것이다. 배우자로 하여금 당신이 배우자가 어떻게 느끼고 있는지 알아차리며 조율하고 있다는 것을 알게 하라. "여보, 무슨 일 있어?"라는 간단한 질문은 공기를 정화하고 큰 폭풍을 막을 수 있다. 하지만 "지금은 또 무슨 문제야?"라거나 "당신한테는 그게 항상 대단한 일이지, 그렇지 않나?"라는 험한 말과 표현은 폭풍 같은 갈등을 촉발할 것이다.

> T=인내(관용, Tolerance)

당신의 입장이 옳다고 확신할 때도 배우자의 관점 또한 타당하다는 것을 인정하라. 배우자의 의견에 동의할 필요는 없지만, 그 의견도 똑같이 중요하다고 마땅히 인정받을 만한 두 개의 타당한 지각이 있을 수 있다는 것을 수용해야만 한다. 배우자의 관점으로부터도 배울 가치가 있는 것이다.

인내의 의미에 관한 오래된 유대인들의 농담이 하나 있다. 결혼 문제를 잘 해결하기로 유명한 랍비가 불행한 골드스타인 부부를 개별 회기로 따로 만나는 동안 랍비의 제자 중 한 명이 그 상담 과정을 참관했다. 20분 동안 랍비는 골드스타인 부인에게 남편에 대한 깊은 괴로움을 토로하게 했다. 그런 뒤 그는 "당신 말이 절대적으로 옳습니다. 당신이 이렇게 많이 참고 견디며 지냈다는 것이 놀라울 따름이네요. 정말 당신이 무척 존경스럽네요."라고 말했다. 그녀는 "선생님! 감사합니다. 마침내 중요한 누군가가 내 관점을 이해하네요."라고 말했다. 그다음에 랍비는 골드스타인 씨를 만났다. 그 또한 20분 동안 깊은 괴로움을 토로했다. 랍비는 그에게도 "당신 말이 절대적으로 옳습니다. 당신이 이렇게 많이 참고 견디며 지냈다는 것이 정말 놀라울 따름이네요. 정말 당신이 무척이나 존경스럽습니다."라고 말했다. 골드스타인 씨는 "선생님! 감사합니다. 마침내 중요한 누군가가 내 관점을 이해하네요."라고 말했다.

골드스타인 부부가 떠난 뒤, 랍비의 제자가 혼란스러워하며 물었다. "이해가 안 됩니다. 두 사람 모두 완벽하게 옳을 수는 없지 않습니까?"

랍비가 "그래, 네 말도 전적으로 옳도다."라고 말했다. 그는 어떤 중요한 의견 충돌에서도 하나 이상의 현실이 있고, 그것들은 모두 옳다는 것을 알고 있었다. 배우자와 함께 후회할 만한 사건을 처리하기 위해, 당신은 당신의 의견과 다른 의견을 인정하고 존중해야만 한다. 사실에 관해서 단 하나의 관점만 존재하는 것은 아니다. 아마도 하느님은 절대적인 진리에 관한 DVD 기록을 가지고 있을지도 모르겠다. 하지만 하느님도 랍비처럼 아마 그 일에 관여하지 않을 것이다.

만약 당신이 배우자의 관점을 존중하는 데 어려움이 있다면, 라포포트의 통찰 중 하나에서 이득을 얻을 수 있을 것이다. 라포포트는, 우리는 갈등 중에 상대를 우리와 유사하지 않다고 보는 경향이 있다는 것을 알아냈다. 사람은 각자 자신은 긍정적인 특성과 자질을 아주 많이 가지고 있는 반면, 상대는 부정적인 특성과 자질을 아주 많이 가지고 있다고 믿는 것이다. 이런 경향은 사회 심리학자인 프리츠 하이더$^{Fritz\ Heider}$가 '원초적 귀인(歸因) 오류(Fundamental Attribution Error)*라고 이름 붙인 것과 관련 있다. 간단히 말하자면 '나는 괜찮지만, 당신은 결함이 있어.'라는 뜻이다.

죄책감에 시달리거나 자기 비판적인 사람을 제외하고, 우리 모두는 자신이 삶의 주인공이라고 생각하기를 좋아한다. 다른 모든 사람은 작은 조연 역할을 받는다. 결과적으로 우리는 자신의 실수는 잊어버리는 경향이 있지만 다른 사람들의 실수에는 그렇지 않다. 이런 관점은 관계 갈등을 해결하는 데 분명히 방해가 된다. 그래서 당신 자신 안에 있는 긍정적인 자질을 지각할 때 프리츠 하이더의 주요 귀인 오류를 내팽개치고 당신 배우자도 그런 긍정적인 자질을 가지고 있다고 가정하라. 마찬가지로, 배우자에게서 부정적인 자질을 발견할 때마다, 당신 자신에게서도 그것을 보려고 노력하라. 그렇게 하면 다음과 같은 생각들을 하게 될 것이다. '내가 아팠을 때 그 또한 나에게 잘해 줬지.', '그래, 그녀가 지금 당장은 이기적으로 행동하지만 나도 그렇지. 아마 우

---

* 문제의 원인은 내가 아닌 상대 탓이라고 믿는 사람들의 기본적인 경향을 뜻함.

리 관계가 좋아지려면 때로는 서로가 조금 이기적일 필요가 있는 것 같아.'

당신이 공식 선언을 하지 않을 때도 관용은 배우자의 입장을 존중하게 해 주며 감정을 조율하도록 해 줄 것이다. 빈스는 추수감사절 저녁 가족 모임 후 운전하며 집에 오는 길에 화가 나서 씩씩거린다. 왜냐하면 배우자인 프레드의 아버지가 자기를 불편하게 하려고 하루 종일 정치 이야기를 했다고 확신하기 때문이다. 프레드는 노인네들이 타인을 신경 쓰지 않고 말하듯이, 아버지 역시 별다른 이유 없이 행동했다고 확신하고 있다. 프레드는 빈스의 견해에 동의하지 않으며, 그렇게 화낼 것까지는 없다고 생각한다. 하지만 프레드는 빈스에게 화를 그만 내고 그냥 잊어버리라고 말하는 것이 도움이 되지 않는다는 것을 안다. 우리는 감정을 선택하지 못한다. 하지만 상대방의 감정을 수용하기로 선택할 수는 있다.

> **T=비난을 소망과 긍정적인 요청으로 변환하기**(Transforming criticisms into wishes and positive needs)

논쟁 중일 때 우리는 흔히 우리가 원하는 것보다 원하지 않는 것을 말한다. 우리는 "무엇이 당신을 슬프게 만들었는지 나에게 말해 주면 좋겠어."라는 말 대신 "부루퉁한 표정 그만 해!"라든지, "나는 당신의 관심이 필요해."라는 말 대신 "나를 그만 무시해!"라고 말한다.

부정적으로 욕구를 표현하는 것의 문제는 그것이 비난처럼 들린다는 것이다. 수많은 사람이 믿는 '건설적인' 비판이라고 하는 것은 없다. 요청된 게 아니라면 비난은 방어를 촉발하며, 그것은 논쟁의 해결책을 방해한다. 두 사람의 관계에 아무리 많은 신뢰가 존재한다고 해도 어느 누구도 개인적인 공격을 방어적이지 않게 들을 수 없다. 사실 우리 연구 팀이 행복도가 꽤 높은 배우자들 사이의 갈등을 녹화했는데, 한쪽에서 공격적으로 말을 시작하는 경우, 배우자는 방어적이 되었다.

그러므로 갈등 논의가 성공적이기 위해서는 당신의 기분을 가능하면 중립적으로 말해야 한다. 그런 다음 배우자에 대한 어떠한 불평도 긍정적인 욕구로 바꾸어야만 한다. 당신의 목표는 배우자에게 당신과 함께 성공할 수 있도록 해 주는 청사진을 주는 것이다. 숨겨진 소망에 대한 단서로서 당신의 부정적인 감정을 생각해 본 뒤, 그 갈망을 직접적으로 표현하라. 당신은 목표가 이루어지지 않았을 때의 좌절감을 분노 뒤에서 발견할 것이다("나는 정시에 파티에 도착하고 싶었어"). 슬픔 뒤에는 대개 갈망이 있다("난 당신이 집에 와서 우리가 함께 저녁을 먹었으면 했어"). 그리고 너무나 자주 소망과 기대는 실망 뒤에 숨어 있다("만일 당신이 나와 함께 부엌을 청소하면, 청소 시간이 반으로 줄어들고 나도 좀 쉴 수 있을 텐데").

첫 번째 선약된 대화 동안, 그레타와 에디는 그들의 비난 뒤에 있는 소망에 집중하는 것이 어렵다는 것을 발견했다. 그들이 가장 큰 의견 차이를 보인 것은 3년간 데이트를 하고 나서 동거를 할 것인가 하는 문제였다. 그레타는 관계에서 도약을 원했고, 에디는 조심스러워했다. 그들은 이 차이 때문에 논쟁을 했고, 또한 논쟁하고 있는 것에 관해서 논쟁을 했다('메타 논쟁'은 불행하게도 공식 대화에서 너무 흔하다). 그레타는 자주 눈물을 보이고 그들의 의견이 맞지 않을 때마다 방을 나가는 경향이 있었다. 이런 행동은 에디를 극도로 화나게 했다. 에디가 말할 차례가 되었을 때, 그는 "당신은 정말 어린애처럼 행동한다니까. 당신은 항상 내 말을 중간에 끊고 그냥 방을 나간다고! 그때 나는 정말 '나쁜 사람'처럼 느껴진단 말이야. 그게 바로 내가 당신과 동거하고 싶지 않은 이유야!"라고 말하지 않으려고 마음을 단단히 먹어야만 했다. 천천히 메모함으로써, 그는 불평을 다음과 같이 소망으로 표현했다. "나는 내가 말을 끝마치기 전에 당신이 일어나서 나가거나 속상해하지 않으면서 함께 사는 것에 대해 내 기분이 어떤지 말하기를 원해."

그레타의 차례가 되었을 때, 그녀는 또한 '자신의 말을 수정'했다. 그녀는 "당신은 정말 아무 때나 화를 버럭 내는 사람이야. 의견이 다를 때마다 당신은 정말 고약해진다니까. 당신한테서는 그 누구도 속상해서 도망갈 거야."라고 단언하지 않았다. 대신 그녀는 다음과 같이 자신의 소망을 표현했다. "나는 우리가 서로의 목소리를 높이지 않고 차분하게 문제를 논의하면 좋겠어. 그게 바로 내가 당신 이야기를 정말로 들을 필요가 있다고 느끼게 할 거야." 이 커플은 후회할 만한 사건을 예방하기 위해 서로에게 효과 있을 수 있는 것을 표현하고 있다.

긍정적인 방식으로 갈망을 표현하기 위해 갈등이 일어날 때까지 기다리지 마라. 또한 예방에 관해서도 생각하라. 예를 들어 "속도 줄여요! 당신은 정말 미친 사람처럼 운전하고 있잖아요."라고 말하는 대신 "속도를 줄여 주세요. 그러면 내 마음이 차분해지고 놀라지 않을 거예요."라고 말함으로써 전형적으로 "운전 중에 벌어지는 논쟁" 중 한 가지를 좀 더 쉽게 피할 수 있을 것이다.

청자가 할 일

선약된 대화는 함께 추는 춤이다. 당신이 화자일 때, 당신은 인내심을 가지고 배우자의 취약성에 민감하게 대하지 않고 판단하지 않으려고 애써야만 한다. 이런 단계들은 긴장을 누그러뜨리는 데 큰 도움이 되어 분노와 불안감이 두 사람 모두를 압도하지 않을 것이다. 당신이 청자일 때, 논쟁을 하거나 자신을 변호하려는 충동을 이길 필요가 있다. 당신이 화자일 때, 당신이 상대로부터 똑같은 공손함을 받을 거라는 것을 기억하면 잠자코 있기가 더 쉬울 것이다. 청자의 목표는 배우자의 감정을 인정하는 것, 즉 그 감정의 의미와 역사를 인정하는 것이다. 어떤 사건이 갈등을 격화시키거나 기분을 상하게 할 수도 있다.

U=이해하기(Understanding)

나의 초기 연구에서 밝힌 감정 코칭 배우자들의 본보기를 따라 배우자의 분노, 슬픔과 두려움에 대해서 판단하는 것을 피해라. "기분 풀어.", "당신은 너무 예민해." 또는 "그게 그렇게 나쁜 것은 아니잖아."라고 말하지 마라. 모든 행동이 수용 가능한 것은 아닐지라도 모든 감정과 소망은 수용 가능하다. 감정은 또한 그만의 목적과 논리를 가지고 있다. 배우자는 어떤 기분을 느낄지 선택할 수 없다. 만일 당신이 부정적인 감정은 시간 낭비이고 심지어 위험하다는 믿음을 넘어서지 못한다면, 당신은 성공할 만큼 충분히 배우자와 조율할 수 없을 것이다. "울 이유가 없어."라든지 "기운 내!"라는 말은 좀처럼 효과적이지 않다. 대신 "그 눈물이 무엇에 관한 것인지 내가 이해할 수 있도록 나를 도와줘요"와 같은 말을 시도해 보라.

서로를 이해하는 것에 대한 나의 마지막 조언은 만남 동안 배우자의 문제를 해결하려고 한다거나 배우자의 기분을 좀 더 좋게 하는 데 책임을 떠맡지 말라는 것이다. 나는 이 문제로 힘겹게 애쓰는 많은 부부들과 상담을 진행했다. 일부 사람들은 그것을 배우자를 구하기 위해서 자신이 반드시 해야 하는 일 중 하나로 간주한다. 그런 그들의 고귀한 의도에 저항이 느껴지면, 그들은 상처를 받고 좌절한다.

빌은 아내인 데니스가 주변에 있으면 마치 살얼음판을 걷는 것과 같은 결혼 생활을 12년 동안 해 왔다. 그는 다음번 분노나 슬픔이 폭발하는 것을 너무 두려워해서 부부가 치료를 시작할 때 그녀가 정신병이 있는지 내가 평가하기를 원했다. 물론 그녀는 정신병이 없었다. 데니스는 감정 표현이 과장된 집에서 자랐는데, 가족들은 그녀가 부정적인 감정을 표현하는 것이 편안하도록 가르쳤다. 과묵한 집에서 자란 빌은 부정적인 감정 표현에 편안하지 않다. 명랑하고 낙천적이지 않으면 그를 경계 상태로 만든다. 비탄, 분노, 두려움, 양가감정 등 모든 부정적인 감정은 그에게 모두 똑같아 보이며, 그를 불안하게 만든다. 데니스의 관점에서 보면, 빌은 항상 짜증을 내고 있다. 그녀는 방에 들어갈 때마다, 빌의 뚫을 수 없는 보호막이 닫혀 있다고 나에게 말했다.

데니스는 빌이 그녀의 말을 결코 듣지 않는다고 주장함에도 불구하고, 그는 항상 그녀의 말에 주의를 기울인다고 한다. 그들 부부에 관한 사랑의 실험실 자료를 분석할 때, 나는 빌이 대부분의 데니스의 말 걸기에 다가가는 대화를 아주 잘하긴 하지만 그녀에게 효과 있는 방식으로 하지 않는다고 판단했다. 모든 나쁜 기분에서 그녀를 구하는 것이 그가 할 일이라고 믿는 믿음이 조율하고자 하는 그들의 노력을 방해하고 있다. 먹구름이 낄 때마다, 그는 경험에 기초한 실용적인 전략을 추천하거나 그에게나 효과 있는 것에 기초한 태도 변화를 제안한다. 그가 가장 좋아하는 조언 중 일부는 다음과 같다. "세상이 당신에게 나쁜 패를 주거든, 그냥 당신이 받은 패를 잘 활용하면 돼." 그녀는 "그래, 하지만……."이라고 자신이 말한 현명한 지혜에 화를 낸다. 좋은 의도에도 불구하고, 빌의 제안은 자신의 감정을 표현하는 것에 대해 창피하게 만든다. 그리고 그것이 바로 그녀의 기분을 더 나쁘게 한다.

나는 선약된 대화 동안 부분적으로는 데니스가 정서적인 연결을 하려고 말 걸기를 할 때 빌에게 문제 해결을 '덜 하고' 문제 해결을 하지 않도록 가르쳐 줌으로써, 이 부부가 자신들의 관계를 개선하도록 도왔다. 시간이 지남에 따라 데니스에게 안내하는 대신 그녀의 말을 경청만 해도 그녀에게 아무런 위험이 닥치지 않는다는 것을 배운다. 그녀가 느끼는 것을 통제할 수 없다는 것과 아내를 기운 나게 격려하거나, 진정시키거나, 유머 감각을 발휘하도록 하는 것이 그가 해야 할 일이 아니라는 것을 받아들인다. 그녀에게 필요한 것은 그녀를 이해하고 배려하는 것이다.

당신이 배우자의 기분을 온전하게 이해한다는 것을 확인하기 위해 청자 역할을 급히 서둘러 끝내지 마라. 배우자가 모든 고민을 털어놓을 수 있게 격려하는 탐색적인 질문을 할 시간을 내라("그 밖에 어떤 기분이 들어?", "더 할 말 있어?"). 자주, 사람들이 속상할 때, 그들의 부정적인 감정은 도미노처럼 줄을 선다. 맨 처음 넘어지는 것은 분노일 수 있는데, 그것은 두려움을 드러낸다. 두려움이 올 때, 슬픔은 분명해진다. 만일 배우자가 기분의 전체 범위를 드러내기 전에 대화가 끝난다면, 철저히 검토되지 않은 부정적인 감정은 곪아 터질 것이다.

N=비방어적인 경청(Nondefensive listening)

부부들은 차이를 해결하려면 공격받는 듯한 느낌 없이 서로의 관점을 경청해야 한다는 조언을 자주 듣는다. 하지만 내가 말한 것처럼, 배우자가 당신을 공격하고 있을 때 자신이 관용과 이해가 흘러넘치기를 기대하는 것은 비현실적이다. 그렇다. 당신이 감정의 홍수 상태로 빠지는 것을 피하는 것은 화자의 책임이다. 하지만 자신을 진정시키는 것 또한 필요하다.

많은 사람들에게 이 경청의 기술은 통달하기에 가장 어려운 것이다. 감정의 홍수 상태에 빠지지 않고 아내 페니가 분노를 표현하는 것을 듣는 것이 어렵기 때문에 아내와 대립하는 것을 두려워하는 에단을 생각해 보자. 그는 첫 번째 선약된 대화를 시작하면서 큰 공포를 느낀다. 페니는 그 주 초반에 있었던 논쟁에 대해서 논의하기를 원했다. 에단은 부부가 함께 볼 콘서트 티켓을 가지고 있다는 것을 잊어버리고 친구들을 만날 계획을 세웠다. 그녀에게 피해를 주는 그의 건망증이 페니에게는 지속되는 문제다. 그녀는 남편이 함께 삶을 가꾸어 가는 것에 우선순위를 두지 않는다고 걱정한다. 하지만 에단은 단지 깜빡 잊어버린 것이라고 주장한다. 그는 자주 이런 일 때문에 어린애처럼 비난을 받았다. 그것이 '지속되는 취약성' 중 하나다. 이 문제를 해결하기 위해 이 부부가 한 마지막 시도가 에단의 방어적인 태도 때문에 전형적인 방식으로 터졌다. 그들의 '대화'는 다음과 같이 진행되었다.

"왜 공연이 있다고 미리 상기시켜 주지 않았지?"

"나는 당신 엄마가 아니잖아!"

"그럼 엄마처럼 굴지 마!"

부부는 이후 몇 차례 더 옥신각신했다. 에단은 감정의 홍수 상태에 빠졌고 그들은 몇 시간 동안 이야기를 나누지 않았다. 다시 이야기를 나누었을 때, 그는 굴욕과 모멸감을 또 다시 느꼈다.

페니가 선약된 대화 동안 그 논쟁을 꺼낼 거라는 생각만으로도 에단의 맥박은 급속도로 상승했다. 페니는 자신이 말할 때 남편이 안도의 숨을 내쉬도록, 남편을 비난하지 않고 자신의 불평을 다음과 같이 언급한다. "내가 당신에게 공연에 관해 다시 말했을 때, 당신은 웃었고 어깨를 으쓱했어. 나는 당신이 나를 실망시키는 것이 당신에게는 큰 일이 아닌 것 같아서 정말 상처받았다고 느꼈어. 당신은 똑같아. 오, 이런! 미안해! 아무튼. 그리고 맞아. 당신은 닐과의 약속을 취소하고 나와 함께 외출하기로 동의했지. 그건 정말 고마워. 하지만 나는 당신이 나에게 큰 호의를 베푸는 것처럼 느껴진단 말이야."
페니는 자신의 경험에 집중하고 있다. 그녀는 '나로 시작하는 문장을 사용하는 것에 집중하고 있다. 하지만 에단은 경청하는 것이 여전히 어렵다고 생각한다. 그는 '새로운' 페니 저변에는 자신을 비난하는 생각으로 가득 찬 예전의 페니가 숨어 있다고 거의 확신했다.

그는 "좋아, 미안해."라고 말하고 고문을 끝낼 수 있기를 바란다. 하지만 사과가 충분하지 않다는 것을 알고 있다. 어떻게 페니에게 콘서트에 대해서 그냥 잊어버린 거라고 설명할 수 있을까? 하지만 그녀가 항상 친구들과 어울리지 말라고 압박을 주는 것 또한 공평하지 않은 것 아닌가? 그리고 그녀가 항상 계획을 세우고 윗사람 행세 하는 것은 공평하지 않은 것 아닌가? 그래서 이 일의 일부는 그녀의 잘못 아닌가? 하지만 그가 화자가 될 때까지는 어떠한 기분도 말하지 않아야 한다. 그리고 그가 화자가 될 때 그녀를 울리지 않는 방식으로 자신을 표현해야만 한다. 그런 뒤죽박죽인 감정에서 결실 있는 반응을 만들어 내는 것을 그는 감당할 수 없는 것 같다.

연구에 참여했던 '조율의 달인들'에 대한 관찰을 기초로 해서 나는 에단과 같은 내담자들에게 방어적인 태도를 줄이고 만남을 건설적으로 만들어 주는 다음의 전략을 권한다.

잠깐 멈추고 심호흡하기

만일 지각된 언어적인 공격에 대해 반응하기 전에 잠깐 중지한다면 자신을 좀 더 잘 진정시킬 수 있을 것이다. 심호흡을 하고, 근육을 이완하는 것에 집중하고 낙서를 하라. 하지만 주의를 흐트러뜨리거나 경청하는 것을 그만두지는 마라. 청자가 된다는 것이 무슨 의미가 있는지 기억하라. 듣고 있는 말에 반응하지 말고 단지 계속 호흡하며 당신이 말하고 싶은 바를 미루고, 배우자에게 집중하라.

배우자가 하는 말과 당신이 느끼는 방어적인 태도도 적어라

이것은 경험상, 아주 효과적인 전략이다. 나는 방어적이라고 느낄 때 아내가 하는 모든 말을 적는다. 자신에게 '나는 그녀에게 관심을 가지고 있고, 그녀가 매우 불편하거나 불행하거나 고통스러워하고 있어. 나는 방어적으로 느끼지만 내가 말할 차례를 갖게 될 거야.'라고 상기시킨다. 때로는 방어적인 태도를 인정함과 더불어 그녀의 말을 그대로 적는 행위 자체가 말하기 전에 마음을 가다듬게 해 준다.

당신의 사랑과 존중을 기억하라

당신의 깊고 변하지 않는 애정과 배우자를 보호하려는 갈망을 불러일으켜라. 자신에게 "이 관계에서 우리는 서로의 고통을 무시하지 않는다. 나는 이 아픔을 이해해야만 해."라고 말하라. 이 문제에 대한 당신의 분노와 속상함을 관계에 대한 전체적인 관점으로부터 분리시켜라. 에단은 그가 대학 구내식당에서 일하던 학생 시절에 페니를 만난 날을 기억함으로써 이런 분리를 해냈다. 그는 그녀의 수프 그릇에 치킨 수프를 국자로 담으며 그녀의 반짝거리는 눈을 쳐다보고는 숨이 멎는 것 같았다. 이제, 그는 그녀가 사랑을 보여 주었던 모든 태도와 방식, 그녀가 그를 어떻게 지지해 주고 웃게 만드는지, 그리고 그의 아버지가 돌아가셨을 때 정서적으로 그를 어떻게 보살폈는지에 대한 이미지로 자신의 마음을 채운다. 긍정성이 콘서트 표 때문에 두 번 짜증을 냈던 것보다 훨씬 더 중요한 것처럼 보인다.

한편 페니는 그런 똑같은 눈으로 기대감을 가지고 그가 자신의 감정을 이해하고, 수용하고, 존중한다는 것을 알고 있다는 것을 알려 달라고 기다리면서 그를 바라보고 있다. 그는 심호흡을 한다. "좋아, 내가 콘서트에 가기로 한 것을 잊어버렸을 때, 당신은 상처받았어. 내가 웃으면서 어깨를 으쓱하며 말했던 방식이 마치 내가 개의치 않는 것처럼, 그리고 내가 당신을 실망시켰던 것이 별일 아닌 것처럼 느끼게 만들었어. 그 일에 대해서 당신의 관점을 고려해 보면 당신이 그렇게 느낀 것은 일리가 있어. 내가 올바르게 이해했나?" 페니는 고개를 끄덕이며 눈물을 터뜨린다. 에단의 말이 이 관계에서 중요한 돌파구이다.

E=공감(Empathy)

공상 과학 TV 시리즈 「스타트렉(Star Trek)」에서, 스포크 박사는 다른 사람의 경험을 공유할 수 있도록 다른 사람들과 정신 융합을 하기 위해 텔레파시를 사용했다. 정신 융합이 성공하기 위해서는 잠시 동안 자기 자신의 의식을 차단해야만 했다. 바로 이것이 내가 의미하는 공감에 가까운 것이다. 특히 배우자가 상처, 분노 또는 슬픔을 표현할 때 그렇다. 조율은 당신이 거의 배우자가 되어 배우자의 감정을 경험하는 그런 강도의 정신 융합을 요구한다. 우리 모두는 이 능력을 가지고 있지만, 그것을 사용하기 위해서 우리는 잠시 동안 자신의 의견과 감정을 내려놓아야만 한다.

어떤 연구도 로버트 레벤슨 박사와 그의 과거 학생이었던 안나 루프$^{Anna\ Ruef}$가 한 최근 연구만큼 분명하게 이 아이디어를 깨닫게 한 것은 없다. 일련의 연구에서 그들의 실험 참여자들은 비디오 회상 다이얼을 돌리면서 자신들의 갈등 논의 비디오를 두 번 봤다. 첫 번째 비디오를 보는 동안 그들은 시

시각각으로 자신의 이득을 평가했다. 그다음 번 비디오를 볼 때, 그들은 배우자가 그 비디오를 어떻게 평가했을지 추측했다. 바로 이것이 재미있는 부분이다. 연구자들은 그들이 배우자가 무엇을 느끼고 있는지 추측할 때 각 배우자의 신체 생리적인 반응을 측정했다. 배우자의 다이얼 반응 평가를 가장 정확하게 추측한 실험 참가자들이 배우자와 거의 일치하는 신체 생리적인 기록을 보여 준 것을 발견했다. 배우자의 신체 생리 상태를 마치 자신의 것처럼 완화시키고 있었다. 이 발견은 신뢰를 정의하는 데 심오한 함의를 가지고 있다. 배우자의 이득을 알아보기 위해서는 그것을 몸으로 느낄 만큼 깊은 공감이 필요하다.

이런 종류의 정신과 육체의 융합은 갈등 중에 있을 때, 또한 가장 어려운 갈등일 때 결정적이다. 하지만 당신과 배우자가 비방어적인 청자가 되는 것에 점점 더 노력하면 할수록 융합은 더 쉬워질 것이다. 배우자가 말하는 내용에 휘말리면 안 된다는 것을 기억하라. 대신 배우자가 느끼는 감정에 집중하라.

당신이 들었던 것을 요약해서 말을 전달할 때 중립적이기보다는 공감적이 되라. "당신은 정각에 내가 오기를 원하지. 왜냐하면 내가 늦으면 당신이 나한테 중요하지 않다고 느끼기 때문이야."라고 말하기보다는, "당신이 내가 정각에 올 필요가 있다고 하는 말은 일리가 있어."라고 시작하라. 이렇게 말하는 것은 배우자에게 당신이 배우자의 관점과 기분이 정당하고 타당하다고 여긴다는 것을 알게 해 준다. 배우자의 관점을 타당하다고 여기는 것은 자신의 관점을 버리거나 스스로 무시할 것을 요구하지 않는다. 그것은 단지 배우자의 경험을 고려해 볼 때 당신이 배우자가 왜 이런 기분과 욕구를 가지고 있는지 이해하는 것이다. 타당함을 인정하는 것은 조율의 근본적인 요소여서 그것 없이 상대의 말을 요약하는 것은 사랑 없이 섹스를 하는 것과 같다.

대부분의 부부들은 공감이 사랑하는 관계의 중심이고 선약된 대화 동안만 중요한 것이 아님을 직관적으로 알고 있다. 리의 허리에 문제가 생겼을 때, 그는 일을 쉬엄쉬엄하고 운동하지 말라는 의사의 지시에 기분이 언짢았고 반항하는 태도를 보였다. 어린아이 같은 태도 때문에 아내인 수전은 짜증이 나고 걱정되었다. 하지만 단지 그녀가 허리 부상이 남편의 지속되는 취약성 중 하나를 촉발시켰다는 것을 깨달을 때까지 그랬던 것이다. 남편은 아버지가 젊어서 돌아가셨기 때문에 자신이 다른 사람보다 좀 더 허약하다고 두려워하고 있다. 그것을 보상하기 위해, 그는 어떤 것도 잘못된 것이 없다고 부인하는 경향이 있다. 수전은 남편에게 운동하는 것이 중요하다는 것을 말하는 대신에 "나는 당신이 왜 운동을 다시 시작하고 싶어 하는지 이해해요. 나는 당신이 허약할지도 모른다고 생각하는 걸 정말 싫어한다는 것을 알아요. 당신은 허리에 조금 문제가 있는 강하고 건강한 남자예요."라고 말한다. 남편에게 조율하고 그의 기분이 타당하다는 것을 인정하는 수전의 능력은 리의 허리 통증을 해결하지는 못할 것이다. 또한 그를 반드시 '착한 환자'가 되도록 할 필요는 없다. 하지만 리는 수전이 자신 곁에 있어 준 것을 감지하기 때문에 그들 사이의 애착을 더 강하게 할 것이다.

선약된 대화 도입부의 예

당신이 구조화된 만남을 하는 동안 이런 조율 기술이 잘 작동될 때, 그 결과는 '일상적인' 대화의 모습을 닮지 않을 것이다. 하지만 그것은 많은 혜택을 줄 것이다. 심각한 부부 문제를 가지고 다투는 중년 부부 메르세데스와 오스카는 내가 한 1백 쌍의 부부 연구의 일부로서, 화자와 청자 접근법을 배웠다. 그들의 결혼 생활은 아내가 중년에 직업을 바꾸어 변호사가 되었을 때 문제가 생기기 시작했다. 남편은 버려졌다는 기분을 느꼈고, 그들 사이에 긴장이 치솟았다. 과거에는 조용하고 말 없는 남편의 성격과 거침없는 아내의 성격이 서로를 잘 보완해 주었고, 그들이 스무 살 정도 된 딸 리디아와 자폐증이 있는 10대 아들 잭을 위해 강한 정신적 지주가 될 수 있게 해 주었다. 하지만 현재 그들의 부부 문제는 가족을 뿔뿔이 흩어지게 위협했다. 아내는 남편이 부부 문제에 자신이 기여한 바를 축소함으로써 딸 리디아가 엄마를 거부하도록 부추기고 있다고 믿는다. 아내는 또한 남편이 자신에 대해서 안 좋게 말해 시댁으로부터 멀어지게 되었다고 느낀다. 남편은 아내와 딸 사이의 문제가 성공적이고 활기 넘치는 엄마 곁에 있으면 불안감을 느끼는 딸을 아내가 지지해 주지 않는 것에서 비롯됐다고 주장한다.

두 사람의 선약된 대화는 어떻게 가족을 치유하는지에 초점을 두었다. 남편은 아내가 딸에게 더 관심을 보이기를 원한다. 아내의 우선순위는 남편으로 하여금 딸이나 다른 가족들에게 그녀가 나쁜 사람이 아니라는 것을 알리는 것이다. 하지만 그들이 합의에 도달하기 전에, 그들은 서로에 대해서 충분히 들을 필요가 있다. 다음은 그들이 화자로서 말하고 청자로서 들은 방식이 있다(나의 의견은 괄호([ ]) 안에 있다).

메르세데스(아내): 나는 리디아 때문에 정말 슬프고 좌절감을 느껴. 당신이 이것을 도와주면 정말 좋겠어. [비난을 소망으로 바꾸기]

오스카(남편): (오랫동안 말 없음)

메르세데스: 슬퍼. 그게 바로 내가 느끼는 것 다야. 나는 정말 할 만큼 했어. 포

기도 조금 했어. 이 일을 다시 시도하기가 어려워. [알아차림: 그녀는 오스카를 방어적으로 만들지 않기 위해 나 전달법을 사용하고 있다.]

오스카: 좋아, 아이들 때문에 슬프고 내가 도와주었으면 하는 거지. 맞아?

메르세데스: 그래, 나는 당신이 이 모든 것에 대해서 리디아와 모든 가족에게 말해 주면 좋겠어.

오스카: 좋아, 그러니까 내가 도와주었으면 하는 것이 바로 당신과 리디아의 관계고, 당신은 또한 내가 우리 가족 모두에게 말해 주기를 원하는 거지? 맞아? [이해하기. 오스카는 아직 문제를 해결하려고 하지 않는다. 그는 그가 이해하고 있는 것을 단지 확인하고 있다.]

메르세데스: 맞아. 그런데 무엇에 관한 것인지는 아는 거야?

오스카: 아니, 몰라.

메르세데스: 나도 그렇게 생각했어. 리디아는 또한 내 마음을 아프게 했어. 걔가 나한테 했던 말들 말이야. 그 부분에 대해서는 아무도 몰라. 단지 내가 그 아이에게 상처를 준 것에 대해서만 아는 것 같아.

오스카: 알았어. 그러니까 당신은 내가 리디아 입장뿐만 아니라 당신 입장에 대해서도 모든 사람에게 이야기해 달라는 거지. 맞아? 양쪽 집안 가족들에게 말이야?

메르세데스: 양쪽 모두는 아니고 당신 가족들에게만 말해 줘. 그래서 당신 가족들이 나를 괴물로 생각하지 않고 우리가 갈등을 수습하는 중이라는 것을 알도록 말이야. 나는 곧 다가오는 당신 아버지 칠순 생신 파티에서도 이 일이 계속되는 것을 원치 않아.

오스카: 좋아, 무슨 말인지 알았어. 정말 이해하겠어. 왜냐하면 리디아가 그것에 대해 테드 삼촌에게 가서 말했고, 우리 집 모든 가족이 그 이야기를 하고 있

으니까.

메르세데스: 맞아. 그래서 지금 나는 아주 나쁜 엄마가 되었어. 우리 가족은 거의 이야기하지 않는데, 당신 가족은 다르다고.

오스카: 좋아, 알았어. 이제 나는 당신의 기분과 욕구를 이해해. 우리 가족이 단결하여 사람들에게 대항하고 원한을 품는 경향이 있지. 당신과 리디아가 아버지 생신 파티 때 서로 이야기한다면 참 좋겠다. [공감]

메르세데스: 원한에 대해서는 정말 그런 것 같아. 나도 우리가 즐거운 생신 파티를 했으면 좋겠어.

오스카: 그래. 말하고 싶은 것 다 했어? 내가 당신을 이해한 것 같아?

메르세데스: 아니, 아직 내 말 안 끝났어. 당신은 나와 리디아 사이에 넘을 수 없는 장벽이 있다는 것을 알고 있어. 물론 당신을 비난하고 싶지 않지만, 나는 정말로 당신이 리디아에게 말할 필요가 있고, 우리 갈등에 대해 약간 책임질 필요가 있다고 생각해. 리디아는 내가 변호사 일을 하느라 당신을 등한시했다고 주장하면서 나만 비난하고 있잖아. 그리고 우리 갈등이 부분적으로는 내 잘못도 있지만, 그게 모두 내 잘못만은 아니잖아. [남편을 비난하기 시작]

오스카: 아니지, 모두가 당신 잘못은 아니야. 갈등을 일으킨 데 나도 꽤 큰 역할을 했지. 왜냐하면 나는 충분한 사랑을 받고 있지 않다고 느꼈기 때문이야. 우리는 가트맨 박사와 함께 치료 과정을 해 오고 있잖아. [비방어적인 태도]

메르세데스: 그래, 맞아. 우리는 그 모든 치료 과정을 해 오고 있어. 그리고 나는 내가 당신이 원하는 만큼 애정이 넘치지 않는다는 것을 알고 있고, 그 부분에 대해서 노력하는 중이야. 맞지?

오스카: 맞아, 지금은 훨씬 좋아.

메르세데스: 그리고 당신도 우리가 서로 사랑을 나눌 때 내가 원하는 것과 좋아

하는 것에 대해서 나에게 말하려고 노력하잖아.

오스카: 맞아. 그러니까 당신과 리디아 사이의 불화에 대해서는 내가 리디아에게 나를 측은하게 느끼게 만들었고, 리디아가 당신에게는 불리하게 내 편 드는 것을 좋아한 부분에 대해서는 내게도 책임이 있다는 거지. 맞아? [이해하기]

메르세데스: 바로 그거야. 삼각관계라는 말이 있지? 기억해? 나는 당신이 리디아에게 말해 주면 좋겠어. 그렇다고 너무 자세하게는 말고. 나는 우리가 부부 치료를 받는 것에 대해서는 비밀로 했으면 좋겠어. 그냥 리디아에게 당신이 우리 갈등에서 어떻게 반반의 책임을 가지고 있는지 말하면 좋겠어. [이제 그녀는 비난을 소망으로 바꾸고 있다. 남편이 그녀를 헐뜯는다고 비난하지 않는다. 대신 그녀는 딸과 시댁 식구들과의 일을 해결하도록 도와달라고 요청한다.]

오스카: 좋아, 이제 정말로 이해했어. 당신은 절대로 그렇지 않은데, 내가 삼각관계로 당신을 계속해서 나쁜 사람으로 만들었네. 나는 그것이 왜 그렇게 당신을 속상하게 했는지 이해했어. 내가 정말 그렇게 만들었네. 미안해. [공감]

메르세데스: 괜찮아. 사과 받아들일게. 그래, 이제 그만 하자. 이제 나는 그 문제에 대해서는 괜찮아. 당신이 원하고 필요로 하는 것은 뭐야?

그들은 역할을 바꾼다. 이제 오스카가 화자다.

오스카: 리디아는 그동안 돌봄을 받지 못했어. 당신이 법학대학원에 다닐 때, 리디아를 위한 시간이 전혀 없었어. [좋은 시작이 아니다. 그는 비난의 '너' 전달법을 사용하고 있다.]

메르세데스: 그건 그렇지 않아. 그건 잭에게 나의 모든 관심을 주었기 때문이야.

물론 모든 관심은 아니야. 나는 리디아에게도 많은 관심을 기울였어. [방어적인 태도. 이렇게 말하는 것은 그녀가 오스카의 말을 진정으로 들을 수 없게 할 것이다.]

오스카: 그리고 리디아가 잭을 보살펴야만 했어. 아니면 리디아는 자신이 그랬다고 느꼈어.

메르세데스: 사실은 주로 내가 잭을 보살폈어. 내가 대학원에 다닐 때도 말이야. 하지만 항상 리디아와 잭은 정말 친했어. 리디아가 잭을 보살피기를 원했어. [좀 더 방어적인 태도]

오스카: 하지만 리디아는 당신으로부터 방치되었다고 느꼈어. 내가 당신 대신 그 아이와 친하게 지낼 수 있었어. 하지만 리디아는 엄마가 필요했고, 아직도 그래. [좀 더 많은 "당신, 당신, 당신"]

메르세데스: 당신에 대해 이야기하자. 이 부분에서 내가 조금 몰리는 기분이 드네. 당신은 내가 한 일과 하지 않은 일을 말로 설명하고 있는데, 내가 덧붙이자면 그건 모두 오해야. 그래서 내가 듣고 적기가 어렵네. [메르세데스는 두 사람의 대화가 제 궤도로 진행되도록 노력 중이다.]

오스카: 그래, 맞아. 미안해. 내가 나 대신에 당신이라는 말로 말하고 있었네. 그게 바로 가트맨 박사가 하지 말라고 한 건데 말이야. [그녀의 보수 시도가 효과 있었다.]

메르세데스: 맞아.

오스카: 내가 화난 것 같아. 당신이 법학대학원에 간 것이나 변호사로서 당신의 경력을 쌓는 것 때문에 당신에게 화난 것이 아니야. 나는 당신이 정말로 자랑스러워. 나는 당신이 지난 소송 때 법정에서 논쟁하는 모습을 보고 정말 기뻤어. 그건 내게 정말 큰 기쁨을 주었지. 당신 정말 멋있었어. 배심원들도 그렇

게 생각했고.

메르세데스: 고마워. 내가 그 건은 정말 잘했지. 마지막 순간에 말이야.

오스카: 내가 화난 것은 당신이 리디아 앞에서 나에게 소리를 지르고 그 아이를 겁준 것 때문인 것 같아. 당신과 리디아가 우리 엄마 장례식장에서 다툰 것 때문이기도 하고.

메르세데스: 이런! 나는 내가 매우 방어적인 태도가 든다고 느껴지네. 오스카! 리디아는 그때 자기 남편이 주먹으로 벽을 뚫었기 때문에 화난 거였어. 바로 그것 때문에 장례식장에서 화를 낸 거야. 나 때문이 아니었다고.

오스카: 내가 그건 몰랐네. 그 아이는 당신과 내가 다투었기 때문에 화났다고 말했거든.

메르세데스: 그것 때문이기도 한 것 같네. 좋아, 그럼 당신이 필요로 하는 것을 말해 보도록 하자.

오스카: 그러니까 나는 당신이 그 아이 말을 잘 들어 주면 좋겠어. 리디아가 하는 말을 아주 오랫동안 그냥 들어 주는 거야. [비난을 소망으로 전환하기]

메르세데스: 좋아, 당신은 내가 그 아이 말을 진정으로 듣고 내가 당신과 말할 때처럼 방어적이지 않기를 정말로 원하는 거지. 맞아? [이해하기]

오스카: 맞아.

메르세데스: 다른 것은 없어?

오스카: 글쎄, 내가 보기에 리디아는 당신을 정말로 존경해. 나는 그 아이가 당신의 기준에 맞지 않을까 봐 두려워한다는 생각이 들어. [알아차림. 그는 메르세데스가 그들의 딸을 위협한다고 비난하기보다 '나' 전달법을 사용하고 있다.]

메르세데스: 뭐라고? 리디아는 정말 대단한 간호사야. 응급실에서 스스로 생각

할 수 있는 방법은 정말 놀라운 일이야. 그리고 나는 내가 법학대학원을 끝냈을 때 그 아이보다 훨씬 나이가 많았어. 나는 그 아이가 왜 내 기대에 맞춰야 한다고 느끼는지 모르겠네.

오스카: 하지만 내 생각에는 리디아가 당신이 자신을 정말로 자랑스러워하지 않는다고 여기는 것 같아.

메르세데스: 그렇게 생각한다고?

오스카: 그 아이에게 말해 준 적 있어?

메르세데스: 말로는 많이 하지 않았지. 내가 자란 집에서는 아무도 긍정적인 것에 대해서 말을 많이 하지 않았어. 그런 문제에 대해서는 어떤 애정도 표현하지 않는 가정에서 내가 어떻게 성장했는지 당신과 대화를 나누었지.

오스카: 나는 그것이 바로 당신에게는 '계속되는 취약성'이라는 것을 알고 있어. [관용]

메르세데스: 그래, 그럼 내가 이해한 것을 말해 볼게. 그러니까 당신은 나에게 화가 났고, 내가 리디아의 말을 아주 오랫동안 들어 주어 그녀가 충분히 말하기를 원하는 거지. 또한 당신은 내가 그 아이를 얼마나 많이 자랑스러워하는지 직접 말해 주기를 원하는 거지. 맞아? [이해하기]

오스카: 바로 그거야, 맞아. 그리고 당신이 그 아이가 잭을 정말로 세심하게 보살펴 준 것을 얼마나 진심으로 고마워하는지도 말하는 게 좋을 것 같아. [비난을 소망으로 전환하기]

메르세데스: 좋아, 그 부분은 이해되네. 리디아는 잭하고 소통하는 데 정말 놀라운 능력이 있지. 사실 그 아이가 나에게 많이 가르쳐 줬어. 내가 이겼던 소송에서 법정 논쟁을 할 때 멋있었다고 말해 주어서 기분이 참 좋았어. 그래서 이해했어. 리디아에게 내가 그 아이를 자랑스러워한다는 것을 직접 말하라는

거지? 그렇게 하도록 노력해 볼게. 당신이 원하는 다른 것은 없어? [공감]

오스카: 아니, 그걸로 충분해.

가끔 실수하기는 했지만, 오스카와 메르세데스는 서로의 말을 경청하고, 듣고, 공감할 수 있다. 그들은 그들이 가진 갈등에 대한 해결책을 생각할 준비가 되었다.

그다음 단계: 설득과 문제 해결

두 사람 모두 자신의 말이 상대에게 전해지고 이해받았다고 느껴질 때 서로의 차이에 대한 타협을 시작한다. 이 과정을 통해서 배우자의 영향력에 열린 마음을 유지하지만 과한 타협은 하지 마라. 문제 해결이 제대로 되지 않을 때 흔히 최소한 배우자 한쪽이 너무 많은 것을 포기하기로 동의하고는 약속을 어기기 때문이다. 이런 혼란을 피하기 위해서 핵심 욕구를 규명하는 것부터 시작하라. 이렇게 하면 당신과 배우자가 양보할 수 없는 것이 무엇인지 분명하게 확인할 수 있다. 나는 배우자들이 핵심적인 욕구를 쓰고 그 주변에 원을 그릴 것을 추천한다("나는 나의 가족과 멀리 떨어져서는 살 수 없어요.", "나는 매일 운동을 해야만 해요."). 이 목록은 당신의 행복과 그에 따른 관계의 성공에 핵심이라고 알고 있는 것만 포함시켜 매우 짧게 작성하도록 하라. 이 타협 가능하지 않은 것들을 말하기 위해서는 배우자가 비난받는다거나 강요받는다고 느껴지지 않도록 '나' 전달법을 사용하라. "나는 우리가 다른 사람들과 교제하는 데 좀 더 많은 시간을 보낼 필요를 느껴요."라고 말하는 것이 핵심 욕구를 표현하는 것이다. "나는 당신이 좀 더 외향적일 필요가 있다고 느껴요."라고 말하는 것은 비난이다.

다음으로, 첫 번째 원 주변에 훨씬 더 큰 원을 그려라. 큰 원 안에 변경 가능한 당신의 입장 중에서 어떤 것이라도 적어라. 그 욕구 자체에는 타협할 수 없을지라도 당신의 목표를 이루기 위해 시간, 위치나 방법과 같은 세부적인 것들에 대해서는 양보할 수도 있다("나는 2주일에 한 번 주말마다 외출하면서는 살 수 있어.", "나는 집에 일찍 올 수 있게 좀 더 가까운 체육관으로 바꿀 수 있어."). 당신이 도달한 해결책이 이 같은 예들처럼 분명하지는 않을 것이다. 만일 해결책이 분명하다면 갈등을 해결하기 위해서 이 과정이 필요하지 않을 것이다! 두 사람 모두 수용할 수 있는 접근법에 각자 타협의 영역을 엮어 넣는 방법을 찾을 때 많이 힘들고 결론 없는 논쟁이 될 거라고 예상하라. 배우자의 창의적인 제안들에 마음을 열어라. 그 과정에 많은 시간이 걸릴 수도 있지만, 나는 배우자들의 핵심 욕구들이 양립 불가능한 것처럼 보일 때조차 성공한 부부들을 보아 왔다. 여러 해 동안 교외에서 살아온 팸은 은퇴 후에는 도시에서 살기를 원했다. 하지만 그녀의 남편인 마이크는 둘이서 배를 타고 세계 곳곳을 여행하는 것을 오랫동안 꿈꿔 왔다. 그들은 타협 영역에 집중함으로써, 2년은 항해하면서 보내고 2년은 뉴욕에서 보낸 뒤 두 사람이 어떤 견해를 가지고 있는지 보겠다고, 두 사람 모두 지지할 수 있는 해결책을 생각해 냈다.

성공적인 타협을 방해할 수 있는 상황들이 있다. 만일 한 사람의 꿈이 나머지 다른 사람에게는 악몽으로 판명 난다면 타협할 여지가 없다. 전형적인 경우가 한 배우자만이 아이를 원하는 경우이다. 부부들은 대개 이런 차이를 메울 수 없고, 때로는 메워서도 안 된다. 하지만 이런 문제를 해결하기 위해 라포포트 청사진을 사용함으로써 당신은 각자가 왜 각각의 길을 가야 하는지에 대한 명확한 이해를 가지고 관계를 끝낼 수 있다.

하지만 대부분의 관계에서 이런 과정을 통해 타협에 이를 수 있다. 합의에 도달하기 위해서는 한 번 이상의 만남이 필요할 수 있다. 당신은 배우자의 입장과 논의했던 모든 대안을 생각해 볼 시간이 필요할 것이다. 다음 내용은 메르세데스와 오스카가 그들의 딸인 리디아에 관한 불일치를 해결하기 위해 청사진을 사용한 방법이다.

메르세데스: 좋아, 이제 설득 단계로 넘어가도록 하지. 두 개의 원이 있는 것으로 생각되는데. 좋아, 내가 양보할 수 없는 나의 안쪽 원에는 부부 치료에서 우리가 노력하고 진전을 보이는 우리의 갈등에 대해 당신도 책임이 있다는 것을 리디아에게 말하는 것이야. 그리고 두 번째는 당신이 적어도 우리 갈등에 대해서 리디아가 나를 비난하고, 당신 편을 들고, 당신이 그런 상황을 좋아해 우리 두 사람 사이 갈등의 골을 더 깊게 만들었다는 것에 대해 테드 삼촌에게 말하는 것이야.

오스카: 좋아, 그럼 당신이 양보할 수 있는 것은 어떤 거야?

메르세데스: 내가 양보할 수 있는 부분은, 당신이 당신 가족 모두에게 내가 좋은 엄마라고 말할 필요는 없고 테드 삼촌에게만 말하는 거야. 그리고 아버님 생신 파티 이전이기만 하면 당신이 리디아에게 말할 시기에 대해서는 양보할 수 있어.

오스카: 좋아, 그것은 전적으로 타당하다고 느껴지네. 내가 양보할 수 없는 것은 당신이 리디아의 말을 들어 주고 그녀에게 당신이 그 아이를 자랑스러워한다는 것을 말하는 시간을 갖는 거야.

메르세데스: 그럼 당신이 양보할 수 있는 것은 어떤 거야?

오스카: 나는 우리 갈등에 대해 나도 책임 있고 내가 당신을 나쁜 사람으로 간주하는 데 일조한 부분에 대해서 리디아에게 기꺼이 인정할게. 나는 이 부부 치료를 받기 전에는 그것에 대해 결코 이해하지 못했어. 나는 그 부분에 대해서 정말 후회하고 있어. 리디아도 그것을 들어야만 해.

메르세데스: 좋아, 당신이 그것에 대해 후회하고 있다니 기뻐. 그리고 아버님 칠순 생신 파티 전에 우리가 이 모든 것을 해결하려고 노력할 거지, 맞지?

오스카: 혹시 이번 주에 하는 건 어때?

메르세데스: 당신이 먼저 할 거지, 그렇지?

오스카: 그래, 그렇게 하는 것이 일리가 있지.

메르세데스: 좋아, 약속.

오스카: 약속.

메르세데스와 오스카는 규칙을 아주 잘 지켰고 비교적 쉽게 조율하기에서 타협으로 나아갔다. 많은 고통을 겪었음에도 불구하고, 그들은 서로 각자의 핵심 욕구를 듣고 그것들을 충족시키는 데 동의했다.

하지만 과정에 대한 청사진을 가지고 있을 때조차 서로에 대한 이해와 타협이 엉망이 될 수 있다. 부부들은 늘 대본대로 하거나 재빨리 조율하는 것을 기대해서는 안 된다. 자크와 주디는 직장 생활과 육아를 양립하면서 두 사람의 관계가 망가진 뒤 다시 선약된 대화를 통해 연결하려는 시도를 하고 있다. 말싸움은 자크가 출장에서 돌아와 자신이 출장 가고 없는 사이에 그들의 딸 칼라가 첫걸음마를 했다는 소식을 듣고 망연자실할 때 일어났다. 주디는 그런 자크에게 공감적이지 않았다. 그녀는 일주일 내내 칼라를 돌보기 위해 휴가를 냈다. 그녀는 지칠 대로 지쳐 있었고, 자크가 딱 두 번 전화한 것 때문에 몹시 화가 났다. 때때로 선약된 대화 동안, 그들은 누가 더 피해를 입었는지 뽑는 1등 피해자 상을 받으려는 경쟁자처럼 말했다. 하지만 결국 그들은 불평을 넘어서서 그것들을 해결했다. 다음은 그들의 대화 내용이다. 그들의 생각은 고딕체로, 나의 말은 괄호([ ]) 안에 있다.

주디(화자): 나는 정말 당신이 일주일 내내 없었다는 것에 신물이 난다고. 그러니까 내 말은 당신이 여기 있을 때는 삶이 고달프지만, 당신이 없을 때는 정말 악몽이라는 뜻이야.

자크(청자): 하지만 아이 봐 주는 아줌마가 있잖아. 내가 없을 때도 당신은 아줌마한테 많은 도움을 받잖아. [방어적인 '너' 전달법. 도움이 되지 않는다.]

주디: 이번 주에 아줌마네 아이들이 독감에 걸려서 아줌마도 열이 나는 바람에 도움을 받을 수 없었다고! 그리고 내가 직장에서 일할 때 나를 도와줄 사람을 구하는 것은 정말 지옥 같았다고! 그런데 전화로 당신은 단 한 번도 내가 받는 스트레스에 대해서 물어보지 않았잖아.

자크: 당신도 내 프레젠테이션이 어땠는지 결코 물어보지 않았잖아. 관심 없겠지만, 참고로 프레젠테이션은 아주 잘 진행되었어. [좀 더 방어적인 태도]

주디: 나는 당신이 잘하고 있을 거라는 것을 알고 있었어. 하지만 나는 괜찮지 않았다니까! (당신이 집을 떠나 아주 잘 지내는 동안 나는 고생하고 있었다는 것을 인정해 주었으면 해.)

자크: 하지만 당신은 일을 줄였고, 나는 반대로 일을 늘렸잖아. (나도 회의에 가고 싶지 않았다고! 하지만 내 직업에 연줄은 중요하고, 그것은 우리 미래를 위해서도 아주 중요하잖아. 나는 이 부분에서 좀 더 나의 노고를 인정받았으면 한다고!)

이제 자크와 주디는 제 궤도에 오른 대화로 다시 연결할 수 있다.

주디: 그런데 당신이 집에 와서 내 관심을 원한다고? 그리고 섹스도? 뭐야?

자크: (웃는다) 둘째 아이를 갖고 싶어서. [보수 시도]

주디: 그래. [그의 보수 시도가 효과 있었다.]

자크: 나는 당신의 말을 이해할 수 있어. 당신 아버님이 편찮으셨을 때 당신이 장인어르신께 갔던 때가 기억나네. 이틀 동안 혼자서 칼라와 있으며 일하려고 했는데, 나는 그 모든 추가된 스트레스 때문에 거의 죽을 뻔했지.

주디: 나는 당신이 출장 가 있는 동안 당신에게 전화할 시간이 있어서 우리가 진짜 대화를 하며 내가 여기에서 얼마나 스트레스를 받는지 말할 수 있기를 바랐어. [비난을 소망으로 변환]

자크: 맞아, 회의에 참석하면서 너무 바빠서 당신에게 전화 걸 짬도 없었지만, 내가 당신에게 좀 더 말했었어야 했는데! 정말 미안해! 사실은 말이야, 거기 있는 내내 당신에 대해서 생각하고 있었어. [노고 인정]

주디: 나도 우리 칼라가 첫걸음마를 했던 그 순간이 너무 경이로웠는데, 그 순간을 당신이 놓쳐서 슬프다는 것을 알아. [공감]

자크: 전화로 그 소식을 듣는 것은 그 자리에서 직접 보는 것과 똑같을 수 없지.

주디: 그건 확실해. 하긴 그건 그 주에 있었던 유일하게 좋은 일이었어.

자크: 회의에서 큰 성공을 했어. 나는 당신이 내가 회의에 참석했어야 한다는 걸 인정해 주면 좋겠어. [비난을 소망으로 변환]

주디: 좋은 지적이야. 나는 당신이 그 프레젠테이션을 하러 갈 필요가 있었다는 것을 알고 있어. 나는 당신이 거기에 참석해서 기뻐.

자크: 고마워. (그녀가 마침내 그것을 이해하는군. 기분이 좋다.)

주디: 하지만 나는 내 손에 있는 것은 악몽이고, 당신은 동료들과 함께 멋진 저녁을 먹으러 가는 생각을 내내 했어. 내가 먹은 것은 맛없는 것뿐이었어. 일주일 동안 나는 겨우 두 번 샤워를 했다고.

자크: 정말 짜증 났겠다. 당신 말이 맞아. 몇 번의 저녁 식사는 정말 좋았어. 당신도 함께 갔으면 좋았을 텐데. [공감]

주디: 나도 그래. (그가 이해하고 있군.)

자크: 당신이 정말 좋아하는 프랑스 음식도 있었어. 정말 맛있는 초콜릿 디저트도.

주디: 맛있었겠다!

자크: 그래……. 있잖아, 베인브리지 섬에 가서 먹여 주고 재워 주는 곳에서 하룻밤 지내면 얼마나 좋을까 생각하고 있었어.

주디: 나도 거기 너무 좋아하는데! (잠깐 휴지) 하지만 나는 아직 칼라를 남겨 두고 가는 것이 편하지 않아.

자크: 딱 하룻밤인데?

주디: 그 정도는 할 수 있을 것도 같아. (나는 다시 사랑받고 노고를 인정받는다는 느낌이 드네.)

자크: 당신도 나의 큰 불만에 대해서 알잖아. (제발, 섹스 좀!)

주디: 그래, 내가 결정할 때까지 참고 기다려 줘서 고마워. 그렇게 하자. (만약 우리가 주말을 밖에서 보낸다면 참 좋을 거고, 자크와 잠자리를 하지 않는 모든 문제에 대한 죄책감도 낮춰 줄 거야.)

자크: 좋았어. (드디어, 섹스를 하는군!)

부모가 되는 중요한 인생의 변화 때문에 자크와 주디는 연결이 끊어졌다.

하지만 그들은 서로에게 다시 돌아가는 방법을 찾는 중이다. 그들은 이제 격하게 논쟁할 때조차 서로의 노고와 가치를 인정하는 것과 서로를 지지하고 있음을 표현하는 것을 기억한다면, 관계는 안전한 안식처라는 것을 이해할 수 있다. 모든 부부들처럼, 그들은 가끔 특히 스트레스를 받을 때 '끔찍'에 빠질 수 있다는 것을 예상할 수 있다. 하지만 그들이 매우 중요한 조율 기술을 숙달했기 때문에, 그들은 지속적인 피해가 가해지기 전에 빠져나올 수 있을 것이다.

가트맨 감정 정리 도구 상자: 상처 치유와 상처받은 감정 치유

일단 당신이 선약된 대화를 하는 것에 익숙해지면, 두 사람의 관계를 여전히 괴롭히는 과거에 있었던 후회할 만한 사건을 다시 논의하는 과정에서 선약된 대화를 사용할 것을 추천한다. 그 사건들이 직면하거나 이해되지 않는다면, 불행한 기억들은 부부들을 부정적 감정의 밀물 현상에 좀 더 가까이 가게 한다. 나는 부부들이 이런 질질 끄는 갈등을 끝맺도록 돕는 조율 기반의 접근법을 개발했다.

후유증 도구 상자(Aftermath Kit)는 청사진과 매우 유사하다. 그것의 목적은 서로에 대한 이해와 공감을 증진하는 것이지만 좀 더 광범위하다. 상황의 '사실들'에 대해서는 동의하지 않기로 동의한다고 하는 규칙이 적용된다. 지각이 매우 중요한데, 두 사람의 관점은 타당하다. 이 도구 상자는 사건으로부터 약간의 정서적인 거리감이 있고, 그 주제로 다시 돌아가지 않고 그것을 논의할 수 있을 때까지 사용하지 마라. 마치 극장의 발코니에서 무대 위의 배우들을 관찰하는 것처럼 논의에 접근하라. 당신 두 사람이 배우다. 만약 둘 중 한 사람이 감정의 홍수에 빠지면 논의를 중단하라.

서로에게 감사함을 표현한 뒤 화자와 청자를 번갈아 가면서 다음 여섯 단계를 따라 하라(만일 추가적인 도움이 필요하다면, 357쪽에 있는 부록 2에서 이 단계를 하는 동안 사용할 수 있는 말과 구절들에 대한 제안을 찾을 수 있다).

1단계: 감정을 회상하고 소리 내어 이름을 붙여라

당신이 화자일 때 그 사건에서 당신이 경험했던 모든 감정을 기술하라. 아직은 왜 당신이 특정한 방식으로 반응했는지까지 들어가지 마라. 그리고 배우자의 기분에 대해서도 말하지 마라.

2단계: 당신의 주관적인 현실을 발견하라

당신의 경험이 배우자의 것과 일치하지 않았다는 것을 인정하라. '사실'에 대해서 논쟁하지 마라. 서로 순서를 바꾸어 가며 각자가 그 상황을 어떻게 이해하고 있는지 말하라. 후회할 만한 사건을 피하기 위해 당신은 배우자로부터 무엇을 요구받았는가? 당신이 화자일 때, 회상해 보면 이런 욕구들이 바보 같거나 모순되는 것 같을지라도 그것들을 "나는 당신이 ~해 주기를 필요로 했어요"와 같은 긍정적인 소망으로 표현하고, 그것들 모두를 인정할 것을 기억하라. 만일 당신이 그때 이런 소망들을 인정하지 않았다면 그것 또한 언급하라. 사람들이 표현하는 가장 흔한 욕구는 내 이야기가 경청되고 있고, 이해받고 있고, 칭찬받고 있고, 간절히 원하고, 위로받는다는 느낌이다. 배우자가 당신 내면에서 어떤 일이 벌어지는지 알게 하면 당신의 행동을 좀 더 이해하게 된다. 구체적으로 말할수록 더 좋다("나는 내가 말하고 있을 때, 당신이 문자 보내는 것을 그만두기를 원했어.", "나는 당신이 나를 보는 게 행복해 보였으면 했어.", "나는 우리가 외출하기 전에 사랑을 나누었으면 했어."). 늘 그렇듯, 배우자를 비난하거나 탓하지 말고 동기, 의도, 태도 또는 행동을 배우자 탓으로 돌리는 것을 피하라. 그래야 당신이 말을 끝낼 때, 배우자가 당신의 주관적인 현실을 요약하고 타당하다고 인정하게 된다. 일단 상대가 충분히 들어 주었을 때 화자와 청자의 역할을 바꿔라.

3단계: 깊이 박혀 있는 촉발제를 규명하라

갈등이 일어났을 때 무엇이 당신을 화나게 만들었는가? 흔히 촉발제는 어린 시절에서 온 계속되는 취약성들이다. 흔한 취약성들은 배척당했거나, 조종당했거나, 취약하다고 느꼈거나, 비난받았거나, 잘못 판단받았거나, 존중받지 못했거나, 안전하지 않다고 느낀 것들이다.

당신이 경험한 모든 촉발제를 말해 보라.

"나는 비난받는 것처럼 느껴졌어."

"당신이 나한테 이래라저래라 하는 것 같고 존중받지 못하는 것처럼 느껴졌어."

"나는 보호받지 않는다고 느껴졌어. 나 혼자서 모든 것을 감당해야만 하는 것처럼 말이야."

4단계: 이런 촉발제의 내력을 이야기하라

이런 촉발제가 어디서부터 왔는지 설명하라. 마음속으로 자신의 자서전을 샅샅이 뒤져 지금과 똑같은 감정을 분명히 보여 주는 페이지에서 잠깐 멈추고 그 촉발제와 그것의 원인을 말하라. 아마도 그것은 당신의 어린 시절이나 이전 관계에서 왔을 것이다. 무슨 일이 있었는지 그에 대한 당신의 반응을 말하라. 당신은 배우자가 당신의 예전 상처를 기억하고 건드리지 않도록 배우자와 가능한 한 많은 것을 공유하기를 원할 것이다.

"첫 결혼에서 나는 항상 모든 것에 대해 비난을 받았어. 전남편은 결코 책임지려고 하지 않았지. 그래서 당신이 여동생 파티에 우리가 늦은 게 나 때문이라고 비난할 때, 나는 '이런! 또 시작이네.'라고 생각했어."

"어렸을 때 우리 엄마는 나에게 항상 이거 해라 저거 해라 말씀하셨지. 아빠가 돌아가시고 나서 엄마가 완벽한 통제권을 가지셨어. 당신이 나에게 청소해 줄 수 있는지 요청하기보다는 청소하라고 말했을 때 명령처럼 느껴졌고, 마치 내가 다시 어린 소년이 된 것처럼 느껴졌어. 그것이 그런 화나는 기분을 촉발시켰어."

"우리 아빠는 항상 나에게 '네 일은 네가 알아서 해.'라고 말씀하셨어. 심지어 몸집이 나보다 훨씬 큰 형이 나를 주먹으로 때릴 때조차 말이야. 그래서 당신이 내 상사와의 문제를 듣고 싶어 하지 않는 것 같을 때, 나는 다시 안전하지 않다고 느꼈어. 마치 아무도 도와주는 사람 없이 오로지 나 혼자 공격당하는 것처럼 말이야."

당신이 청자일 때, 경험에 대한 배우자의 반응은 똑같은 상황에서 당신이 느낄 수 있는 것과는 다를지도 모른다. 그렇더라도 비난하거나 '좀 더 나은' 방식을 배우자에게 제안하지 마라.

5단계: 당신의 기여에 대한 책임을 지고 사과하라

현재 겪고 있는 갈등에서 당신이 기여한 바에 대해 변명하거나 당신의 역사에 근거해서 비난을 정리하면 성공하지 못할 것이다. 당신이 했던 역할을 모조리 자백하라. 사람들이 자신이 갈등에 기여했다고 흔하게 인정하는 것들은 지나치게 예민했다거나, 비판적이었다거나, 방어적이었다거나, 순교자처럼 행동하면서 잘 듣지 않았다는 것이다. 책임지고 난 뒤 이런 기여와 연결되었던 구체적인 부정적인 행동들에 대해서 배우자에게 사과하라. 또한 후회할 만한 사건에서 당신이 맡은 역할을 한두 문장으로 배우자에게 말할 수 있는지 해 보라. 당신의 배우자도 당신처럼 똑같이 해야만 한다.

다음에 나와 있는 부부는 아내의 소비 습관에 대해서 이야기하다가 소리 지르면서 끝낸 이전 싸움에 대해 치료 작업을 하고 있다. 그녀의 깊은 촉발제는 남편이 최근 청구서에 대해서 물었을 때 자신의 가치가 낮아진 기분이 들었던 것이다. 왜냐하면 인색했던 그녀의 부모가 그녀에게 원하는 것이 많다며 마치 인격에 결함이 있는 것처럼 자주 야단쳤기 때문이다.

> 아내: 나는 당신이 나를 사랑하지 않는다고 비난하는 것이 아니야. 그건 정말 터무니없는 일이지. 당신이 말하고 있을 때 내가 과잉 반응하고 소리를 지르기 시작한 것은 미안해.

남편의 깊은 촉발제는 그의 첫 결혼에서 받은 묵살당하고 있다는 기분이었다. 그가 첫 번째 아내와 갈등거리를 논의하려 할 때마다, 그녀는 마치 그가 존재하지 않는 것처럼 행동하곤 했다.

남편: 나는 당신이 나를 무시할 거라는 두려움에서 벗어나기 위해 필요 이상으로 강하게 나갔어. 그것은 내 잘못이야. 미안해. 그것이 상황을 훨씬 악화시켰다는 것을 알아.

6단계: 다음번에 상황을 좀 더 낫게 만드는 방법을 찾아라

만일 같은 일이 반복되면 각자가 그것을 좀 더 낫게 할 수 있는 방법을 논의하기 위해 불행한 사건이 왜 발생했는지 새롭게 이해한 것을 이용하라. 앞에 나와 있는 부부의 예에서 남편은 아내의 소비 습관에 관해 좀 더 부드럽게 문제를 제기하기로 결정할 수 있고, 아내는 그녀의 목소리를 높이지 않음으로써 그의 관심사가 그 소리 때문에 묻히지 않는 데 동의할 수 있다. 이제 서로의 취약성을 알았으니 그들은 그것들을 존중할 것이며 서로가 과잉 반응을 감지하는 것을 도울 것이다. 이 기법을 숙달한 부부는 신뢰 지표가 굉장히 많이 올라갔다. 관점의 차이가 발생할 때 그들은 자신들의 관점에 정직하고 부드럽게 대하는 방법을 알아 서로에 대해 사랑스럽게 다가가는 태도를 취한다.

일단 과거와 현재의 관점 차이를 처리하기 위해서 매주 조율의 만남을 갖는 습관을 들이면 이 접근법이 덜 부자연스럽게 느껴질 것이다. 만남이 좀 더 짧아지고 좀 더 효율적으로 될 것 같다. 조만간 그런 만남에 대한 필요성이 줄어들 것이다. 대신 갈등이 발생할 때 세심하게 그것들을 다룰 수 있고, 그 갈등들이 심각한 피해를 입히기 전에 갈등을 진정시킬 수 있을 것이다.

현재와 과거의 불만 모두를 처리하기 위해 선약된 대화를 사용하는 것은 부부 사이의 신뢰를 강화시킨다. 그래서 배반을 피하거나 이겨 낼 수 있다. 하지만 한 가지 예외가 있다. 이 접근법만으로는 성적인 외도로 휘청거리는 부부들을 치유할 수 없다. 다른 형태의 배반이 유사한 해를 끼칠 수 있지만, 특히 외도로 인한 갈등을 치유하기 위해서 특별한 주의와 추가적이고 구체적인 치료가 요구된다. 간통의 원인에 대한 우리 문화의 오해도 있지만, 일반적으로 성적인 문제에 대해서 불편해하기 때문이다. 치유 과정은 어렵지만 만일 배우자들이 서로를 되찾는 방법을 찾으려는 동기가 있고 실패했던 이전 관계를 대신할 새로운 관계를 구축하려는 동기만 있다면 관계를 구할 수 있다.

10. 외도로부터의 회복

코미디언 로빈 윌리엄스Robin Williams는 이런 말을 한 적이 있다. "신은 남자에게 페니스와 두뇌를 주셨지만 둘을 동시에 사용할 수 있을 만큼 충분한 혈액을 주지는 않으셨다." 이 말을 조금만 바꾸면 남자와 여자 모두에게 적용될 수 있을 것이다. 바람피울 기회를 잡기는 쉽지만 그 이후에 관계를 회복하는 것은 굉장히 어렵다. 사람들이 그것이 얼마나 힘든지 안다면 바람피울 꿈도 꾸지 못할 거라는 생각이 들 때가 많다. 사실 외도를 하는 과정 자체가 그렇게 이성적이지는 않다.

최근 연구에 따르면, 외도 후 사랑을 회복하기로 결심한 부부들은 비교적 회복 가능성이 높다. 노스캐롤라이나 대학교의 도널드 보컴Donald Baucom 박사와 UCLA의 앤디 크리스텐슨Andy Christensen 박사가 각각 진행한 시범 연구에 따르면, 구조화된 결혼 치료 상담 초기에는 외도 문제로 찾아온 부부의 행복도가 기타 다른 문제로 찾아온 부부보다 낮다. 그러나 상담이 끝나면 관계에 대한 만족도가 다른 부부와 같아진다. 안타깝지만 연구가 끝날 즈음에도 모든 부부의 관계 만족도가 상당히 낮았지만 말이다. 연구가 이루어지지 않은 전형적인 부부 치료의 경우 장기적인 성공률이 낮은 경향이 있기 때문에 나는 과학적인 접근 방식을 적용하는 것이 그만큼 중요하다고 생각한다. 다시 말해 효과적인 치료적 접근이 이루어진다면 성적 외도 후 관계를 회복하기를 원하는 부부가 과거를 극복할 확률은 기타 부부와 동일해야 한다는 뜻이다. 신뢰를 되찾는 일은 부부 모두에게 너무나 힘든 도전 과제이긴 하지만 희망을 가질 이유가 있다.

모든 관계가 반드시 회복되어야 한다거나 회복될 수 있는 것은 아니다. 자신과 배우자에게 솔직해질 필요가 있다. 외도 당사자가 자신이라면 애인과 정말 헤어질 수 있는지 스스로 질문해 보아야 한다. 잘 모르겠다면 아마도 부부 관계를 회복할 준비가 되지 않은 것이다. 또한 배우자가 나를 배반했다면, 한 번만 기회를 달라고 아무리 애원할지라도 헤어지는 것이 최선이라는 결론을 내릴 수도 있다. 그리고 외도한 배우자가 화해할 생각이 없다면 아무리 설득해 봤자 상처만 깊어질 뿐이므로, 차라리 감정적 자원을 관계를 정리하는 데 사용하는 것이 낫다. 내가 피해자라면 하루빨리 상처를 극복하기 위해 애쓸 필요는 없다. 자신이 현재 약해져 있다는 사실을 존중하라. 마음을 주었던 사람이 나를 배반했다는 사실을 안 순간 질문이 꼬리에 꼬리를 물 것이다. 내 배우자의 본모습은 무엇인가, 내가 사랑받은 적은 있었는가, 부부간 신뢰가 무슨 의미가 있는가 등 많은 질문을 하게 된다. 머릿속에서 과거를 계속 곱씹으며 어디서, 어떻게, 왜 그런 일이 일어났는지 하염없이 떠올린다. 불면, 과거 회상, 감정 마비, 불안감, 우울증, 편집증적 생각, 스스로에 대한 회의감 등 참전 군인이 겪는 외상 후 스트레스 증상과 동일한 증상들을 경험하게 된다(물론 충격의 종류는 굉장히 다르지만). 셜리 글래스의 연구에 따르면, 이런 증상들은 외도 사실을 알게 되거나 인정했을 때 굉장히 일반적으로 나타난다.

이 모든 문제를 해결하기 위해서는 복잡한 과정을 거쳐야 하며, 대부분의 경우 숙련된 치료 전문가가 필요하다. 전문가의 도움 없이 관계 회복을 시도하는 것은 마치 집에 있는 구급약품 상자를 가지고 인공 관절 수술을 하려는 것과 같다. 하지만 전문가의 개입 전에 회복할 만한 가치가 있는 관계인지 보다 분명히 해 두는 것이 도움이 될 것이다. 비록 "한 번 바람둥이는 영원한 바람둥이"라는 말도 있지만 바람을 피운 모든 사람에게 이 말이 적용되는 것은 아니다. 내가 마음을 추스르고 상처를 극복해 나가려는 것을 배우자가 존중하고 소중히 여겨 주리라는 것을 어떻게 알 수 있을까? 내 배우자를 다시 믿을 수 있을까? 부부 관계는 앞으로도 계속 위태로울까?

다음의 설문은 이런 질문들에 대한 답을 찾는 데 도움이 될 것이다. 앰버 타바레스$^{Amber\ Tabares}$ 박사가 수집한 데이터에 기초해 내가 분석해서 만든 '배반 평가 점수(a betrayal assessment score)'로 당신의 관계를 평가해 볼 수 있을 것이다. 또한 이 배반 평가 점수는 치료의 성공 여부를 예측할 수 있게 한다. 타바레스 박사의 연구에 참여한 부부들은 다음 평가와 유사한 질문들에 답했으며, 나는 박사의 연구 결과와 연계하여 연구에 참여한 사람들의 신뢰도를 산출했고, 이를 통해 미래에 외도할 가능성이 높은 부부를 가려 낼 수 있었다.

가트맨 미래 배반 가능성 평가

이 평가 방법은 두 종류의 설문으로 구성되어 있다. 부부 각자 두 설문 모두 작성해야 하며, 상대방과 자신에게 솔직히 답해야 한다.

1부: 당신이 고맙다고 느끼는 상대방의 특성

  개인적 특성을 묘사하는 다음 단어들을 보고 내가 좋아하는 배우자의 특성에 모두 동그라미를 치시오. 인정하기 싫더라도 배우자가 그런 특징을 가졌다고 생각한 적이 한 번이라도 있다면 동그라미를 치시오. 동그라미 수에는 제한이 없다.

1. 동그라미를 친 특성 중에서 실제적인 예를 떠올릴 수 있고 배우자와 함께 이야기하고 싶은 세 가지 특성 옆에 별표를 하시오.
2. 이제 그 세 가지 긍정적인 특성이 무엇인지 상대방에게 말해 주시오. 이러한 특성이 드러났던 사건과 당시의 기분을 떠올려 보시오.

강한	신사적인	좋은 친구 같은
건장한	아름다운	주의 깊은
검소한	애정이 넘치는	지배적인
계획을 잘 세우는	열중하는	지적 자극을 주는
관대한	용감한	지적인
내성적인	우아한	진실된
느긋한	운동 감각이 있는	창의적인
다정한	웃기는	책임감 있는
따뜻한	의지할 수 있는	충실한
매력적인	자상한	친절한
모험적인	잘 보살펴 주는	침착한
배려심 있는	잘생긴	쾌활한

부유한	장난기 많은	표현력이 풍부한
사려 깊은	재미있는	품위 있는
상상력이 풍부한	재주가 많은	헌신적인
세련된	재치 있는	현실적인
세심한	적극적인	활기찬
섹시한	정력적인	활동적인
수용적인	조직적인	흥미로운
신뢰할 만한	조화로운	흥미진진한

2부: 반응을 평가하기

1부의 문제를 다 풀었다면, 그 내용에 대해서 배우자와 함께 이야기를 나눌 때 서로의 반응을 떠올려 본 뒤, 각 문장을 읽고 내가 동의하는 답에 동그라미를 치시오.

SD: 전혀 그렇지 않다 / D: 그렇지 않다 / N: 보통이다 / A: 그렇다 / SA: 매우 그렇다

1	내 배우자는 나의 성격을 가지고 놀려 댔다.	SD1 D2 N3 A4 SA5
2	내 배우자는 칭찬을 많이 해 주었다.	SD5 D4 N3 A2 SA1
3	내 배우자는 나를 놀렸다.	SD1 D2 N3 A4 SA5
4	내 배우자는 나에 대한 애정을 보여 주었다.	SD5 D4 N3 A2 SA1
5	내 배우자의 좋은 점을 생각해 내기가 어려웠다.	SD1 D2 N3 A4 SA5
6	내 배우자는 매우 다정했다.	SD5 D4 N3 A2 SA1
7	내 배우자는 나에게 잘해 주었다.	SD5 D4 N3 A2 SA1

8	내 배우자는 나의 좋은 점에 대해서 구체적이지 않고 모호하게 말했다.	SD1 D2 N3 A4 SA5
9	이 설문 조사는 나에게 좋은 경험이었다.	SD5 D4 N3 A2 SA1
10	내 배우자는 내 성격을 비꼬아 말했다.	SD1 D2 N3 A4 SA5
11	내 배우자는 나의 좋은 점을 보여 주는 실례를 쉽게 떠올렸다.	SD5 D4 N3 A2 SA1
12	내 배우자는 정말로 내 말을 경청했다.	SD5 D4 N3 A2 SA1
13	내 배우자는 나를 정말 따뜻하게 대해 주었다.	SD5 D4 N3 A2 SA1
14	내 배우자는 나의 좋은 점을 보여 주는 실례를 쉽게 떠올리지 못했다.	SD1 D2 N3 A4 SA5
15	내 배우자는 나를 비웃었다.	SD1 D2 N3 A4 SA5
16	우리는 이 설문 조사를 함께 하면서 굉장히 많이 웃었다.	SD5 D4 N3 A2 SA1
17	나는 내 배우자의 좋은 점을 보여 주는 실례를 떠올리기 어려웠다.	SD1 D2 N3 A4 SA5
18	내 배우자는 나를 존중해 주었다.	SD5 D4 N3 A2 SA1
19	내 배우자는 나의 좋은 점을 보여 주는 실례를 많이 떠올렸다.	SD5 D4 N3 A2 SA1
20	내 배우자는 나에 대한 존경을 보여 주었다.	SD5 D4 N3 A2 SA1
21	내 배우자는 나를 비웃으며 흉내 냈다.	SD1 D2 N3 A4 SA5
22	내 배우자는 나를 자랑스러워했다.	SD5 D4 N3 A2 SA1
23	내 배우자는 내 성격의 부정적인 면을 말할 때 "당신은 항상" 또는 "당신은 결코"라는 표현을 했다.	SD1 D2 N3 A4 SA5
24	내 배우자는 칭찬을 많이 해 주었다.	SD1 D2 N3 A4 SA5
25	내 배우자는 나를 놀렸다.	SD5 D4 N3 A2 SA1
26	내 배우자는 나에 대한 애정을 보여 주었다.	SD1 D2 N3 A4 SA5
27	내 배우자의 좋은 점을 생각해 내기가 어려웠다.	SD1 D2 N3 A4 SA5
28	내 배우자는 매우 다정했다.	SD1 D2 N3 A4 SA5
29	내 배우자는 나에게 잘해 주었다.	SD5 D4 N3 A2 SA1
30	내 배우자는 나의 좋은 점을 말하려고 시도는 했지만 진지한 태도가 아니었다.	SD1 D2 N3 A4 SA5

점수 계산

1. 4나 5를 표시한 항목이 몇 개인지 세어 보시오.
2. 전체 항목의 수(항목별 숫자를 합산하는 것이 아님)가 열 개 미만일 경우 평가가 완료된다. 당신의 관계는 배반 가능성 평가를 통과했다. 배우자와 당신이 관계 회복에 대한 의지가 있다면 노력할 가치가 있다.
3. 4나 5를 표시한 항목이 15개가 넘는다면 계산기를 사용하여 그 숫자를 30으로 나누시오. 그리고 그 결과에 100을 곱하시오. 나온 숫자 뒤에 퍼센트를 붙인 것이 당신의 배반 가능성 점수이다.
4. 계산 결과가 70퍼센트를 초과했다면 용서를 통해 관계 회복이 어려울 확률이 높다. 70퍼센트 미만이면 용서를 시도할 가치가 있다.

높은 점수가 나올 경우 관계가 불행함을 나타낼 뿐만 아니라 미래에 외도할 위험성이 매우 크다는 것을 어떻게 알 수 있는지 궁금할 것이다. 긍정적인 감정을 이끌어 내기 위한 설문 조사임에도 불구하고 배우자가 경멸을 보이며 무례하게 행동했다면, 상대방과 부부로서의 삶을 최우선시하지 않을 가능성이 크다는 뜻이다. 이렇게 신뢰성이 결여되면 치유도 어려워진다. 반드시 관계가 가장 우선시되어야만 전문가의 개입이 성공할 수 있기 때문이다.

상담 치료사 선택

관계를 회복할 가치가 있다고 결론 내렸다면, 외도 문제로 힘들어하는 부부를 효과적으로 상담할 수 있는 숙련된 상담사 또는 상담 치료사를 찾아라.

상담 치료사들은 매우 다양한 방법으로 이 문제에 접근한다. 나는 상처 입은 배우자의 생각과 감정을 이해하고 그것을 깊은 연민을 가지고 상담 치료사에게 잘 설명해 주는 것은 전문가가 할 일이라고 본다. 사실상 상담 치료사는 상처 입은 배우자의 감정을 상대방이 온전히 이해할 수 있도록 매우 정확하게 설명해 줌으로써 부부를 이어 주는 다리 역할을 하는 것이다.

나와 똑같은 방법으로 상담을 진행하는 상담 치료사를 찾을 수는 없겠지만, 반드시 자격을 갖춘 상담 치료사를 찾아 부적절하거나 관계에 피해를 주는 상담 치료를 받지 않도록 유의해야 한다. '반드시 피해야 할' 유형은 배반 문제를 다루지 않은 채 지나간 일은 묻어 두라고 말하는 상담 치료사다. 그저 관계를 지속해 나가라는 것은 끔찍한 생각이다. 비록 20년 전에 벌어졌던 외도라고 할지라도 그렇다. 트라우마를 다루는 과정을 거치지 않고서는 치유가 이루어질 수 없다. 이러한 접근 방식은 한마디로 수술 중 악성 종양을 발견했는데도 이를 제거하지 않고 수술 부위를 봉합하는 것과 마찬가지다. 그러나 그냥 살아가라고 조언하는 경우를 심심찮게 볼 수 있다. 특히 목사나 신부, 랍비, 이맘* 등 성직자들의 경우가 그렇다. 좋은 의도로 한 조언이지만 관계에는 악영향을 미친다.

최근 「죄의 과학(The Science of Sin)」이라는 캐나다 TV 프로그램의 한 코너를 맡아 부부 상담을 진행한 적이 있다. 상담했던 한 부부를 보면, 과거를 무시한 채 '계속 잘 살아가는 것'이 얼마나 역효과를 낳는지 알 수 있다. 이들과 진행한 상담의 일부를 발췌했다.

---

* 이슬람교의 수니파에서 칼리프나 뛰어난 학자의 존칭으로 쓰임.

존 가트맨: 외도 사건을 지금은 어떻게 생각하는지, 왜 그런 일이 일어났고, 현재 부부간의 관계는 어떤지 설명해 주실까요.

로라: 목사님 두 분께 상담을 드렸었죠…….

맬컴: 목사님들은 과거에 일어난 일은 모두 잊어버리라고 조언해 주셨죠……. 이제 더 이상 바람을 피우지 않습니다. 저는 가정으로 돌아왔고 예전처럼 살고 있어요.

존 가트맨: 남편분께서 왜 다시 돌아왔는지 이해할 수 있겠어요?

로라: 아뇨, 잘 모르겠어요.

존 가트맨: 왜 돌아왔는지 아내분께 한번 말씀해 보시겠어요?

맬컴: 좋습니다. 당신에게 다시 말해 줄게. 우리 가족을 사랑하고, 우리 아이들을 사랑하고, 당신이 정말 소중한 사람이라고 생각해. 애들 엄마로서, 아내로서 당신을 많이 존경하고 있어.

존 가트맨: 남편분의 말씀을 듣고 어떤 생각이 드십니까?

로라: 참 공허하게 들리네요. 당신을 믿지도 못하겠고, 왜 돌아왔는지도 정말로 모르겠어. 그리고 그 여자의 어떤 점이 좋았는지도 모르겠어.

맬컴: 직장에서 만났다는 것 당신도 알잖아. 같은 일을 하고 있어서 말이 잘 통하더라고.

로라: (직장 일에 대해서) 계속 얘기해 달라고 했잖아. 그런데도 당신은 항상 가만히 있었지.

맬컴: 할 말이 별로 없었어. 직장에서 스트레스를 받은 것 외에는. 그게 다야. 당신은 애 다섯 키우는 것만으로도 정신없었잖아.

로라: 최근 몇 년간 당신이 굉장히 힘들었다는 것 알아. 하지만 내가 아니라 그 여자한테 가서 얘기했잖아.

존 가트맨: 재정적으로 굉장히 어려우셨던 걸로 알고 있습니다만.

맬컴: 네.

로라: 나도 힘들었어. 하지만 항상 같이 이겨 냈잖아, 안 그래?

맬컴: 당신은 대단한 사람이야. 항상 그랬지. 정말 못하는 일이 없어.

로라: 그럼 왜 그 여자한테 간 거야? 그 여자 사진을 봤는데, 내가 훨씬 더 낫잖아.

맬컴: 그래, 그 여자는 당신만큼 예쁘지 않아.

존 가트맨: (맬컴에게) 무슨 일이 있었는지, 그 여자분의 어떤 점이 특별하게 생각되었는지 설명해 주시면 좋겠는데요.

맬컴: 목사님들께서 그건 이야기하지 말라고 하셨는데요. 생각하지 말라고요.

존 가트맨: 그러면 아내분께서는 선생님께서 왜 떠나셨고, 왜 다시 돌아오셨는지 이해하지 못하실 것입니다. 무슨 일이 있었는지 부분적으로나마 설명해 주시는 편이 좋을 것 같습니다.

맬컴: 도움이 많이 필요한 여자였어. 당신과 전혀 달랐어. 그 여자는 내가 정말 필요했어……. 당신은 모든 걸 알아서 잘 하는 사람이잖아.

로라: 그럴 수밖에 없기 때문에 그랬던 거야. 당신은 직장 일로 항상 바빴잖아. 최근 몇 년간 당신이 너무 스트레스를 받는 것 같아서 가능하면 건드리지 않으려고 했어. 나까지 부담 주기 싫어서. 그런데 너무 외롭고 힘들었어.

존 가트맨: (평가 자료를 보면) 두 분의 갈등 중 논의는 '바가지를 긁는' 여자처럼 보이고 싶지 않은 것에 관한 것이라고 하셨네요.

맬컴: 네, 집사람은 제가 그 여자와 만난 일 때문에 계속 바가지를 긁으며 꼬치꼬치 캐물었죠. 하지만 저는 집사람의 마음을 더 아프게 하고 싶지 않았어요. 목사님들도 그 일을 더 이상 생각하지 말라고 하셨고요.

존 가트맨: (로라에게) 남편께 바가지를 충분히 긁지 않았던 것 같습니다. 두 분

은 계속 갈등을 피해 오셨습니다. 평가 자료를 보면 두 분 모두 외로움이라는 항목의 점수가 백 퍼센트였습니다. 정말 괜찮다고 생각하십니까?

로라: 외로운 건 저였죠.

맬컴: 저도 외로웠습니다. 나는 그저 돈 버는 기계라는 생각이 들 때가 많아. 당신은 내가 필요 없잖아. 퇴근하고 집에 들어오기 싫을 때도 많다고.

로라: 당신이 그렇게 생각하는 줄 몰랐어.

존 가트맨: 그 여자분은 어땠나요…….

맬컴: 그 여자에게는 제가 필요했어요. 아주 문제가 많은 여자였죠. 엉망진창으로 살고 있었어요.

로라: 나도 당신이 필요했어. 하지만 직장에서 무슨 일이 있었는지, 기분이 어떤지 물을 때마다 당신은 항상 화만 냈잖아.

존 가트맨: (맬컴에게) 맬컴 씨는 아내분에게 말씀이 별로 없는 편이군요. 그렇게 스트레스를 많이 받는 상황에서 대화를 나누지 않는 것이 힘들지 않으셨습니까?

맬컴: 저희 집은 어렸을 때부터 가족 모두 말이 없었습니다. 다른 집처럼 큰 소리가 나는 일도 없었죠. 사랑한다는 말을 들은 적도 없고요. 자식이니 사랑하긴 했겠지만…… 당장 가출해도 아무도 알아채지 못할 거라고 생각했습니다. 그러니 저라고 다르겠습니까. 저도 정말 말이 없는 사람이 되었죠.

존 가트맨: 부모님과 함께 살았던 시절처럼 결혼 생활에서도 말씀이 없으셨군요.

맬컴: 안 그래도 힘든 집사람한테 저까지 안 좋은 소리를 할 수는 없었습니다.

존 가트맨: 두 분 다 굉장히 힘든 상황이셨습니다만, 대화를 하지 않고 각자 혼자서 감내하셨군요. 서로의 외로운 감정을 터놓지 않았기 때문에 두 분 모두 외로움에 약해지셨던 겁니다. 그 때문에 맬컴 씨도 스스로 필요 없는 사람처

럼 느껴졌고, 그런 와중에 자신을 필요한 사람처럼 느끼게 해 주는 그 여자 분이 굉장히 매력적으로 다가왔던 거죠. 저는 두 분의 결혼 생활이 아직도 위기라고 생각합니다만, 동의하십니까?

로라: 저도 그렇게 생각해요.

맬컴: 저도 그렇습니다.

존 가트맨: 그렇죠, 저는 목사님들의 조언이 정말 잘못되었다고 생각합니다. 외도를 겪은 부부는 그 일에 대해 서로 대화를 나누어야 한다는 연구 결과가 나왔습니다. 부부는 과거에 일어난 일을 이해하고, 그 위에 새로운 관계를 구축해 나가야 합니다. 그런데 그렇게 하려면 많은 고통을 감수해야 합니다.

로라: 지금도 전 너무 힘들어요. 뭘 어떻게 하면 좋을지 모르겠고요.

맬컴: 저도 모르겠습니다.

존 가트맨: 그 일에 대해서 계속 대화를 나누셔야 합니다. 더 이상 외로운 감정을 간직한 채 갈등을 피하시면 안 돼요. 이것은 부부끼리 해결할 수 있는 문제가 아닙니다. 대화를 피하라고 계속 조언해 주는 사람이 아니라 유능한 부부 상담 치료사의 도움을 받으셔야 합니다. 이해가 되십니까?

로라: 이제 이해가 되네요.

맬컴: 저도요.

로라는 아직도 남편의 불륜에 대한 트라우마 때문에 힘들어하고, 두 사람 모두 결혼 생활에서 외로움을 느끼고 있다. 그 일에 대해 이야기를 나누지 않으면 실패할 수밖에 없다. 이 부부의 경우 적절한 개입 없이도 부부 생활이 지속될 수는 있으나 명목상 가능할 뿐이다. 이런 상황에서 부부는 깊은 유대감이 결여된 채 각자 따로 생활하는 경우가 대부분이다. 서로가 깊은 소외감과 외로움을 느끼며 살아갈 것이다.

용서하고 잊어버리라는 말은 가장 흔한 조언이지만, 이것은 잘못된 치료 방식이다. 이것 말고도 잘못된 치료 방식이 또 있다. 흔히 상담사들은 배우자의 외도 사실을 알게 되었을지라도 상대방을 '통제하려는' 태도를 보이지 말라는 지침을 준다. 배반당한 쪽은 상대 배우자에게 자꾸 확인하고 책임을 묻고 싶은 마음을 억누르라는 조언을 들을 수도 있다. 계속 의심하면 치료에 방해될 거라고 조언하지만, 실은 오히려 그 반대다. 상처받은 쪽은 미래에도 그런 끔찍한 일을 또 당하지 않으리라는 것을 확인할 필요가 있다. 부부 관계를 유지하려면 외도한 당사자는 이런 배우자의 필요가 자신의 외도로 인한 외상 후 스트레스 증상임을 이해하고 참아 주어야 한다. 얼마 동안은 끊임없이 안심시켜 주어야 한다는 뜻이다. 치료 상담을 통해 충분한 신뢰가 구축되기 전까지는 이런 과정이 되풀이될 것이다.

다음의 대화는 계속되는 불신 때문에 실험실을 찾아온 한 부부의 대화를 발췌한 것이다. 3년 전 외도했던 남편은 대학 시절 사귀었던 전 여자 친구를 집에 한 번 초청하고 싶다고 말한다. 아내 입장에서는 생각만 해도 끔찍하다. 남편의 외도 상대가 이 여자가 아니었는데도 말이다. 남편은 이런 아내를 이해해 주기보다는 방어적으로 반응했고, 이것은 역효과를 불러일으켜, 결국 두 사람은 이혼했다.

마틴: 내가 무슨 행동이든지 정말로 조심하는 모습을 보일 때만 당신이 나를 믿는 것 같아. 나에 대한 믿음이 적으니까 질투심이 생기는 거야.

마야: 그래요, 두려운 마음도 있어요. 굉장히 소중한 것을 잃을까 봐 두려워요.

마틴: 나한테는 가족이 1순위이기 때문에 두려워할 필요가 없다고 얘기했잖아.

3년 전 의식적으로 가족을 가장 소중히 여기기로 결심했고, 그 결심은 바뀌지 않아. 내가 분명히 약속했잖아, 안 그래?

마야: 내가 확신을 가질 수 있었을 것 같아요? 그래서 질투심이 완전히 없어졌다고 쳐요. 하지만 내가 질투하는 건 그럴 만한 이유가 있어서잖아요. 전에…….

마틴: 이것 봐, 그게 싫다는 거야. 질리언(대학 시절 여자 친구)을 다시는 만나지 못한다는 사실이 화나는 거야. 이번에 못 보면 평생 못 보는 거잖아.

마야: 대학 시절 여자 친구를 다시 만나고 싶어요?

마틴: 그래. 당신이 나를 믿지 못한다는 사실도 화나. 당신을 만나기 1년 전에 사귀었던 사람이라고. 우리 집에 놀러 와서 당신도 만나고 애들도 만난다는데 나를 믿지 못한다는 거잖아.

마야: 그 여자가 우리 삶 속으로 들어오는 것이 싫어요. 아이들이 그 여자하고 친해지는 것도 싫고요. 그럴 이유가 없잖아요. 몇 년 전에 그랬던 것처럼 아이들과 서서히 친해지게 하고 그다음에는…….

마틴: 또 그때 얘기야.

마야: "당신은 이제 없어도 돼. 아이들도 당신보다 그 여자를 더 좋아하잖아. 애들아, 새엄마다."

마틴: 그런 일 절대 없을 거라니까. 그냥 연락하며 지내고 싶어서 그런 거야. 그냥 옛날얘기 좀 하자는데…….

마야: 생각만 해도 너무 힘들다니까요. 당신 말대로 당신이 정말 우리 관계에 충실하다면 이럴 수 없어요. 내가 왜 이러는지도 알 거고요.

마틴: (살짝 웃으며) 당신 그거 알아? 당신이 괜찮다고 말했으면 내가 이렇게까지 하지도 않을 거야.

마야: 괜찮다고 말했으면 거짓말이겠죠. 지금 당신이 그 여자를 만나고 싶다는

데, 지난 일요일에 얘기했을 때는 다 해결됐고 끝났다고 했잖아요. 그렇게 말한 건 거짓말이에요?

마틴: (웃음) 거짓말 아니야. 방금 말한 것처럼 꼭 만나야 되는 것도 아니야. 그런데 만날 수 없다고 하니까 화가 나는 거야. 누가 하지 말라고 하면 더…….

마야: 왜 그 여자를 만나지 않는 게 좋을 것 같다고 하는지 알아요? 당신이 유혹에 약한 것 같아서예요. 사람의 육체는 약하잖아요. 그리고 결혼 생활에도 좋지 않을 것 같아요.

마틴: 당신이 나를 믿는다는 걸 증명할 수 있는 기회라는 관점에서 보면 결혼 생활에 도움이 될 거라고 생각하는데.

마야: 아니에요. 아예 유혹받을 일을 만들지 말아야 해요. 만일 당신이 나를 신뢰하기를 원한다면, 나는 당신이 위협을 느끼는 상황 자체를 만들지 않을 거예요. 당신이 왜 내 입장에서는 생각해 주지 않는지 모르겠어요.

부부 관계를 지켜 나가겠다는 마틴의 마음은 진심이었을 것이다. 그러나 과거에 있었던 남편의 외도 때문에 마야는 엄청난 충격을 받았다. 아내를 존중했다면 아내를 걱정시키지 않기 위해 조심했어야 하지만, 그는 옛 여자 친구를 집으로 초대하기로 한다. 그리고 질투하지 않는다는 사실을 스스로 증명해야 한다며 아내를 놀리고 시험한다. 오히려 스스로의 신실함을 증명해야 할 사람은 마야가 아닌 자신이었음에도 말이다. 결국 그는 아내를 안심시키기는커녕 두려움만 안겨 주었다. 마틴은 아내가 예민할 수밖에 없는 상황을 자신의 임의대로 종료시킬 수 없음을 고려할 필요가 있다.

나와 나의 아내인 줄리 가트맨 박사는 역효과를 낳는 치료 접근법을 다음 리스트에 열거해 보았다. 이 리스트는 치료 과정에 대해 우리가 갖고 있는 지식과 다른 상담사들이 치료에 실패했던 부부들을 상담한 경험을 바탕으로 작성한 것이다. 치료 상담사가 다음의 내용을 하나라도 언급한다면, 상담사를 바꾸어야 한다.

1 외도했던 일은 이야기하지 않는 것이 가장 좋다. 갈등을 피하고 냉정함을 유지하라.
2 부부 모두에게 똑같이 잘못이 있다. 이 말을 다음과 같이 조금 더 미묘하게 표현하는 상담사도 있다(이런 식으로 말하는 경우가 더 흔하다). "부부 관계의 심리적 역학 관계를 잘 살펴보면, 외도한 사람도 잘못이지만 외도당한 사람의 잘못도 크다는 사실을 알게 될 것입니다."
3 아내가 외도한 경우가 훨씬 더 심각하다.
4 직업여성과 외도했다면 그래도 낫다.
5 다음 단계로 넘어가기에 앞서 우선 외도한 배우자를 용서해야 한다.
6 같은 신앙을 가진 것만으로도 문제를 해결할 수 있다.
7 외도를 당한 배우자가 화내는 것은 좋지 않다. 외도를 한 배우자를 더 멀어지게 할 것이기 때문이다.
8 진정한 목표는 어떤 대가를 치르더라도 결혼 생활을 유지하는 것이다.
9 진정한 목표는 결혼 생활을 끝내는 것이다. 이런 배신을 당하고도 유지될 수 있는 인간관계는 없기 때문이다.
10 당신은 '정말로' 외도 때문에 화난 것이 아니다. 화로써 슬프고 불안하고 두려운 감정을 감추려는 것이다.
11 이 문제를 너무 부풀려 생각하고 있다.
12 '남자이기 때문에 어쩔 수 없다'는 사실을 여자는 받아들여야만 한다.
13 감정이 폭발할 것 같다면 그것은 외도를 당한 사람이 문제 있기 때문이다.
14 정해진 시한이 지나면 이 문제를 극복해야 한다.
15 외도 후 몇 년이 지났다면 더 이상 문제가 되지 않는다.
16 외도를 당한 배우자가 ~했거나 ~하지 않았다면 상대방이 외도하는 일은 없었을 것이다(예: 성관계를 더 자주 했더라면).
17 그런 식으로 말한 것이 외도의 궁극적인 원인이었다.
18 외도 문제는 생물학적인 부분과 남녀 간의 차이 때문에 일어난다.

19 결혼 생활은 자녀가 걷고 말할 수 있을 때까지 4년 정도만 지속되는 것이 정상이다. 외도는 피할 수 없는 부분이다.
20 하룻밤의 섹스는 괜찮다.
21 외도 당사자가 섹스 파트너를 사랑하지 않았다면 외도라고 할 수 없다.
22 성관계만 가졌다면 외도가 아니다.
23 성관계가 없었다면 외도가 아니다.
24 정서적인 친밀감이 없었다면 외도가 아니다.
25 당신의 심리적인 문제 때문에 배우자가 외도하게 된 것이다. 예를 들어 그렇게 질투하지 않았다면, 또는 상대방을 지나치게 통제하려 들지 않았다면 배우자는 외도의 필요성을 느끼지 못했을 것이다.
26 섹스 온라인 채팅은 외도가 아니다. 상대방과 실제적으로 상호작용 하는 것이 아니라 컴퓨터 마우스만 '클릭하기' 때문이다.
27 대부분의 종(種)에게 일부일처제는 자연스럽지 않다. 그런데 당신은 그러기를 기대했는가?

이런 잘못된 신념을 가지고 있는 상담사를 피한다고 해서 내 필요에 꼭 맞는 치료 상담사를 만나리라는 보장은 없다. 좋은 상담에는 아주 많은 변수가 작용한다. 그러나 어떤 유형을 피해야 할지 미리 안다면 실패할 확률을 줄일 수는 있을 것이다.

다음에는 나의 상담 접근 방식을 설명하겠다. 이 접근 방식으로 훈련받은 전문가를 찾지 못하더라도 이런 과정이 있다는 것을 알고 있으면 상담이 어떤 방식으로 진행되어야 하는지, 치유를 위해서는 어떤 단계가 필요한지 감을 잡을 수 있을 것이다.

가트맨 신뢰 회복 방법: 속죄, 조율, 애착

이 외도 치유 시스템은 내 실험실에서 행해졌던 연구 결과에 바탕을 두고 있으며, 이 책의 7장과 8장, 9장에 실린 연습 방법(조율에 기반한 친밀한 대화의 기술, 가트맨라포트 갈등 관리 지침, 부부 싸움 후 감정 정리 도구 상자) 및 일곱 가지 원칙의 효과를 입증해 준다. 또한 함께 부부 상담을 진행해 온 줄리 가트맨 박사와 나의 임상 경험을 기반으로 한다. 외도 문제로 힘들어하는 부부들을 상담할 때 나는 이 시스템을 '실전에 바탕을 둔' 증거라고 표현한다는 점을 미리 밝힌다. 우리 실험실 연구라고 해서 완벽하지는 않기 때문이다. 그럼에도 불구하고 이 상담 접근 방식을 공유하고자 하는 이유는 우리가 상담했던 대부분의 부부들이 긍정적인 효과를 오랫동안 지속적으로 경험했기 때문이다(초기의 비통제 연구에서 이 치료 상담의 성공률은 75퍼센트에 달했다). 이 방법에 따르면, 상담을 받은 부부는 세 가지 치유 단계를 거친다. 단, 이 과정을 완료해야 하는 특정한 시한은 없다.

1단계: 속죄

외도를 당한 배우자가 전혀 믿지 못할지언정 외도 당사자가 계속적으로 회한을 표현하지 않으면 관계 구축 과정은 시작될 수 없다. 속죄 단계에서 외도 당사자는 인내심이 있어야 하며 방어적인 태도를 취해서는 안 된다. 본인의 외도로 인해 배우자의 건강한 관계의 집이 산산조각 났고, 외상 후 스트레스 증상을 유발했을지도 모른다는 사실을 인정해야 한다. 상대방의 마음속에는 이런 생각이 떠나지 않는다. '이 사람의 진정한 모습은 어떤 것일까? 이 사람이 생각하는 가치와 도덕은 무엇인가? 안다고 생각했지만 아무것도 모르고 있었다. 이제 무엇을 믿어야 하는가?' 상처 입은 배우자는 상대방의 신뢰성을 입증해 주는 증거를 많이 확보한 다음에야 새로운 믿음이 생겨나는 것을 경험할 것이다.

외도에 대한 일부 책임이 상대방에게 있다고 외도 당사자가 주장한다면 속죄는 이루어질 수 없다. 사람들은 흔히 상대방을 다음과 같이 비난한다. "나에게 전혀 관심이 없었잖아.", "나를 존중하지 않았어.", "6개월 동안 잠자리를 한 번도 안 했잖아!" 어려운 상황에서 바람을 피웠다면 당사자만 욕먹는 것이 불공평하게 느껴질 수도 있다. 그래도 외도한 사람이 책임져야 한다. 치유가 이루어지려면 외도 당사자는 상대방의 고통에 귀를 기울이고 공감해야 한다. 그러면 결국 부부는 다시 새로운 관계를 구축할 수 있을 것이다. 그러나 당사자가 이런 책임을 받아들이면서도 계속 변명하거나 방어적인 태도를 취한다면 치유 과정은 요원할 수밖에 없다.

마찬가지로, 외도를 당한 배우자는 용서의 문을 닫지 않기 위해 노력해야 한다. 피해자가 깊은 상처와 분노에 갇히면 갈등을 해결하지 못할 것이다. 상처를 입은 배우자는 상대방이 같은 노력을 기울이는 한 협력해야 한다. 적어도 지금은 황금률을 버리고 '남이 나를 대접하는 대로 남을 대접해야' 한다.

속죄는 고통스럽지만, 이 과정에서 부부는 새로운 이해와 수용, 용서, 희망의 싹이 자라남을 경험한다. 속죄를 구성하는 단계는 다음과 같다.

자백

잘못을 온전히 입 밖으로 내는 과정이 없으면 불신의 문제는 계속 남을 것이다. 상처 입은 배우자가 관계를 회복할 가능성에 대해서 생각할 수 있으려면 상대방이 백 퍼센트 정직해야 한다. 아는 것이 모르는 것보다 낫다. 상담사가 있는 자리에서 외도 당사자는 바람피운 대상에 대한 질문("왜 그 사람이야?", "그 여자가 나보다 예뻐?"), 바람을 피운 경위, 외도가 지속된 이유, 상대방과 만난 시간과 장소 등 바람을 피운 구체적인 내용 등에 솔직하게 대답해야 한다. 많은 부부들이 모든 것을 털어놓는 이런 방식을 불편해한다. 외도를 한 당사자는 상대방에게 더 이상 상처를 주고 싶지 않다고 생각한다. 모든 것을 밝히면 큰 고통이 따른다. 그러나 이런 과정은 반드시 필요하다.

한 아내는 남편이 외도 상대자의 부탁으로 만날 때마다 결혼반지를 빼놓았다는 사실을 알게 되었다. 특히 이 부분 때문에 아내는 매우 고통스러워했다. 어떤 남편은 어머니날에 외도 상대자를 만났다는 사실을 털어놓았다. 이 부부의 경우, 자녀 사랑은 아내의 자아 정체성과 직결되는 문제였다. 이 남편은 하필이면 그런 중요한 날 아내를 배반했다는 사실 때문에 절대 관계를 회복할 수 없을 거라고 생각했다. 그러나 두 부부 모두 시간을 두고 치유를 경험할 수 있었다. 그 이유는 부분적으로 피해자인 아내 자신이 외도와 관련된 모든 사실을 알고 있다고 확신하기 때문이다. 더 이상 비밀이 없기 때문에 더 이상 놀랄 일도 없었던 것이다.

모든 것을 털어놓는 이 방법에도 중요한 예외가 있다. 상담사는 외도 당사자가 실제 성행위에 관한 부분은 절대 묘사하지 않도록 대화를 이끌어 가야 한다. 침실에서 무슨 일이 있었는지 알면 상대방은 강박적 반추를 통해 외상 후 스트레스 증상이 재발 또는 악화될 수 있다. 나의 임상 경험에 따르면, 외도 피해자가 상담사를 신뢰하기 때문에 앞서 말한 구체적인 내용을 전혀 몰라도 괜찮다고 생각할 수 있어야 한다.

나는 페기 보건$^{Peggy\ Vaughan}$의 연구에 참여할 수 있어서 다행이라고 생각한다. 이 연구는 외도에 대한 대화와 정직한 고백이 치유에 핵심적인 역할을 한다는 사실을 보여 주었다. 그녀는 외도 후 관계 회복 중인 부부 1,083쌍을 조사했다. 외도 당사자가 외도에 대한 상대방의 질문들에 답했을 경우 86퍼센트가 부부 관계를 유지했다. 외도 당사자가 대답을 거부했을 경우에는 관계 유지 비율이 59퍼센트에 그쳤다.

행동의 변화, 투명성, 입증

고백만으로는 충분하지 않다. 정직하겠다는 의지를 현재 삶을 통해 상대방에게 보여 줄 수 있어야 한다. 외도 당사자는 자신이 더 이상 바람을 피우지 않을 것임을 상대방이 믿어 주기를 바라서는 안 된다. "이제 끝났다고 말했잖아!"라고 아무리 외쳐도 상대방에게 필요한 것은 증거다. 상대방에게 자신의 하루 일정표와 통화 기록, 신용카드 영수증 등을 보여 주어야 한다는 뜻이다. 이런 사생활 침해가 지나치고 부당하게 여겨질 수도 있지만, 반드시 필요한 과정이다. 결백을 입증하는 증거를 계속해서 보여 주지 않으면 무너진 신뢰를 회복할 수 없을 것이다.

증거 확보가 신뢰를 재구축하는 데 중대한 역할을 한다는 사실을 이해하려면 게임 이론을 살펴보는 것이 도움이 된다. 라포트 박사와 마찬가지로 미시간 대학교의 로버트 액설로드Robert Axelrod 교수는 미국과 소련의 공정한 핵무기 경쟁을 보장할 수 있는 방법을 연구했다. 그는 신뢰와 속임수에 관한 복잡한 컴퓨터 프로그램을 이용해 벼랑 끝 전술로 인해 상호 간 불신의 골이 깊어진 상황에서 협상을 진척시킬 수 있는 가장 좋은 전략이 무엇인지 연구했다. 그의 연구 결과는 아무리 작더라도 증명이 수반되지 않으면 그 어떤 약속, 공식적 합의, 조약도 무용지물임을 역설하고 있다. 증명이 수반되어야만 양측은 확신을 가지고 협상에 임할 수 있다. 냉전 시대라는 맥락에서 보면,

이것은 서로 핵 사찰을 통해 일부 핵무기를 폐기 또는 불능화했음을 확인한 다는 뜻이다. 외도로 인해 위기를 맞은 부부 관계에서 투명성을 입증하기 위해서는 제시간에 퇴근하는 등 비교적 작은 일이라고 할지라도 약속을 지켜야 한다. 또한 당사자는 증명의 한 과정으로서 외도와 연관 있었던 활동이나 관계를 제한해야 한다. 밤늦게 쓸데없이 도서관이나 병원, 술집, 헬스클럽 등 유혹을 받았거나 바람을 피웠던 장소에 들러서는 안 된다는 뜻이다. 외도 당사자는 파티나 세미나 등 순수하고 타당한 이유를 제시할 수 있더라도, 배우자와의 신뢰가 다시 쌓이기 전까지는 이런 행사를 포기할 것을 각오해야 한다. 또한 부부는 외도와 관련된 문제가 없는지 잘 살펴보아야 한다. 배우자를 가족이나 친구들에게 맡겨 두고 나 몰라라 하지는 않았는가? 부부 관계를 무너뜨리는 원인을 제공하거나 그와 연루된 인간관계는 없는가? 외도 당사자는 이런 인간관계를 영원히 끊어야 한다.

가장 까다로운 경우는 외도자가 직장 때문에 과거 연인과 계속 마주쳐야 하는 상황이다. 직장을 그만두는 것은 현실적인 해결책이 아니다. 하지만 그 사람을 가능하면 피하겠다는 굳은 의지가 있어야 한다. 외도자가 외도 상대의 상관일 경우, 배우자는 그 사람의 해고나 이직을 요구할 수도 있다. 그러나 이런 방법은 합법적인 소송의 빌미를 제공함으로써 상황을 더욱 복잡하게 만들 수 있다.

무엇이 잘못되었는지 파악하기

외도가 발생한 이유를 부부 모두가 이해하는 과정이 필요하다. "외로워서 그랬다.", "부정적인 비교를 했다.", "끔찍한 상자 안에 너무 오래 있었다."라고 말하는 것만으로는 충분하지 않다. 보다 구체적으로 알아야 한다. 왜 배우자가 상대방을 외면한 채 부정적인 비교를 했는가? 왜 부부 관계에 투자하는 시간이 적어지고 결혼 생활을 통해 필요를 채우려는 생각이 약해졌는가? 왜 배우자가 상대방의 성격을 비판하기 시작했으며, 상대방 때문에 불행하다고 느끼며 정절에 대한 생각이 느슨해지고 결국은 선을 넘었는가?

이런 문제들을 철저히 파고들어야 미래의 외도를 막을 수 있다. 과거에 반복되는 부정적인 패턴은 없었는지 돌아보는 과정에서 외도 당사자는 상대방을 비난하면 안 된다. 다시 말하지만 이렇게 하는 이유는, 무엇이 잘못되었는지 파악하기 위해서지 책임을 전가하기 위해서가 아니다. 우리 행동의 주인은 우리 자신이다. 책임을 받아들이는 것도 치유 과정의 일부이다.

이 과정은 주로 외도자가 자신의 지속적인 취약점을 파악해 나가는 과정이다. 배우자와의 갈등이나 미달이문 순간 상황에서 이러한 감정적인 약점이 드러난 계기가 무엇이었는지 돌아보는 일이 굉장히 중요하다. 목사님들에게 지나간 일은 묻어 두라는 조언을 들었던 로라와 맬컴 부부의 상담을 통해 우리는 마음속 깊은 욕구를 배우자에게 솔직히 털어놓지 않으면 끔찍한 일이 일어날 수 있음을 알았다. 로라의 능력과 스스로 잘 알아서 하는 성격 때문에 맬컴은 외로워했고 자신이 필요 없는 사람처럼 여겨졌다. 자신은 아내에게 그저 돈 벌어다 주는 기계에 불과하다고 느꼈다. 맬컴이 이런 격한 반응을 보인 이유는 어린 시절 부모님의 애정 표현이 부족했고, 그 이유로 스스로가 하찮은 인간처럼 느껴졌기 때문이다. 자신이 없어져도 아무도 모를 거라는 생각까지 들었다. 이런 약점 때문에 그는 미달이문 순간에 아내에게서 등을 돌렸던 것이다. 아내는 남편이 무엇 때문에 직장에서 스트레스를 받는지 물었지만, 맬컴은 아내가 자신을 필요로 하지 않는 사람이기 때문에 진정으로 자신을 걱정해 주는 것이 아니라며 아내를 배제해 버렸던 것이다.

외도자가 가정으로 돌아와야 하는 이유 탐색하기

외도를 당한 상대방은 외도자가 왜 다시 돌아오고 싶어 하는지 명확히 알기를 원한다. 무엇 때문에 관계를 회복하고자 하는가? 그 이유가 분명하지 않으면 상대방은 배우자가 보여 주는 새로운 의지가 진정성이 없으며 얼마 가지 않을 거라는 의심을 버리지 못할 것이다. 로라는 맬컴이 다시 바람을 피울지도 모른다며 걱정했다. 그 이유는 남편이 왜 떠났는지, 왜 다시 돌아왔는지 이해할 수 없었기 때문이다. 그러나 나의 유도로 맬컴은 결국 아내에게 이유를 설명해 줄 수 있었다. 누군가에게 필요한 사람이 되고 싶은 욕구가 주된 이유였다. 마음속에만 담아 두었던 욕구 때문에 아내에게서 멀어졌고, '엉망'으로 살고 있는 한 여성과 가까워졌다. 자신의 도움이 필요한 사람이었기 때문이다. 그러나 이제 마음속에 있던 '필요한 사람이 되고 싶은 욕구'를 아내에게 털어놓았기 때문에 로라가 이런 욕구를 가정에서 충족시켜 줄 수 있도록 함께 노력할 수 있다. 맬컴이 가정으로 돌아온 이유를 로라는 이제 이해할 수 있다. 따라서 남편이 완전히 가정으로 돌아왔음을 믿을 수 있을 것이다.

외도가 재발했을 때 치러야 하는 대가를 명확히 하기

외도 당사자는 앞으로 같은 일이 재발했을 경우 부부 관계가 영원히 끝날 것임을 받아들여야 한다. 두 번의 기회는 없다. 부부 상담 전문가들은 '처벌'이라는 단어를 불편하게 생각한다. 저명한 가족 치료 전문가인 살바도르 미누친Salvador Minuchin의 말처럼 상담사들은 외도자가 '도덕적 책임감' 때문에 다시 가정에 충실하리라고 믿고 싶어 한다. 이런 관점에서 보면 외도 당사자는 정의감과 깊은 연민, '그런 사람들'처럼 되고 싶지 않은 마음 때문에 가정생활에 충실할 것이다. 그러나 나는 임상 경험을 통해 볼 때, 강력한 억제 요인을 설정하는 것이 재발을 막는 데 도움이 된다고 생각한다. 외도자는 다시 배우자를 속일 경우 엄청난 대가를 치러야 한다는 것을 알아야 한다.

사회 심리학자들의 집단행동 연구는 이 접근 방식의 효과를 입증하고 있다. 빈센트 버스켄스$^{Vincent Buskens}$는 다양한 종류의 배반을 억제하는 처벌 효과에 대한 통찰력을 주는 매우 흥미로운 연구를 진행했다. 그는 정통파 유대인 다이아몬드 상인들 간 신뢰 관계를 연구했다. 그들 간의 신뢰와 유대는 워낙 두텁기 때문에 수백만 달러를 호가하는 보석도 악수 한 번으로 교환할 수 있다. 그리고 이런 높은 신뢰도를 유지하기 위해 상도를 위반하는 경우 치러야 하는 어마어마한 대가를 정확히 책정해 놓고 있다. 거래 상대를 속일 경우 친구, 이웃, 동료가 모두 그 사람을 피할 것이다. 버스켄스는 다음과 같이 설명한다. "신뢰를 저버리는 사람은 추방당하거나 극심한 처벌을 받게 되는데, 이것은 신뢰를 저버리는 행동은 그 행위의 가치가 아주 짧은 기간 동안에만 있다는 것을 보여 주기 위한 경고성 의미가 있다."

용서를 시작하기

속죄의 마지막 단계는 용서의 시작이다. 상처받은 배우자는 상대방의 사과를 수용하고 용서하기 시작한다. 그렇다고 해서 외도 당사자의 잘못한 사실이 없어지지는 않는다. 이런 의미에서 용서란 상대방이 때때로 실수할 수 있다는 불확실성에도 불구하고 피해자가 상대방을 믿고 협력할 의사가 있음을 의미한다. '받아들일 수 있는' 실수란 그 사람과 다시 바람을 피운다든가 새로운 외도를 말하는 것이 아니라, 과거 때문에 생기는 불미스러운 사건을 의미한다. 예를 들어 남편은 예전 외도녀에게 꽃을 주기 위해 들렀던 꽃 가게에서 꽃을 사서 아내에게 선물할 수도 있다. 아내는 신용카드 영수증에서 꽃 가게 이름을 본 적이 있기 때문에 이를 알아챈다. 누구나 신뢰를 저버리는 때가 있음을 인정하는 것도 용서의 일부이다. 완벽한 사람은 아무도 없다. 외도자가 한 일은 부끄러운 행동이었지만 이제는 그 행동을 바꾸려고 하는 것이다.

게임 이론은 이런 상황에서 용서가 어떤 작용을 하는지 잘 보여 준다. '죄수의 딜레마'는 액설로드가 심도 있게 연구한 신뢰와 배반에 대한 가장 유명한 수학 게임이다. 전형적인 상황은 다음과 같다. 두 명의 사건 용의자가 체포되어 서로 다른 취조실에서 심문을 받는다. 두 용의자는 자백하지 않기로 약속하지만 상대방이 약속을 지킬지는 알 수 없다. 둘이 모두 약속을 지켜 자백하지 않으면 둘 다 풀려나거나 단기간 복역하게 된다. 둘 중 하나가 배신하여 죄를 자백하면 자백한 사람의 복역 기간은 최소가 되고 나머지 한 명은 최대가 된다. 둘 다 죄를 자백하면 각각 복역하게 된다. 둘 다 자백하지 않는 편이 가장 유리한 전략임은 자명하다. 최대 이익을 얻기 위해 둘은 순수한 이기심을 버린 채 상대방을 믿고 협력해야 한다.

이들의 자백 여부에 따라 다음의 선택이 가능하다.

	데이빈의 협력: 침묵	데이빈의 배반: 자백
아리앤의 협력: 침묵	데이빈의 석방 아리앤의 석방	아리앤 10년 복역 데이빈 단기 복역
아리앤의 배반: 자백	데이빈 10년 복역 아리앤 단기 복역	둘 다 8년 복역

이 게임을 한 번만 했을 때 두 사람 모두 협력하여 침묵을 택하는 경우가 매우 드물다는 사실을 수많은 연구가 증명해 준다. 게임이 여러 번 되풀이될수록 둘은 배반(상대방에게 불리한 증언을 하며)을 최고의 대안으로서 선택한다. 서로 상대방이 침묵하리라는 것을 믿지 않는 것이다. 이는 매우 실망스러

운 결과이며 인간의 본성에 대해 많은 점을 시사해 준다. 액설로드의 주된 관심은 이 게임을 여러 번 했을 때 두 참가자가 협력하는 횟수를 최대화할 수 있는 최선의 방법이나 전략은 무엇인가였다. 그는 그 답을 찾기 위해 복잡한 컴퓨터 시뮬레이션을 개발했다. 그 결과 협력을 극대화할 수 있는 가장 중요한 요인은 참가자가 상대방을 배반한 뒤 보여 주는 반응이다. 상대방의 신뢰를 회복하기 위해 배반한 당사자는 다음번에는 협력해야 한다. 상대방이 협력하려고 하지 않을지라도 그렇다. 다시 말해 배반한 참가자는 상대방이 계속 자백할지라도 자신은 경찰의 요구를 묵살해야 한다는 뜻이다. 액설로드는 이를 '뉘우침(contrition)'이라고 부른다.

외도 후의 치유 과정도 마찬가지다. 부부가 상담받는 동안 실수한 외도 당사자는 계속 상담을 진행하면서 상대방의 신뢰를 다시 얻기 위해 노력해야 한다. 상대방이 처음에는 아무 반응을 보이지 않더라도 그렇게 해야 한다. 또한 피해자는 외도자가 되풀이하여 속죄할 때 치유 과정을 중단하지 않고 용서하기 위해 노력해야 한다. 일단은 넓은 마음을 갖고 상대방의 사과를 받아들여야 한다는 뜻이다. 액설로드는 실험 시간의 10퍼센트만 용서에 할애하더라도 용서가 신뢰를 강화하는 데 가장 효과적인 방법임을 발견했다. 이 수치를 그대로 위태로운 관계에 적용할 수는 없다. 그러나 어느 정도까지 사과를 받아들이면서 다음 단계로 넘어가야 하는지 짐작하는 데 도움이 된다. 외도를 당한 배우자는 과거의 연장선상에 있는 비슷한 실수를 용납해서는 안 된다. 그러지 않으면 다시 한 번 희생자가 될 수밖에 없다. 그러나 상대방이 실수했을 때 봐주는 것은 치유를 위해 계속 노력하겠다는 의지가 있다는 뜻이다. 1단계에서 용서란 상대방이 때때로 '실수를 하더라도' 도망가지 않는다는 의미이다.

2단계: 조율

잠정적인 용서와 함께 속죄의 단계를 거친 부부는 새로운 관계를 구축하기 시작한다. 첫 번째, 이전의 관계는 두 사람 모두의 필요를 채워 주지 못했다는 사실을 인정한다. 외도를 당한 배우자는 이전 관계에서 부족했던 점에 대한 책임을 질 필요는 없지만, 관계를 새로운 방식으로 구축하는 과정에 협력해야 한다.

이런 어려운 목표를 달성하기 위해서는 7~9장에서 설명한 조율의 기술을 사용한다. 상대방이 나를 잘 알고 나도 상대방을 잘 안다는 느낌은 외도를 막을 수 있는 궁극적인 장치다. 상대방에게 나의 슬프고, 어둡고, 연약한 내면을 보인다는 것은 용기가 필요한 일이다. 특히 감정을 표현하는 일이 용납되지 않고 심지어 부끄럽게 생각하는 환경에서 자라 온 사람일수록 더 그렇다. 그러나 자신의 약점을 고백하면 상대방이 외롭거나 자신이 쓸모없는 사람처럼 느끼는 상황을 방지할 수 있다. 이런 감정들이 외도를 하게 만드는 주범이다.

조율 단계에 있는 부부는 또한 갈등이 생길 때 상황에 압도되어 상대방과 새로운 거리감이 생기지 않도록 갈등을 조율하는 방법을 다시 배워야 한다. 이를 위해 나는 9장에 제시된 가트맨라포트 청사진과 후유증 처리 도구 상자를 권유한다. 이 두 가지 방법을 적용하는 과정에서는 매우 격한 감정이 오가기 때문에 두 부부와 든든한 연대감을 형성하며 이런 감정들에 능숙하게 대처할 수 있는 상담자가 필요하다. 이런 일련의 과정이 서로에 대한 튼튼한 신뢰를 구축하는 기초가 된다. 외도 당사자는 이제 부부 관계를 최우선시하기 위해 노력한다. 서로를 소중히 여기겠다는 새로운 의지의 표현으로서 부부는 '새로운 정상적인 관계(new normal)'를 공표한다. 즉 가까이 있는 사람들(자녀나 부모, 가까운 친구들)에게 본인들이 가정을 지키기로 했고, 서로에 대한 믿음을 회복하기 위해 노력하고 있음을 알리는 것이다. 이런 과정은 부부간의 새로운 관계를 현실화하고 가장 가까운 사람들의 지지를 받을 수 있도록 도와준다.

3단계: 애착

지금까지는 부부간의 섹스 문제를 언급하지 않았다. 이것은 외도 후 사람들이 가장 거론하기 어려워하는 주제다. 배우자의 외도를 경험한 피해자는 배우자와 육체적 관계를 갖고 싶어 하지 않는다. 그러기에는 너무나 많은 두려움과 분노, 상처가 있기 때문이다. 그러나 두 부부가 함께하기로 결정했다면 침실에서도 조율 과정이 필요하다. 두 사람이 모두 즐기는 성관계가 없다면 부부 관계는 다시 시작될 수 없다.

장기적인 사랑의 관점에서 보면, 성관계는 애착에 대한 욕구를 만족시켜 주는 건강한 상호 의존성에 바탕을 두고 있다. 성적 유대감은 '한눈을 팔지 못하도록' 막아 주는 튼튼한 방어벽 구실을 한다. 즐겁고 의미 있는 성생활의 핵심은 성적인 대화를 꾸준히 나누는 것이며, 이에 관해서는 7장에서도 언급한 바 있다. 그러나 이제부터는 섹스라는 주제를 보다 집중해서 다룰 것이다.

섹스에 관해 소통하는 법은 배우자의 성적 외도 때문에 치료를 받는 부부들만 배우는 것이 아니다. 모든 유형의 배반 행위로부터 관계를 회복하고자 하는 부부들이라면 섹스에 관해 대화하는 법을 배워야 한다.

11. 친밀한 성관계를 통한 유대감 형성

여자: 좀 좋아진 것 같아?

남자: 응. 좋아진 것 같은데, 아직 갈 길이 멀어.

여자: 안 좋았어?

남자: 물론 좋았지. 그런데 아직 할 일이 많아.

여자: 그래도 폴과 릴리 같지는 않잖아.

남자: 폴과 릴리 같다고 말한 적 없어. 폴이 어떻게 릴리 같은 여자를 참고 사는지 모르겠어.

여자: 폴도 마찬가지야. 참 힘든 남자야.

남자: 맞아. 그 부부는 서로 어떻게 견디고 사는지 몰라.

여자: 그럼 우린 괜찮은 거지?

남자: 물론이지. 우린 괜찮아. 하지만 더 잘할 수 있어, 안 그래?

부부의 성생활을 다루는 장이라는 것을 모른다면 이 부부가 무슨 이야기를 하는지 분명치 않을 것이다. 자신들의 대화 스타일이나 파티 솜씨를 얘기하는 것일 수도 있고, 복식 테니스 기술을 발전시켜야 한다는 내용일 수도 있다. 분명한 건 이 부부가 '그것을' 폴과 릴리보다 더 잘한다는 것이다.

이 대화는 연구의 일환으로 본인들의 성생활에 관해 이야기를 나누어 달라는 부탁을 받고 이루어진 부부간 대화를 문자 그대로 '발췌'한 것이다. 아주 전형적인 대화다. 많은 부부들이 성적 욕망에 대해 솔직하게 대화하는 것을 굉장히 부담스러워한다(미국에서는 특히 아프리카, 앵글로아메리카, 유럽의 문화적 배경을 가진 이성 부부의 경우 더 그렇다). 이 부부들은 이 주제를 어떻게 접근해야 할지 모르고 있거나, 술을 여러 잔 마신 후에야 겨우 얘기를 꺼낼 수 있다. 수치심과 거절의 두려움이 침묵하는 대표적인 이유이다. 성적 욕망에 대한 당혹감이나 성적 능력에 대한 불안감 때문에 상대방을 믿고 자신의 은밀한 비밀을 털어놓지 못한다. 그러나 모든 부부, 특히 배우자의 배반 이후 관계를 회복 중인 부부에게는 섹스와 에로티시즘에 관한 솔직한 대화가 깊은 사랑을 나누는 열정적인 부부 관계로 나아가는 데 핵심적인 역할을 한다.

부부간 정서적 헌신이 윤택한 성생활로 이어지고, 이것은 다시 정서적 헌신을 강화한다는 내 생각에 모든 부부 관계 전문가가 찬성하지는 않는다. 일부 전문가들은 애정과 믿음을 낳는 '사랑'과 섹스, 열정, 로맨스와 관련된 '사랑에 빠진 감정' 사이에는 분명한 차이가 존재한다고 주장한다. 최고의 섹스를 경험하려면 상대방과 깊은 유대감을 형성하지 않아야 한다고 주장하는 치료 상담사들도 있다.

이런 식의 접근은 일반적이지는 않지만 역사에 뿌리를 두고 있다. 중세기 유럽에서 결혼은 순수하게 경제적인 이유, 즉 자식 부양이 목적이었다. 결혼은 낭만적인 사랑이 아닌, 충성과 헌신에 입각한 관계였다. 낭만적인 사랑은 전혀 믿을 만한 것이 못 되는 것으로 여겨졌다. 사실 중세의 대표적인 오락이었던 인형극은 부인에게 열정을 품는 우스꽝스러운 남편을 조롱하는 내용들이 많았다. 이런 웃긴 남자들을 가리키는 'uxorious(아내 앞에서 사족을 못 쓰는)'라는 형용사까지 있었다. 나는 항상 이 단어를 들으면 어떤 질병의 이름이나 화이트칼라 범죄처럼 느껴진다.

이런 태도는 지금 시대의 섹스 전문가들에게서 찾아볼 수 있다. 그중 아마도 가장 유명한 사람은 부부 및 가족 상담가인 에스더 페렐Esther Perel일 것이다. 많은 관심을 모았던 저서 『왜 다른 사람과의 섹스를 꿈꾸는가(Mating in Captivity)』에서 그녀는 많은 부부들이 오랫동안 친밀한 성생활을 유지하는 비밀은 정서적인 거리를 두기 때문이라고 말한다. 그녀는 부부(연인)끼리 서로 껴안거나 기타 애정과 에로티시즘이 혼합된 접촉을 삼갈 것을 권고한다. 그녀의 관점에 따르면, 성적 지루함을 방지하는 요소 중 하나가 신비감이다. 부부(연인)간의 에로틱한 관계는 여성이 펑퍼짐한 잠옷을 몸에 걸치는 순간 끝난다는 것이다.

배우자 또는 연인과 거리를 둠으로써 성생활이 더 즐거워지는 경우도 분명히 있을 것이다. 그러나 대부분의 부부들이 원하는 것은 '낯선 섹스'가 아니다. 그들은 멋진 성생활과 함께 깊은 정서적 유대감을 원하며, 두 가지를 모두 한 사람과 공유하고 싶어 한다. 서로 어느 정도 거리를 유지하는 부부는 건강한 부부다. 자신만의 취미, 친구, 의견 등 강한 개별성이 없으면 관계에도 그다지 도움이 되지 않는다. 그러나 풍성한 성생활을 위해서는 서로 공유하는 부분도 있어야 한다. 매력적인 속옷을 입은 모습을 보여 주며 낭만적인 밤을 기대해 볼 수도 있겠지만, 나 자신의 솔직한 모습을 보여 주는 것이야말로 둘 사이의 열정을 몇 년이고 유지할 수 있는 비결이다. 이 과정은 스트립쇼를 배우는 것보다 많은 노력이 필요하다.

극단적으로 말하자면, 페렐의 '비인격적 섹스(impersonal sex)'라는 개념은 저명한 정신과 의사인 빅터 프랭클Victor Frankl이 포르노로 간주했던 개념들을 담고 있다. 이런 유형의 성적 활동은 정서적 애착이나 상대방에 대한 애정이 아닌 육감적인 가슴, '바위처럼 단단한 복근'이나 특별한 향수 등 특정한 성적 매력에 바탕을 두고 있다. 전 세계적으로 비인격적인 섹스를 짜릿하다고 생각하는 사람은 무수히 많다. 그렇지 않다면 5억 개나 되는 포르노 웹사이트도 존재하지 않을 것이다. 매춘이 세상에서 가장 오래된 직업이지도 않을 것이고, 페티시fetish*나 기이한 섹스, 사디즘과 마조히즘도 없었을 것이다.

과학자로서 내가 비인격적인 섹스를 선호하는 사람들을 판단하는 것은 아니다. 그러나 연구를 통해 확신하는 점은 오랜 기간에 걸쳐 헌신된 관계에서 서로 정서적인 거리를 두면 어떤 유형의 성생활이라고 할지라도 더 나아지기보다는 오히려 악화된다는 것이다. 신혼부부의 결혼 생활을 수년간 추적 연구한 결과 이 사실이 더욱 분명해졌다. 아기가 태어나면 부부는 저절로 멀어진다. 해야 할 일이 산더미처럼 쌓이기 시작하면 가장 피상적인 대화, 심지어 안부를 묻는 대화조차 할 시간이 없다. 전형적인 시나리오대로라면 엄마는 정서적으로 아기에게 더 집중하는 반면, 아빠는 일하는 시간이 늘어난다. 부부간 거리가 생기지 않으려야 않을 수 없다.

부부간 분리가 미치는 영향은 3년 차 신혼부부에게서 뚜렷이 드러났다. 우리 연구 팀은 3년 차 신혼부부들을 사랑의 실험실 아파트로 부르는 대신 실험 대상의 집에 비디오카메라 및 기타 장비들을 설치했다. 우리는 부부가 서로 상대방과 결혼 생활에 대하여 대화를 나눌 때 사용하는 단어, 신체 언어, 심리적 반응을 평가했다. 자료를 분석한 결과 부모가 된 부부들 중 성생활에

---

* 특정 물건을 통해 성적 쾌감을 얻는 것.

만족하는 부부는 33퍼센트에 불과했다. 이 부부들만이 기저귀 쓰레기통을 비우는 일 이외에 부부만의 시간을 갖고 서로 깊은 대화를 나누었다. 이것은 우연이 아니다. 이 부부들이 성생활에 만족할 수 있었던 이유는 거리감을 유지해서가 아니라 오히려 극복했기 때문이다.

나는 이를 두 건의 무작위 임상 연구를 통해 재확인할 수 있었다. 즉 정서적 유대감을 유지하기 위해 따로 시간을 낸 부부들의 성관계 횟수가 더 많았다. 페렐의 조언과 반대로 이 33퍼센트에 해당하는 부부는 포옹을 굉장히 자주 하고 기타 신체적인 애정 표현을 많이 하는 모습을 보였다. 심지어 펑퍼짐한 잠옷을 입고서도 멋진 밤을 보냈다. 이 부부들은 지루해하지도 않았다. 모르는 사람들끼리 바에서 우연히 만난 것처럼 연기하며 자신들이 가진 환상을 실현해 보는 부부도 있었다. 이런 경우는 비인격적인 섹스와 반대다. 서로 깊은 친밀감을 느끼는 두 사람이 에로틱한 장난을 함께 공유하고 즐겼기 때문이다.

나만 이런 연구 결과를 얻은 것이 아니다. 작고한 섹스 상담가 버니 질버겔드Bernie Zilbergeld는 45세 이상의 미국인 부부 1백 쌍을 대상으로 나이가 들어도 열정을 유지할 수 있는 최고의 섹스 테크닉이 무엇인지 조사했다. 실험 대상의 절반은 만족스러운 성생활을 하고 있는 부부였고, 나머지 절반은 그렇지 못한 부부였다. 그는 연구 결과를 보고 깜짝 놀랐다. 기술은 전혀 중요하지 않았던 것이다. 두 집단의 차이는 무엇이었을까? 활발한 성생활을 하는 부부의 경우 서로 간의 우정이 더 깊었고, 섹스를 우선시하는 데 헌신적이었다.

로맨스와 열정의 정의

사람들은 설렘과 헌신이 혼합된 사랑이라는 감정을 말로 묘사할 수 없다고 생각하지만 그렇지 않다. 카레일 러스벌트$^{Caryl\ Rusbult}$와 셜리 글래스의 연구와 내 연구를 종합하면 로맨스의 학문적 정의를 내릴 수 있다고 생각한다. 부부(연인) 관계를 배신 행위로부터 보호하기 위해서는 배우자(연인)를 아끼는 것(긍정적인 비교가 도움이 됨)이 매우 중요함을 우리 모두 알고 있다. 따라서 나는 로맨스를 '두 사람 모두 상대방을 유일무이한 존재로서 아끼는 행위와 사고를 키우며 촉진하는 상태'라고 정의한다. 열정이란 '상대방에 대한 강하고 때로 강박적이기까지 한 관심을 키우는 상태로서, 욕망, 호기심, 이끌림을 포함한다.' 로맨스와 열정을 결합하면 비인격적인 섹스의 반대, 즉 (성적으로) 친밀한 신뢰를 갖고 있다는 의미가 된다.

오랜 세월 함께한 조앤 우드워드$^{Joanne\ Woodward}$를 두고 바람을 피우고 싶은 유혹을 받은 적은 없느냐는 질문에 전설적인 연기자 폴 뉴먼$^{Paul\ Newman}$이 대답했던 유명한 말이 떠오른다. "집에 스테이크가 있는데 왜 밖에 나가서 햄버거를 사 먹습니까?" 한번은 데이비드 레터먼 토크쇼에 출연한 폴 뉴먼에게 앞으로 어떤 특정한 역을 맡을 계획이 있냐고 레터먼이 묻자, 그는 집사람이 원하기 때문에 그럴 것 같다고 대답했다. 그러자 레터먼은 항상 부인이 하자는 대로 하느냐고 물었다. 폴 뉴먼은 이렇게 답했다. "그럼요, 집사람이 음식에 이상한 거라도 넣을지 모르잖아요. 그러니 말을 들어야지요." 이런 농담은 아내를 아끼는 남편만 할 수 있다. 아내를 존중하고 아끼는 마음, 아내의 영향을 계속 받고자 하는 의지가 담겨 있기 때문이다.

섹스 취향에 대한 대화

욕망과 헌신이 서로 깊이 관련되어 있는데도 불구하고 많은 이성 부부가 성적 만족과 관련된 이야기를 서로 나누기 어려워하는 이유는 무엇일까? 침실에서 일어난 일을 함구한 채 평가하거나 개선하지 않는 이유는 무엇일까? 이런 불편함은 문화의 산물이다. 우리는 헌신과 섹스를 구분지어 사랑의 관계를 구축하고자 하는 욕구와 성적 만족을 증대하고자 하는 욕구를 서로 분리된 것처럼 여긴다. 서점이나 웹사이트에서도 이런 구분을 쉽게 찾아볼 수 있다. 서점에서는 섹스 지침서를 분리된 진열대에 올려놓고 웹사이트의 경우 관계 지침서 코너와 분리된 웹페이지에 게재해 놓는 경우가 대부분이다. 책들의 내용을 봐도 그렇다. 사랑과 헌신에 대해 조언하는 책들은 섹스를 수박 겉핥기식으로만 다루고 넘어간다. 성적 쾌락에 관한 지침서들도 부부 생활의 다른 차원을 다루는 경우가 드물다.

나는 이런 경향을 따르는 대신 이 책을 통해 성적 관계를 솔직하고 자세히 다루고자 한다. 섹스의 육체적인 부분은 복잡하지 않다. 페니스와 클리토리스, 여성의 질은 신체에서 가장 단순한 기관에 속한다. 심장이나 신장과 같은 아주 복잡한 기관에 비해 구조가 매우 단순하다는 말이다. 오르가슴 역시 단순한 신체 기능 중 하나에 속한다. 충혈, 발기, 윤활 작용, 황홀감이 과정의 전부라고 할 수 있다. 그러나 섹스의 질을 결정하는 것은 의사소통이다. 개인마다 성적으로 흥분하는 이유가 다르다. 자신의 욕망에 대해 대화를 나누는 것이 불편하다면 서로를 만족시키기 어렵다.

연구에 따르면, 이런 주제로 서로를 격려하며 대화를 나눌수록 부부의 행복도도 증가한다. 특히 이성 부부의 경우 여성의 만족도와 더 밀접한 관련이 있다. 한 연구에 따르면, 자신의 성감에 대해 남편과 터놓고 얘기한 여성은 그렇지 않은 여성에 비해 성생활 만족도가 다섯 배나 높았다. 나는 이런 대화를 나누는 것이 여성에게 중요한 이유가 두 가지 있다고 생각한다. 첫 번째는 생리적 이유다. 남성은 성적 만족감을 느끼기 위해 특별히 이래라저래라 설명할 필요가 없다. 일반적으로 성적 흥분이 굉장히 쉽고 오르가슴도 비교적 어렵지 않게 느끼기 때문이다. 성교만 이루어지면 된다. 그러나 선구적 연구자 셰어 하이트Shere Hite[4]에 따르면, 여성의 70퍼센트는 성교를 통해 규칙적인 오르가슴을 느끼지 못한다고 한다. 여성의 경우 쿤닐링구스cunnilingus, 즉 성기 애무 등 기타 방법들이 수반되어야 한다. 뿐만 아니라, 여성의 경우 남성과 달리 오르가슴이 섹스를 하는 유일한 목표가 아닌 경우가 더 많다. 여성의 성적 반응에 대한 연구에 따르면, 여성은 오르가슴 자체보다는 친밀한 애무를 통해 성적인 만족을 느끼는 경우가 더 많다고 한다. 그러나 모든 남자가 이 사실을 깨닫고 있지는 못한 것이 현실이다(그리고 포르노가 현실에서 여성이 어떤 것을 좋아하는지 보여 줄 리 만무하다).

연구에 따르면, 여성은 정서적인 유대감이 없을 때 상대방과 성관계를 갖는 것을 남성보다 훨씬 불편하게 생각한다. 실험실을 찾은 부부들이 섹스에 대한 설문지를 작성한 것을 보면, 성별과 관계없이 대다수가 다음 진술에 동의한다. "대부분의 여성은 정서적으로 가깝다고 느낀 상태에서 섹스를 원하지만, 남성에게 있어 섹스는 정서적으로 가까워지는 방법 중 하나다." 이런 차이점 때문에 부부간 갈등이 생기는 전형적인 예가 바로 부부 싸움을 '종결짓는' 방법에 대한 대조적인 반응이다. 남성의 경우 섹스를 화해의 수단으로 생

---

[4] 1976년 출간된 『여성의 성적 욕구에 관한 하이트 보고서(*The Hite Report: A Nationwide Study of Female Sexuality*)』는 성 관련 최고의 베스트셀러로 4800만 부나 팔렸다.

각하지만 여성은 화해를 하기 전까지는 섹스를 원하지 않는다. 이런 차이 때문에 여성일수록 자신의 성적 욕구를 표현할 때 상대방으로부터 격려받는다는 느낌이 중요하다. 남자가 들으려고 하지 않거나 방어적인 태도를 취할 때는 관계에 문제가 생긴다.

어떻게 하면 섹스에 대한 대화를 좀 더 편하게 할 수 있을까? 친밀한 의사소통 기술과 함께 가트맨라포트 청사진을 적용하면 이런 종류의 대화가 갖는 특수한 어려움을 완화할 수 있다. 이 방법은 내가 아내와 함께 이틀간의 워크숍을 통해 부부들에게 가르쳐 주는 방법이다. 참석자들 중에는 새로 사귀게 된 커플들도 있지만 셰리와 헌터의 경우처럼 오랜 기간 함께 살아오면서 성생활에 어려움을 겪는 중년 부부들도 있다. 헌터는 아내가 자신의 요구에 더 적극적으로 반응해 주기를 바란다. 셰리는 남편이 자신의 욕구에 민감하지 못하다고 불평한다. 이틀간의 워크숍 후 우리 연구 팀은 그 부부가 새로운 의사소통 기술을 적용하여 대화하는 모습을 녹화했다. 이들의 대화가 일상적으로 집에서 하는 대화와 다르다는 점을 염두에 두어야 한다. 이들은 카메라 앞에 앉아 방금 배운 기술을 적용하고 있으므로 보다 의식적인 말투와 명확한 표현을 사용하고 있다. 이런 경우 대부분의 사람들은 자신이 무엇을 원하는지 분명하게 말하기가 어려워 헛기침도 많이 하고 우물거리거나 빙빙 돌려 말하기도(상담을 받는 중에도) 한다. 그러나 일단 물꼬를 트면 털어놓기가 훨씬 수월해진다.

헌터: 불이 들어왔군. 불만이 더 많은 사람은 나니까 내가 먼저 할게. 자, 어떻게 생각해? 나는 우리가 성생활을 향상시켜야 한다고 생각해. 섹스가 지루해졌잖아. 그리고 더 자주 해야 한다고 생각해. 당신과 미치도록 하고 싶을 때가 있어.

셰리: 맛도 없는 음식이 양까지 적다는 우스갯소리도 있지(웃음).

헌터: 맛이 없다는 말이 아니야. 그렇게 얘기한 적 없어. 그냥 항상 똑같다는 거야. 당신은 그런 생각 안 들어?

셰리: 내가 어떻게 생각하는지는 중요하지 않은 것 같은데(화난 표정).

헌터: 응?

셰리: 내가 뭘 원하는지 당신에게 말해도 듣지 않는 것 같아.

헌터: 알았어. 방어적으로 말하지 말고. 워크숍에서도 그러지 말라고 했잖아. 이제는 당신이 하는 말이 무슨 말인지 좀 알 것 같아. 알았어. 이번엔 잘해 볼게. 당신이 무엇을 원하는지 다시 한 번 이야기해 줄 수 있어?

셰리: 항상 그런 건 아니지만 대부분은 섹스를 하기 전에 당신하고 정서적으로 가깝다고 느껴야 해. 이런 말 수도 없이 했잖아.

헌터: 당신이 그렇게 이야기할 때 무슨 뜻인지도 잘 모르겠고 어떻게 하면 좋을지도 잘 모르겠어. 당신이 나와 가깝게 느끼려면 내가 어떻게 해야 할까? 그건 당신 책임 아닐까? 이해가 잘 되지 않네.

셰리: 수학 문제처럼 복잡한 게 전혀 아니야. 그냥 함께 대화하고, 내 말을 들어 주고, 안아 주고, 뽀뽀해 주고 그러면 돼.

헌터: 어떤 말을 들어 주어야 하나? 더 가깝게 느끼려면 어떤 주제로 대화를 해야 할까? 장난으로 얘기하는 게 아니라, 정말 궁금해서 물어보는 거야.

셰리: 주제는 중요하지 않아. 대화를 하기만 하면 된다니까.

헌터: 그냥 얘기만 하면 된다, 이 부분이 잘 이해되지 않네. 어떻게 아무 주제 없이 대화를 나눌 수 있을까? 주제가 없는 대화?

셰리: 알았어, 설명해 줄게. 당신은 이렇게 물어봐 주면 돼. "자기야, 오늘 어떻게 지냈어? 잘 지냈어?"

헌터: 알겠어. 그런 건 할 수 있지. 그러고 나서는?

셰리: 그러면 나는 잘 지내긴 했는데 좀 힘들었다고 대답하겠지.

헌터: 그러면 나는(웃으며) "당신 많이 힘들었겠다. 좋은 생각이 있어. 섹스할까?" 이러면 되는 건가?

셰리: (미소 지으며) 아니. 그러면 당신은 "당신 많이 힘들었겠다. 오늘 무슨 일이 있었는데?"라고 하는 거야. 그러면 나는 무슨 일이 있었는지 당신에게 이야기하고, 당신은 따뜻하게 내 말을 들어 주고 잘 이해해 주는 거야. 그러고 나서 이리 와 보라고 말하면, 나는 "좋아."라고 대답하고, 당신은 나를 안아 줘. 그리고 내가 육체적으로 반응하는지 살펴본 뒤 키스를 하고 나를 천천히 애무하면 나는 반응을 보이지. 그러고 나서야 물어보는 거야. 섹스하고 싶은지……(웃음).

헌터: (웃음) 알겠어. 괜찮네. 그런데 내가 다가가면 그냥 싫다고 말할 때도 있잖아. 그렇게 한 적이 많은 것 같은데.

셰리: 당신이 섹스를 원할 때 내가 자주 하는 말은 이거지. "내가 섹스를 하고 싶은 건지 잘 모르겠어."

헌터: 그게 싫다는 말 아닌가? 내겐 그렇게 들리는데.

셰리: 아니, '잘 모르겠다'는 거야. 나는 잘 모르겠으니까 나를 설득해 달라, 당신이 유혹하면 하고 싶어질지도 모르지만 지금 바로 섹스할 준비는 안 됐다는 말이야. 하지만 그렇게 물어볼 때 당신은 이미 발기된 상태로 삽입할 준비가 돼 있는 거잖아.

헌터: 방어적으로 말하지 마. 그래, 그럴 때가 많지. 나는 준비가 되어 있지. 어떻게 하면 당신을 유혹할 수 있을까?

셰리: 내가 무엇을 원하는지 물어보는 걸로 시작하면 돼.

헌터: 정말? 그러면 얘기해 줄 거야?

셰리: 물론이지. 장난이 아니잖아. 일단 물어보라고. 여러 번 말해 주었을 텐데.

헌터: 당신에게 물어보라고? 정말로 그렇게 하면 유혹할 수 있나?

셰리: 상대방이 나에게 물어봐 주는 것은 첫 단추를 굉장히 잘 낀 거야. 그렇게 하면 섹스에 조금씩 흥미가 생겨. 따뜻한 물에 목욕을 하며 긴장을 푸는 것이 필요할 때도 있고, 함께 샤워를 할 수도 있고, 서로 비누칠을 해 줄 수도 있고, 단지 키스만 원할 수도 있지. 잠깐 이야기하고 애무를 원할 수도 있어. 그때그때 달라. 일단 먼저 내 등을 쓰다듬어 주는 것부터 시작하면 좋겠어.

헌터: 알겠어. 그런 건 생각도 못했어. 앞으로도 당신에게 물어보면 되겠네. 지금 메모하고 있어. 다른 건 없어?

셰리: 메모까지 하고 있다고? 너무 귀엽네. 섹스를 할 기분이 아니라고 말해도 실망하지 마. 당신을 거부하는 게 아니니까. 어떤 방식으로든 당신과 유대감을 나누는 게 좋아. 가끔씩 내가 하고 싶지 않더라도 당신이 하고 싶다면 섹스를 해도 괜찮아. 윤활제를 사용해야 될 수도 있지만 당신에게 주는 나의 선물이라고 생각하면 좋을 것 같아.

헌터: 하지만 당신도 하고 싶다는 생각을 갖고 나에게 와 주었으면 좋겠어.

셰리: 그건 내 쪽에서 알아서 할게. 그걸 요구하지는 말았으면 해. 항상 하고 싶을 필요는 없잖아.

헌터: 나는 항상 하고 싶은데.

셰리: 알아.

헌터: 미안.

셰리: 아니, 괜찮아. 당신은 남자잖아. 그럼 하나 물어볼게. 정말 하고 싶은 생각이 없을 때는 다른 방법으로 당신을 만족시켜 주어도 될까?

헌터: 구강 섹스를 해 주면 좋겠어.

셰리: 진작 물어볼걸 그랬네. 가끔씩 손으로 해 줘도 돼?

헌터: 구강 섹스만큼 좋지는 않지만 가끔씩은 괜찮아.

셰리: 당신의 기분을 상하게 하지 않으면서 거절할 수 있는 방법이 있을까?

헌터: 오늘 당신 정말로 매력적이지만 내가 녹초가 되었다든지, 전혀 생각이 없다고 얘기해 주면 괜찮을 것 같아.

셰리: 당신 자존심을 생각해서 그렇게 말할게.

헌터: 남자는 자존심 상하기 쉬워.

셰리: 정말 그래. 당신이 한 말 중에 '섹스가 지루하다'라는 말은 무슨 뜻이야?

헌터: 나는 섹스에 대한 환상이 있거든.

셰리: 뭔데?

헌터: 실험실 같은 곳에서 귀에 전선을 꽂고 카메라 앞에 앉아서 할 수 있는 얘기는 아닌 것 같아. 정말 사적인 부분이야.

셰리: 무슨 뜻인지 알겠어. 그럼 우리 둘만 있을 때 말해 줄 수 있어?

헌터: 노력해 볼게. 당신이 너무 이상하게 생각하지 않았으면 좋겠네.

셰리: 안 그럴게.

헌터: 이상하게 생각할 텐데.

셰리: 알았어. 그 얘기를 듣고 나서 하고 싶은 생각이 싹 사라질 정도라면 말할게.

헌터: 알겠어. 카메라 앞에서는 좀 점잖은 축에 속하는 걸로 얘기해 보도록 하지. 당신이 야한 속옷을 입으면 나를 유혹하려고 그러는 것 같아서 정말 섹시해 보여. 당신이 먼저 적극적으로 다가오니까. 나는 가끔씩 당신이 먼저 그렇게 해 줬으면 좋겠어.

셰리: 알았어, 그렇게. 당신을 놀라게 해 달라는 얘기지?

헌터: 아니, 데이트를 하고 한 번 함께 계획을 세워 보도록 하자. 그러면 당신도 나와 더 가까워진 느낌이 들 테니까.

셰리: 바로 그거야. 난 그런 게 좋아. 시간을 두고 함께 생각해 보는 거. 그러면 하고 싶은 기분이 들어.

헌터: 저녁에 외식하고 영화 보러 갈까?

셰리: 정말 좋은 생각이야.

헌터: 그리고 나서 집에 가면…….

셰리: 내가 원하는 게 뭔지 물어봐 줘.

헌터: 당신이 빨간색 속옷을 입고 나오면 어떻게 해 주면 좋겠냐고 당신한테 물어보라는 거지?

셰리: 맞아.

헌터: 그렇게 하지(웃음).

헌터와 셰리는 서로 마음을 터놓고 농담도 해 가며 서로에게 성적으로 가장 원하는 게 무엇인지 자연스럽게 이야기하고 있다. 셰리는 남편이 마침내 그녀가 원하는 바를 이해했다고 생각하고 있다. 이 대화를 하기 전까지는 남편이 '함께 대화해 달라(talk to me)'는 말뜻을 이해하지 못한다는 사실을 전혀 모르고 있었다. 헌터는 아내가 자신이 원하는 대로 여유를 갖고 천천히 성생활에 더욱 집중할 거라는 생각에 아주 만족하고 있다.

셰리와 헌터처럼 성적 차이와 욕구에 대한 대화를 나누려면 용기가 필요하다. 다음 질문지는 내가 워크숍에서 사용하는 것과 비슷하다. 이 질문지로 대화를 준비해 보면 도움이 될 것이다.

부부 관계의 섹스, 로맨스, 열정 평가하기

이 질문지는 혼자 작성하시오. 각 문장을 읽고 그렇다고 생각하면 '예'에 동그라미를 치고 그렇지 않다고 생각하면 '아니요'에 동그라미를 치시오. 빈 칸에는 당신의 생각을 보다 상세히 적어 보시오. 예를 들어 부부 관계에 열정이 식고 있다는 1번 진술에 '예'라고 답했다면 '예전에는 이틀에 한 번씩 섹스를 했지만 지금은 2주일에 한 번씩 한다'는 식으로 보충 설명을 적으시오.

1	부부(연인) 관계에 열정이 식고 있다. 열정의 불이 사그라지고 있다. 설명:	예	아니요
2	요즘 배우자(연인)가 사랑과 존중, 애정을 표현하는 횟수가 많이 줄었다. 설명:	예	아니요
3	우리는 거의 스킨십을 하지 않는다. 설명:	예	아니요
4	부부(연인) 관계에서 부드럽거나 열정적인 순간이 거의 없다. 설명:	예	아니요
5	성생활에 분명히 문제가 있다. 설명:	예	아니요
6	섹스를 하는 횟수가 문제다. 설명:	예	아니요
7	섹스에 대한 만족도가 문제다. 설명:	예	아니요
8	섹스 또는 성적 문제에 대해서 함께 대화를 나누는 것이 우리에게는 중요한 문제다. 설명:	예	아니요
9	우리는 포옹하는 일이 거의 없다. 설명:	예	아니요

10	우리 둘은 섹스에서 원하는 것이 정말 다르다. 설명:	예	아니요
11	내 배우자(연인)는 내가 어떻게 하면 흥분하는지 모른다. 설명:	예	아니요
12	욕구의 차이 때문에 문제가 생긴다. 설명:	예	아니요
13	성관계 시 사랑의 양이 문제다. 설명:	예	아니요
14	배우자(연인)의 섹스 만족도가 낮아서 문제다. 설명:	예	아니요
15	내 배우자(연인)는 나에게 성적 매력을 느낀다는 표현을 해 주지 않는다. 설명:	예	아니요
16	보통 나는 배우자(연인)에게 성적 매력을 느껴도 표현하지 않는다. 설명:	예	아니요
17	내 배우자(연인)는 나의 외모를 칭찬해 주지 않는다. 설명:	예	아니요
18	나는 섹스를 시작하는 방법 때문에 불만족스럽다. 설명:	예	아니요
19	내가 섹스를 거부하면 배우자(연인)는 기분 나빠 한다. 설명:	예	아니요
20	내가 원하지 않을 때도 섹스를 하는 경우가 많다. 설명:	예	아니요
21	우리는 서로를 성적으로 만족시켜 주는 방법이 매우 적다. 설명:	예	아니요
22	내 배우자(연인)는 섹스를 할 때 어떻게 해 주면 좋다는 내 말을 들으려고 하지 않거나 기억하지 못한다. 설명:	예	아니요

점수 계산

'아니요'에 표시한 항목의 수를 세시오. 그 숫자를 22로 나눈 뒤 100을 곱한 숫자가 당신의 성적 만족도이다.

> **80퍼센트 이상**

부부 관계에 애정, 섹스, 로맨스와 열정이 넘친다. 이어지는 연습 문제를 풀며 '사랑 지도'를 작성하면 즐거운 성생활을 유지하는 데 도움이 될 것이다.

> **50퍼센트 이상 80퍼센트 미만**

성생활에 조금 문제가 있다. 다음에 제시된 단계들을 밟아 나간다면 관계를 개선하고 그런 문제들에 대해서 배우자(연인)와 대화를 나누는 데 많은 도움이 될 것이다.

> **50퍼센트 미만**

성생활에 심각한 문제가 있으며 부부(연인)간의 관계를 약화시킬 수 있다. 이어지는 연습 문제는 서로의 성적 욕구에 대한 이해도를 높이고 보다 친밀한 성생활을 하는 데 도움이 될 것이다.

이제 본인의 성적 만족도를 알았으니 마음을 터놓고 이야기를 시작해 보라. 더 나아가 성생활에서 서로에게 원하는 것이 무엇인지 털어놓아도 좋다. 누가 먼저 시작해 볼까? (누군가가 먼저 시작해야 한다.)

1. 질문지에 메모한 설명 중 몇 개라도 소리 내어 읽어 보시오. 먼저 '아니요'라고

답한 문제의 설명부터 시작하시오. 대화는 긍정적인 내용부터 시작하는 것이 좋다.

2. 각 항목에 동의하는가?

3. 동의하지 않은 항목에 대해서 대화를 나누시오. 한 사람씩 차례대로 얘기하고, 상대방이 자신의 감정과 욕구에 대해 이야기할 때는 집중해서 잘 들으시오. 서로 원하는 것을 말할 때는 상대방을 비난하지 말고 희망 사항처럼 이야기하시오("보통 때보다 (페니스를) 세게 잡아당겨 달라고 계속 말해도 당신은 한 번도 들어 준 적이 없잖아."라고 말하는 대신 "보통 때보다 세게 잡아당겨 주면 좋겠어. 좀 더 자주 그래 줬으면 좋겠어."라고 하시오). 상대방이 지금까지와 전혀 다른 방법으로 애무해 주면 좋겠다고 얘기할 때 놀랄 수도 있으니 상대방의 얘기에 화를 내거나 상처받지 않도록 노력하시오. 이 연습 문제는 모든 것을 솔직히 털어놓는 데 의의가 있으니, 둘 중 한 사람이라도 감정이 격해지면 상대방에게 말하시오. 관계 회복을 위해 노력하시오. 그래도 상대방의 화가 누그러지지 않으면 잠시 휴식하시오. 가트맨라포트 청사진을 사용해 감정을 처리하시오. 준비가 되면 연습 문제를 다시 시작하시오. 평정을 되찾는 데 하루 정도 걸릴 수도 있다.

4. 성관계 시 어떤 부분이 가장 에로틱하게 느껴지는지 각자 말해 보시오. 이때 274쪽에 있는 '사랑 지도' 질문지를 사용하시오. 처음부터 모든 것을 털어놓지 않아도 괜찮다. 조금씩 얘기해도 좋다. 상대방을 흥분시킬 수 있는 방법을 부끄러워하지 말고 메모해 놓으시오. 새롭게 알게 된 정보가 지금은 부담스러울 수 있지만, 적어 놓은 리스트를 가지고 있으면 나중에 천천히 읽어 볼 수 있어 도움이 된다.

5. 현재의 섹스 방법을 바꾸고 싶다면 한꺼번에 바꾸지 마시오. 다음 주에 시도해 볼 수 있는 섹스 방법을 한 가지만 택해서 상의하시오. 서로 마사지하는 시간을

추가하거나 새로운 체위를 시도할 수 있다. 그것이 성공하면 그다음 주에 새로운 것을 추가하는 식으로 진행하시오.
6. 매주 선약된 논의 시간을 갖고 각자의 진행 상황을 얘기하시오. 이번 주에 잘된 점은 무엇인지 서로 나누시오.
7. 아이디어가 필요하면 Gottsex.com을 방문해 보시오.

성적 욕구에 대한 대화를 개선하는 방법으로 다음 제안을 소개한다.

제안 1: 섹스를 시작하는(또는 거절하는) 의식을 개발하라

많은 이성 부부의 경우 섹스를 시작하는 관례적인 절차나 의식이 있으면 성생활을 우선시하는 데 도움이 된다. 저명한 섹스 상담가 로니 바르바크 Lonnie Barbach는 1~9단계로 구성된 '성욕 척도(amorous scale)'를 이용해서 자신의 흥분도를 상대방에게 알리라고 말한다. 1단계는 "고맙지만 거절할게요.", 5단계는 "유혹하면 넘어갈 것 같아요.", 9단계는 "오, 좋아요!"다. 예를 들어 한쪽이 "자기야, 나 지금 8번이나 9번이야."라고 하면 상대방은 "글쎄, 난 5번인데. 일단 키스부터 시작하고 어떻게 되나 볼까?"라고 말할 수 있다. 바르바크의 단계를 적용하면 거절해도 그렇게 기분 나쁘지 않다. 지금 내 신체가 원하지 않음을 알리는 것뿐이기 때문이다. 치료 상담가인 미셸 와이너데이비스 Michele Weiner-Davis는 남성의 경우 욕망이 커지면 신체 접촉과 섹스 쪽으로 진전되지만, 여성의 경우는 신체적인 접촉 후에야 욕구가 발생된다.

비언어적 형태로 섹스를 시작할 수도 있지만 그러기 위해서는 양쪽 다 어떤 메시지를 주고받는지 분명히 알고 있어야 한다. 어떤 부부는 상대방의 등을 문지르거나 키스로 신호를 보내기도 하고, 상대방에게 발마사지를 해 주는 부부도 있다. 실험실에 찾아온 한 부부는 집에 있는 자기 인형 한 쌍으로 신호를 보내는데, 남편이 섹스를 원할 때 남자 인형을 눕히고, 아내도 원하면 여자 인형을 눕힌다.

제안2: 성적인 사랑의 지도를 그려라

섹스에 대해서 터놓기를 원하는 부부들이 가장 힘들어하는 부분 중 하나는 어떻게 하면 상대방을 가장 만족시켜 줄 수 있는지 물어보고 자신이 원하는 것은 무엇인지 정확하게 설명하는 부분이다. 그러나 이런 과정은 서로의 성적 욕구에 대한 사랑 지도를 그리기 위해서 반드시 필요하다. 다음에 있는 긴 리스트는 섹스에 대해서 배우자(연인)와 대화할 때 서로에게 물어볼 수 있는 질문들을 적은 것이다. 질문은 취사선택할 수 있다. 많은 부부들이 당혹스러워하는 주제라 질문 시에 도움이 되기를 바라지만, 반드시 적힌 대로 똑같이 질문할 필요는 없다.

이 리스트는 본인에게 가장 간단하고 편안하다고 생각되는 방식으로 이용하기 바란다. 가장 편안한 질문부터 시작하는 것이 도움이 될 수 있다. 마음이 좀 더 편해지면 어려운 질문도 해 볼 수 있다. 어떤 부부들은 가장 하고 싶거나 대답을 듣고 싶은 질문에 밑줄을 긋거나 별표를 하기도 한다. 질문을 입 밖에 내기 어려워도 그렇게 한다. 무슨 일이 있어도 상대방을 판단해서는 안 된다. 특히 상대방이 불편한 주제에 대해서 솔직히 털어놓을 때는 고마움과 공감을 표현해야 한다. 이 문제 중 몇 개만 얘기할 수 있어도 잘하는 것이다. 어떤 내용이라도 일단 섹스에 대해서 정직한 대화를 나누면 침실 안팎으로 부부 금실이 좋아질 확률이 높다.

> 지시 사항

다음 질문들은 이성 부부나 동성 부부 모두 적용해 볼 수 있다. 더 나은 성생활을 위해 배우자나 연인과 함께 대화하고 싶을 법한 주제들을 적어 놓은 것이기 때문에 모든 질문을 할 필요는 없다.

감정과 친밀함에 대한 질문

1. 많은 사람들이 성적 만족도가 감정에 달렸다고 말한다. 당신도 그러한가? 내가 어떻게 해 주면 좋겠는가?

2. 어떤 사람들은 상대방과 가까워지기 위해 섹스가 필요하다고 말하지만 가까워진 후에만 섹스를 하고 싶다고 말하는 사람들도 있다. 우리 사이에서도 그런 차이가 존재한다고 생각하는가? 그것이 문제가 되는가? 그렇다면 그 문제를 어떻게 해결할 수 있을까?

3. 어떤 사람은 어떻게 하면 상대방이 흥분하는지 잊어버린다. 내가 당신을 애무할 때 잊어버린 부분이 있는가? 다시 한 번 설명해 주겠는가?

4. 어떻게 하면 더 낭만적이고 열정적인 섹스를 할 수 있다고 생각하는가?

5. 성생활을 통해 사랑을 더 느꼈으면 좋겠다고 생각하는가? 만약 그렇다면 어떻게 하면 되는가?

6. 지금까지 가장 낭만적이라고 생각했던 때는 언제였는가? 더 낭만적인 관계를

위해서 어떻게 하면 좋겠는가?

7. 내가 당신을 유혹한다고 느끼는가? 우리 사이에 유혹이 없어졌나? 개선되었으면 하는 부분이 있는가?

성욕에 관한 질문

1. 우리의 성욕이 비슷하다고 생각하는가? 만약 그렇지 않다면 당신이 나보다 성욕이 적거나 많다고 생각하는가? 이런 차이 때문에 문제가 생기는가?
2. 당신이 섹스를 하고 싶은 때가 언제인지 내가 잘 알아차린다고 생각하는가? 당신이 신호를 보낼 때 내가 못 알아차리지는 않는가?
3. 한쪽이 섹스를 원하지만 다른 쪽은 그렇지 않을 때 어떻게 하면 좋겠는가?
4. 섹스를 원하지 않지만 나 때문에 해야 한다는 압박감을 느낀 적이 있는가? 만약 그렇다면, 어떻게 하면 이런 상황을 막을 수 있을까? 섹스를 시작하는 좋은 방법은 무엇일까? 서로가 하고 싶은지(하고 싶지 않은지) 알 수 있는 의식이나 신호를 정할까?
5. 내가 섹스를 먼저 시작하면 어떤 기분이 드는가? 당신이 먼저 시작할 때와 기분이 다른가?

당신의 신체 이미지

1. 당신의 몸 중 마음에 드는 부분은 어디인가?
2. 당신의 몸 중 별로 마음에 들지 않는 부분은 어디인가? 이런 마음 때문에 성생활이 영향을 받는가? 당신이 좀 더 편안해지기 위해 내가 하거나 하지 말아야 할 일이 있는가?
3. 나의 어떤 행동 때문에 당신의 몸이 마음에 들지 않는다고 생각한 적이 있는지

솔직히 말해 달라. 나의 어떤 행동을 바꾸면 될까?
4. 당신은 내 몸의 어떤 부분이 마음에 드는가?

애무에 관한 질문

1. '느린 손'을 가진 애인을 좋아한다는 내용의 옛 노래도 있지만, 당신도 느린 손이 좋은가? 내가 당신을 더 천천히 혹은 더 빨리 애무해 주었으면 좋겠는가?
2. 어떤 종류의 전희가 가장 좋은가? 당신에게 별로 효과 없는 전희는 무엇인가? 전희 중 달라졌으면 하는 부분이 있는가?
3. 배우자(연인)가 자신이 좋아하는 곳은 피해서 애무한다는 사람들도 있다. 우리도 이런 경우에 속하는가?
4. 당신이 선호하는 애무 방법이 있는가?
5. 무엇을 원하느냐고 물어보는 것이 도움이 되는가?

> **여성에게만 질문**

1. 포옹이나 다정한 애무 등 성적이지 않은 신체적 애정 표현과 관련된 요구를 배우자(연인)에게 전달하는 것이 어렵다고 말하는 여성들이 많다. 당신은 어떤가?
2. 모든 애무가 성관계로 이어질 거라는 끊임없는 기대를 상대방이 하지 않았으면 좋겠다고 말하는 여성들이 많다. 좀 더 다채롭고 편안한 것을 원한다. 당신도 그런가?
3. 내가 당신의 클리토리스를 손으로 자극할 때 느낌이 어떤가? 성적으로 자극이 되는가? 어떻게 하면 더 나아질 수 있겠는가?
4. 클리토리스 애무로 당신을 만족시킬 때 느낌이 어떤가?
5. 질에 손가락을 삽입하는 것이 클리토리스를 자극하는 것만큼 중요한가?

6. 클리토리스 자극을 요구하는 것이 당혹스럽게 느껴지는가? 만약 그렇다면, 내가 어떻게 하면 좋겠는가?

> 남성에게만 질문

1. 배우자(연인)가 자신의 페니스에 더 관심을 쏟았으면 좋겠다고 말하는 남자들이 많다. 당신도 그런가?
2. 내가 당신을 손으로 애무하는 것을 어떻게 생각하는가? 성적으로 자극이 되는가? 어떻게 하면 더 나아질 수 있겠는가?
3. 페니스 애무로 당신을 만족시킬 때 느낌이 어떤가?

오르가슴

1. 섹스를 할 때 오르가슴을 느끼는 것이 당신에게 얼마나 중요한가?
2. 오르가슴을 느낄 때 죄책감이나 수치심을 느끼는가?
3. 나 또는 '사회' 때문에 오르가슴을 느껴야 한다는 압박감이 있는가?
4. 오르가슴을 느끼지 못하면 평가받는 느낌이 드는가?
5. 내가 오르가슴을 느끼고 당신은 오르가슴을 느끼지 못했을 때 속았다는 느낌이 들 때가 있는가?
6. 오르가슴에 이르기까지 너무 오래 걸리거나 너무 시간이 짧아서 걱정되는가? 아니면 그 부분이 나와 달라서 걱정되는가?
7. 오르가슴을 느낄 때 스스로 내는 소리와 모습 때문에 당혹스러운가?
8. 오르가슴 후에 너무 예민해져서 자극을 피하고 싶은가?

> **오르가슴에 대하여 여성에게만 질문**

1. 오르가슴을 느끼지 못한다고 말하는 여성들도 있다. 당신도 그런가? 만약 그렇다면 그것에 대해서 어떻게 생각하는가? 내가 어떻게 해 주었으면 좋겠는가?
2. 오르가슴을 느끼는 여부와 스스로 여성스럽다고 느끼는 정도가 어떤 연관이 있는가?
3. 모든 성적 접촉이 오르가슴으로 이어질 거라고 상대방이 기대하는 것이 싫다고 말하는 여성들이 많다. 당신도 그런가?
4. 오르가슴을 느낀 것처럼 연기한 적이 있는가? 내 기분을 맞춰 주려고 그런 적이 있는가?
5. 처음 오르가슴을 느끼고 나서 다시 한 번 오르가슴을 느껴야 하는가? 그렇게 하기 위해서 내가 어떻게 해 주면 좋은가?
6. 당신이 오르가슴을 느낀다는 것을 내가 알아차릴 수 있나?
7. 보통 다중 오르가슴을 느끼는가?
8. 월경 기간 동안 오르가슴을 느끼는 것이 기분 나쁜가?

> **오르가슴에 대하여 남성에게만 질문**

1. 어떤 감정을 느낄 때 발기할 것 같은가? 상대방이 나를 원한다는 생각이 들 때? 상대방이 나를 갈망할 때? 사랑받는다는 느낌이 들 때? 절박한 느낌이 들 때?

구강성교

> **여성에게만 질문**

1. 쿤닐링구스를 좋아하지만 시간이 충분히 길지 않다고 말하는 여성들이 많다. 당신도 그런가?

2. 쿤닐링구스를 좋아하지만 상대방과 동시에 구강성교를 주고받는 것은 좋아하지 않으며, 그 이유는 쿤닐링구스가 주는 쾌감에 집중할 수 없기 때문이라고 말하는 여성들이 많다. 당신도 그런가?

3. 냄새가 나거나 불결할까 봐 쿤닐링구스를 좋아하지 않는 여성들도 있다. 월경 기간 동안 쿤닐링구스를 피하는 여성도 있다. 당신도 그런가?

4. 상대방에게 구강성교를 해 주는 것이 좋지만 안 좋은 점도 있다고 말하는 여성들이 많다. 당신도 그런가?

5. 꺼림칙하다며 구강성교를 전혀 좋아하지 않는 여성도 있다. 당신도 그런가?

남성에게만 질문

1. 남자가 성교를 목적으로만 쿤닐링구스를 아주 짧게 해 준다며 불평하는 여성도 있다. 당신도 여기(짧게 하는 편)에 해당되는가?

2. 상대방에게 구강성교를 해 주는 것이 좋지만 동시에 구강성교를 주고받는 것을 선호한다는 남성들이 많다. 그래야만 자신도 쾌락을 느낄 수 있기 때문이다. 당신도 그런가?

3. 냄새가 나거나 불결하게 느껴지기 때문에 구강성교를 해 주는 것이 싫다는 남성들도 있다. 당신도 그런가?

4. 펠라티오^{fellatio}*를 좋아하지만 안 좋은 점도 있다고 말하는 남성들이 많다. 당신도 그런가?

5. 펠라티오를 좋아하지만 상대 입속에 사정하거나 정액을 삼키는 것이 꺼림칙한가?

6. 펠라티오를 좋아하지만 69체위가 싫다는 남성들이 많다. 당신도 그런가?

---
* 음경에 대한 구강 애무.

7. 펠라티오를 전혀 좋아하지 않는 남성도 있지만 더 해 주었으면 좋겠다는 남성도 있다. 당신은 어느 쪽인가?

성교

> 여성에게만 질문

1. 삽입 시 느낌이 어떤가?
2. 월경 기간 동안 섹스를 원하지 않는 여성도 있다. 당신도 그런가?
3. 섹스는 어떤 방식으로든 삽입이 있어야 한다고 상대방이 기대하는 것이 싫다는 여성도 있다. 당신도 그렇게 생각한 적이 있는가?
4. 나와 성교하는 동안 오르가슴을 느껴야 한다는 압박감이 있는가? 내가 어떻게 하면 이런 부분이 개선될 수 있을까? 다중 오르가슴을 느껴야 한다는 압박감이 있는가? 그렇다면(그렇지 않다면) 왜 그런가?
5. 나와 동시에 오르가슴을 느껴야 한다는 압박감이 있는가? 내가 어떻게 하면 이런 부분이 개선될 수 있을까?
6. 바이브레이터나 딜도^{dildo}*를 사용한 적이 있는가? 그때 느낌이 어땠는가? 한번 시도해 보고 싶은 생각이 있는가?

자위에 관한 질문

1. 육체적으로는 자위행위를 즐기지만 왠지 모를 죄책감을 느낀다는 사람들이 많다. 당신의 경우는 어떤가?
2. 스스로 성욕을 조절하기 위해 자위를 한다는 사람도 있다. 그리고 그 사실을 배

---

* 모조 남근

우자(연인)에게 말하지 못할 것 같다고 생각한다. 당신은 어떤가?

3. 자위행위를 얼마나 좋아하는지 보여 줄 수 있는가?
4. 자위행위를 하는 동안 야한 상상을 하는 사람도 있다. 당신도 그런가? 만약 그렇다면 어떤 상상을 하는지 나에게 편하게 말해 줄 수 있는가?
5. 클리토리스 자극으로만 자위행위를 한다는 여성들이 많다. 하지만 오르가슴을 느끼려면 다른 성감대도 자극해야 한다고 말하는 여성도 있다. 당신의 경우는 어떤가?
6. 페니스 자극으로만 자위행위를 한다는 남성들이 많다. 하지만 오르가슴을 느끼려면 다른 성감대도 자극해야 한다고 말하는 남성도 있다. 당신의 경우는 어떤가?

제안3: 섹스를 더 흥미진진하게 만들어라

자신의 성적 욕구를 좀 더 편안한 마음으로 털어놓았다면 보다 즐거운 성생활을 위한 다음 제안들을 시도해 보고 싶은 생각이 들지도 모른다. 다음 제안들 중 마음에 드는 것을 고르거나 스스로 하고 싶은 것을 생각해 보아도 좋다. 시도해 보고 싶은 항목을 세 가지 골라 상대방과 이야기를 나누어 보라. 매주 한 가지씩 추가하는 방법도 좋다. 부부(연인) 모두 즐겁다면 이 과정을 계속해 나가면 된다. 아이디어가 더 필요하면 Gottsex.com을 방문해 보라.

1. 키스를 하거나 받고 싶은 장소가 어디인지 서로 말한다.
2. 하루의 일과를 시작하고 마칠 때 최소한 6초간 키스한다.

3. 배우자(연인)에게 깜짝 선물을 한다.

4. 팔을 배우자(연인)에게 두르고 지금 이 순간 그/그녀가 얼마나 섹시한지(잘생겼는지/아름다운지) 말한다.

5. 하루나 이틀간 내가 사랑받고 싶은 방법으로 상대방을 포옹, 키스, 만지고 애무한다. 그리고 상대방이 나에게 해 준 것처럼 상대방에게 해 준다. 단, 다정해야 한다.

6. 침실에서 있을 성적 밀회를 계획한다. 의상과 음악, 조명을 미리 생각해 두라. 단, 느긋하게 준비해야 한다.

7. 보디 오일을 준비해서 상대방에게 오랫동안 부드럽게 마사지해 준다.

8. 자신과 상대방을 위해 야한 속옷을 준비한다.

9. 좋아하는 향수를 뿌려 상대방을 놀라게 해 준다.

10. 상대방의 아름다운 신체를 노래하는 시를 지어 소리 내어 읽어 준다.

11. 야한 책을 함께 소리 내어 읽는다.

12. 둘 중 한 사람이 집을 떠나 있을 때 폰섹스를 하기로 약속한다.

13. 직장에 늦을 거라고 전화한 뒤 아이들 등교 후 둘만의 에로틱한 시간을 갖는다.

14. '퀵 섹스*'를 한다.

15. 새로운 환경에서 섹스를 한다.

16. 배우자(연인)의 어느 곳을 핥고 싶다는 야한 메모를 그/그녀에게 건넨다.

17. 상대방을 생각하며 자위행위를 통해 오르가슴을 느낀 뒤 어떤 상상을 했는지 적어 본다.

18. 나를 흥분시키는 음란한 생각들을 적은 메모를 배우자에게 건넨다.

---

* 짧고 빠른 성행위.

19. 섹스를 하는 동안 상대방에게 음란한 말을 한다.

20. 부엌 조리대에서 구강성교를 한다.

21. 사랑의 지배자와 노예 역할을 번갈아 가며 한다.

22. 스트립 포커를 친다.

23. 상상한 것을 실제로 연기해 본다. 의상도 맞추어 입는다.

    예) 비행기 안에서 처음 만난 두 사람

        부하와 상사

        교수와 학생

        마사지사와 고객

24. 내기를 해서 이긴 사람은 상대방에게 성적으로 원하는 것을 (온당한 범위 내에서) 얻을 수 있다.

25. 상대방이 가장 좋아하는 신체 부위에 휘핑크림이나 초콜릿 시럽을 바르고 그곳에 키스를 하며 핥아먹는다.

26. 상대방이 자위행위를 통해 오르가슴을 느끼는 것을 본다.

27. 베개 싸움을 한다.

28. 전희 시에 상대방의 손을 내가 원하는 부위에 갖다 대고 상대방이 애무해 줄 때 신음 소리로 반응한다.

29. 오늘 밤은 성교 없이 애무만 한다는 등 규칙을 세운다.

30. 극장 맨 뒤에 앉아 10대처럼 서로 애무한다.

31. 배우자(연인)에게 섹시한 별명을 지어 준다.

32. 서로 발마사지를 해 준다.

33. 서로 번갈아 가며 상대방의 등이나 목을 핥고 쓰다듬고 키스한다.

34. 특정한 시대의 복장을 하고 밖에서 외식을 한 후 섹스를 한다.

35. 서로 동시에 상대방의 성기를 부드럽게 빨고 키스한다.

36. 상대방의 얼굴에서 좋아하는 부분이 어딘지 소리 내어 말한다.

37. 새로운 체위를 시도한 뒤 어땠는지 함께 이야기를 나눈다. 둘 다 서로 괜찮았는지 물어본다.

38. 집에서 댄스 복장으로 갈아입고 살사나 블루스를 함께 춘다.

39. 검은 표범처럼 서로 동물 연기를 하며 섹스를 한다.

40. 서로의 머리를 빗어 주고 쓰다듬어 준다.

제안 4: 잠자리 대화

잠자리 대화는 분위기가 무르익어 갈 때 정서적 유대감을 강화할 수 있는 낭만적인 대화를 미리 준비하는 데 도움이 된다. 다음의 리스트는 섹스할 때의 느낌을 표현하는 문장들이다. 이 리스트를 메뉴라고 생각하고 마음에 와 닿는 문장을 고른다. 부부마다 표현 스타일이 다르기 때문에 스스로 생각한 문구를 적어 놓는 것도 좋다. 자신이나 상대방을 흥분시킨다면 음란한 말을 적어 놓아도 무방하다(이 부분에 대해서 좀 더 알고 싶다면 셀리 티스데일[Sallie Tisdale]의 『나에게 야한 말을 해 줘(Talk Dirty to Me)』를 참조하라). Gottsex.com을 방문하면 더 많은 문구가 준비되어 있다.

1. 나는 당신 거야.
2. 당신을 껴안고 있는 게 좋아.
3. 몇 시간이라도 키스할 수 있을 것 같아.

4. 몇 번이고 다시 태어나도 당신하고만 할 거야.

5. 당신은 언제나 내 거야.

6. 우리가 첫 키스 했던 때가 생각나.

7. 당신을 처음 본 순간이 생각나.

8. 당신 정말 섹시한데!

9. 당신 등 곡선이 정말 아름다워.

10. 당신의 ∼를(에) 만지는(키스하는) 게 좋아.

11. 당신의 강함이 정말 좋아.

12. 당신과 함께 있는 이 시간이 소중해.

13. 당신 눈이 정말 아름다워.

14. 당신을 꼭 껴안아 주고 싶어.

15. 당신을 꼭 안고 심장 뛰는 소리를 들으니까 정말 행복해.

16. 지금처럼 이렇게 함께 있는 순간이 정말 행복해.

17. 당신 여기 냄새가 정말 좋다.

18. 그래, 그렇게 해.

19. 당신은 세상에서 제일 친한 친구야.

20. 함께 있으면 마음의 문이 열리는 것 같아.

21. 당신과 함께 절정을 느끼는 게 좋아.

22. 당신이 정말 가깝게 느껴져.

23. 당신만큼 나를 감동시키는 사람은 아무도 없어.

24. 지금 내가 당신에게 어떻게 해 주었으면 좋겠어?

25. 당신 없인 못 살아.

26. 이러니까 기분이 어때?

27. 멈추지 마.

28. 당신은 정말 소중한 사람이야.

29. 어머, 어쩜 좋아!

30. 정말 맛있는데.

31. 나를 사랑해 줘서 고마워.

32. 지금 팔로 안아 줘.

33. 당신이 이렇게 움직여 주니까 정말 좋아.

34. 최고였어.

35. 당신은 섹스를 정말 잘해.

위의 제안들이 배우자와의 성적 유대감을 강화하고 서로를 더욱 깊이 알아 가는 데 도움이 되기를 바란다.

12. 헤어져야 할 때인지를 아는 방법

　　나는 어떤 관계의 유효 기간이 다 되었다는 생각에 거의 반대한다. 다른 많은 동료들처럼 나도 사랑의 종말은 비극이라고 생각한다. 나는 희망으로 똘똘 뭉쳐 있는 사람이고 부부들이 잘되기를 응원한다. 하지만 나는 사랑이 증오로 변하고 소망이 괴로움으로 변하는 경험을 한 사람들을 상담했다. 비록 슬플지라도 가끔씩은 각자의 길을 가는 것이 올바른 결정일 때가 있다. 관계의 유효 기간이 이미 끝나 버린 상황에서 회복하기 위해서 노력하는 것은 무의미하다. 이런 경우 부부들이 가슴 아픈 경험을 견뎌 내고 더 행복한 삶으로 나아가기 위해서는 내적인 힘과 다른 사람으로부터의 지원이 필요하다.

　　되살리기 위한 노력에도 불구하고 관계가 실패하는 이유는 무엇일까? 일부의 경우 그 답은 단순하다. 적어도 배우자 중 한 명이 상대방으로부터 떠나길 원하거나 자신이 문제의 원인이 되고 있음을 인정하지 않으려는 것이다. 하지만 그보다 더 심층적인 원인도 있다. 결혼 생활이 평탄치 못한 부부들이 자신들의 문제가 '정상'인지 나에게 묻는 경우가 있다. '정상'이라는 단어가 사용하기에 어색하긴 하지만 필자는 그 질문의 뜻을 이해한다. 배우자 중

한 명이 정신 질환을 앓거나 인격 장애가 있어서 진정한 친밀감을 갖기 어렵고 안전함을 느끼기도 어려운 상황이 있을 수 있다. 그런 관계가 실패할 확률이 더 높다는 것은 놀랄 일이 아니다. 흔한 예로 자아도취증(Narcissism)*이 있다. 이것은 일종의 인격 장애로서, 다른 사람과의 진정성 있는 관계 형성을 방해한다. 이에 대한 반응으로 거부당한 배우자는 분노와 두려움, 자기 회의를 느낄 수 있다. 아래의 짧은 대화에서 아내는 남편의 자아도취에 의해 우울해지는 것으로 반응하는데, 이런 경우는 드물지 않다. 아내는 절망감에 빠져, 남편의 문제 때문에 결혼 생활이 망가지고 있다는 사실을 보지 못한다.

페리: (흐느끼며) 나에겐 더 이상 아무것도 의미가 없어요. 내일 죽는다고 해도 아무렇지 않아요. 난 도움이 필요해요.

제이크: 당신도 알다시피 나는 상담 치료를 믿지 않아요. 우리가 새 건강 보험 혜택을 받을 수 있을 때까지 몇 개월 정도만 좀 버텨 줄 수 없나요? (남편의 생각: 아내 건강 문제 때문에 항상 돈이 너무 많이 들어. 이런저런 잔병치레가 많아. 이제는 정신과 치료까지 필요하다고 하네. 유지 비용이 덜 드는 사람과 결혼했어야 하는 건데.)

페리: 오! (나는 살 가치도 없나 봐.)

다행히 페리의 가족이 개입해서 그녀는 우울증 치료를 받는다. 이 부부가 결혼 상담에 들어가면, 남편이 공감 능력이 부족하고 자기가 완벽하지 않다는 사실을 받아들이기를 거부하기 때문에 변화에 무능하다는 점을 페리는

---

* 자아도취증은 인격적 미성숙함으로 인하여 자기 중심적이고, 상대방의 마음을 헤아리거나 공감하는 마음이 부족하다.

받아들여야 한다. 결혼에 대해서 더 이상 희망이 없다는 사실을 인식하고 페리는 이혼을 신청한다.

하지만 대부분의 경우 결혼을 유지할 것인지 이혼할 것인지에 대한 결정은 그렇게 명확하지 않다. 나는 상대방이 이혼을 원한다는 사실에 충격을 받은 부부를 많이 상담해 왔다. 종종 대화는 다음과 같은 식으로 흐른다.

아내: 이혼하고 싶어.
남편: 그 정도로 힘든 줄은 몰랐어. 말하지 그랬어.
아내: 당신에게 지난 9년간 말하려고 얼마나 애썼는데!

또는

남편: 속이 상했는데 왜 내게 아무런 말도 하지 않았어? 더 일찍 상담을 받을 수도 있었잖아.
아내: 그래 봤자 무슨 소용이지? 말싸움만 많아지고, 늘 그렇듯이 다 내 잘못으로 돌릴 거면서.

이런 식으로 주고받는 대화는 치료실에서 너무 흔해 이런 관계들 중에서 어떤 것이 구제 가능한지 분간하는 것이 거의 불가능하다. 하지만 나는 이제 어떤 부부 관계는 유효 기간이 다 되었다는 것을 식별할 수 있다. 나는 그 측정기를 '우리의 이야기 스위치(Story of Us Switch)'라고 부른다. 그것은 두 배우자가 함께한 과거에 대한 생각을 바탕으로 서로의 관계에서 얼마나 신뢰 또는 불신이 쌓였는지와 배반 지수(betrayal quotient)를 감지한다. 나는 이 지표를 눈금판과 같은 이름이 아닌 스위치로 명명하였는데, 부부들이 자신의 연애사를 되돌아볼 때 점진적인 변화 구간이 있는 경우가 거의 없기 때문이다. 사람들은 즐거운 추억 아니면 쓰라린 추억으로만 기억할 뿐이다. 중간 지대란 거의 없다. 순간적으로 짜증이 나거나 정서적으로 멀게 느껴진다고 하더라도 스위치가 켜져 있다면 강력한 완충 작용을 해 준다. 스위치가 꺼진 상황에서는 부정적 감정의 밀물 현상의 끝점에 놓이게 되어 상대방에 대해서 가장 부정적인 생각을 하게 된다. 부부 중 한 명의 스위치만 꺼져 있어도 관계의 종말을 예고한다. 심리학 연구에서 미래의 재앙적인 상황을 훌륭하게 예측하는 지표를 발견하는 것은 흔치 않은 일이다. 부부들을 그런 운명에서 구하기 위해 우리는 지표가 무엇을 말하는지 면밀하게 관심을 기울여야 한다.

나는 실험실에서 연구 팀이 개발한 '구술 면접(Oral History Interview)'이라고 부르는 상세한 인터뷰 원고를 통해 부부 각자의 '우리 이야기(Story of Us)'를 평가한다. 질문 목록에는 저녁 파티에서 처음 만난 부부에게 던질 법한 '알아가기(getting-to-know-you)' 질문과 함께 친한 친구와 대화할 때 나누는 깊이 있는 질문도 포함되어 있다. 인터뷰에서 우리는 부부에게 처음에 어떻게 만났으며 첫 인상이 어땠는지, 데이트할 때 무슨 일이 있었는지, 시간이 흐르면서 관계가 어떻게 변했는지, 관계에 대한 철학, 다른 사람들의 관계에 대한 생각 등을 묻는다.

이 인터뷰 접근 방식은 유명한 라디오 진행자인 스터즈 터켈Studs Terkel이 평범한 사람들이 자신들의 평범하지 않은 삶을 회고하는 흥미진진한 프로그램을 진행하면서 개척한 기술에 바탕을 두고 있다. 초대받는 사람이 이야기할 때 터켈은 이야기하는 사람을 북돋우기 위해 사람들이 흔히 사용하는(그리고 치료사들이 종종 사용하는) "음"이나 "흠" 같은 중립적인 반응을 피했다. 그런 중얼거림이 방송을 통해 나가면 청취자에게 거슬릴 수 있기 때문이다. 대신 초대 손님이 잠시 말을 멈췄을 때, 터켈은 "와우! 그거 정말 놀랍네요!"와 같이 탄성을 질렀다. 이어서 다른 질문으로 넘어가면 다시 조용히 얘기를 듣는 식이었다. 이 방법으로 터켈은 녹음 테이프에서 자신을 감추고 화자의 이야기만 남길 수 있었다. 그의 방식은 초대 손님들을 흥미진진한 자기 인생 이야기의 극적인 스토리텔러로 변신시켰다.

내가 상담했던 부부들도 터켈의 라디오 초대 손님과 상당히 비슷하게 반응했다. 사람들은 자기 이야기를 할 필요가 있는 것처럼 보였다. 관계가 좋지 않은 부부조차 자신들의 과거를 우리에게 터놓고 얘기하고 싶어 했다. 로버트 레벤슨과 내가 행한 어떤 연구에서 시간과 돈을 절약하기 위해 이 인터뷰를 생략하기로 결정했다. 그러나 인터뷰를 실험의 일부로 기대하고 있던 연구 참가자들은 인터뷰를 진행하자고 주장했다. 행복하거나 불행한 부부 모두 추억을 나누고 싶어 했다.

인터뷰에 들어가기 전 나의 굉장히 유능한 인터뷰 진행자들은 우리가 부부들의 기억을 특별하게 여기고 있으며 그 기억을 통해서만 그들의 관계가 어떤지 알 수 있다는 것을 연구 참가자들에게 분명히 한다. 그들은 전문가다. 인터뷰를 마치면 나는 각 부부의 답변을 분석해 그들의 관계 이야기가 얼마나 긍정적인지 또는 부정적인지 평가한다.

부정적인 기억만 지닌 사람들은 자신들의 관계 스위치를 '꺼짐(off)' 상태로 돌려놓았다고 할 수 있다. 그런 부부가 모두 이별하지는 않는다. 일부는 행복하지 않은 결혼 생활을 계속하면서 동거는 하지만 서로 더 이상 신뢰하지 않는 관계의 평행선을 그린다.

구술 면접은 관계 만족도를 측정하는 강력한 도구인데, 부부의 현재 태도와 관심사가 그들이 회상하는 기억에 색을 덧입히기 때문이다. 이로 인해 두 사람이 함께했던 과거에 대해 그들의 기억과 강조점이 달라진다. 이 현상에는 생물학적 근거가 있다. 두뇌 처리 과정에 대한 신경 생리학자들의 최근 연구에 따르면, 기억이 현재 우리에게 어떤 의미인지에 기초하여 뇌는 그 기억을 수정하고 재구성한다. 우리 정체성 — 우리가 자신을 어떻게 인식하는가, 우리는 누구이고 어디에서 왔는가 — 은 지속적으로 발달하는 두뇌 네트워크에 달려 있다. 그런 이유로 나중에 하는 경험이 우리가 기억하는 바에 영향을 미치고 심지어 변경하기도 한다.

일반적으로 우리 뇌는 명시적 기억과 암묵적 기억이라는 두 유형의 기억을 저장한다. 전자는 의식하고 있는 기억이다. 가령 여섯 번째 생일날 할머니에게서 용돈을 받았다거나 보스톤 레드삭스가 월드 시리즈를 우승한 것(이것은 꿈이 아니고 현실이었다)과 같은 기억이다. 하지만 암묵적 기억은 완전히 의식하고 있지 않을 수도 있다. 대신 두뇌는 상황에 맞는 규칙을 끄집어내면서 일종의 직관으로 반응한다. 우리는 신호등이 빨간색으로 변할 때 브레이크를 밟아야 한다는 것을 기억한다. 굳이 골똘히 생각할 필요가 없다. 하지만 두 가지 상반되는 현실을 동시에 직면할 때, 즉 인지 부조화 상황에서 우리 뇌는 과거가 현실에 비추어 이치에 맞고 기억하기 쉽도록 기억을 수정한다. 한때 결혼식에 대한 기억을 좋아했지만 지금은 배우자를 자기중심적인 천박한 사람(boor)이라고 여긴다면 암묵적 기억은 변한다. 뇌는 과거를 재구성하여 현재 상황에 맞는 새로운 규칙을 이끌어 낸다. 이제 결혼식 날을 생각하면 새신랑이 새신부인 당신에게 아름답다고 말하지 않았던 것부터 떠오른다.

관계가 끝났는지 아니면 단지 아픔을 겪고 있는지는 부부가 하는 이야기 속에서 두 사람이 함께한 시간에 대한 부정적인 생각이 얼마나 깊이 스며들어가 있는가에 따라 다르다. 연구실의 상담 치료사인 킴 부엘만$^{\text{Kim Buehlman}}$은 사람들이 인터뷰에서 무슨 말을 어떤 방식으로 하는지 계량화하는 방법을 개발했다. 우리는 부부들의 사연이 담고 있는 풍성한 의미(richness)를 표현한다고 여기는 다섯 개의 기본 차원을 정했다. 부엘만 점수 체계(Buehlman Scoring)라고 부르는 이 평가는 관계가 끝날 것인지를 굉장히 정확하게 예측한다. 취학 전 연령 아동이 있는 120쌍의 부부를 대상으로 한 다른 연구에 적용했을 때, 부엘만 점수 체계는 4년 안에 관계가 깨지는 부부를 94퍼센트의 정확도로 예측했다.

인상적이지 않은가? 하지만 사실 그런 예측은 쉽게 할 수 있다. 왜냐하면 부부들이 과거를 생각할 때 회색 지대는 거의 없기 때문이다. 그들은 좋았던 시간을 강조하며 힘든 시절을 대수롭지 않게 여기는 경우와 성공이 아닌 실패했던 기억을 도드라지게 말하는 경우 둘 중 하나에 속한다. 마찬가지로 그들은 배우자의 장점을 부각시키고 거슬리는 점은 감싸 주는 유형(소중히 여김)과 그 반대 유형(경시함)으로 나뉜다.

부엘만이 구술 면접에서 평가했던 다섯 가지 차원을 이제 살펴보려 한다. 우리가 연구했던 부부 중 다섯 가지 차원 모두에서 낮은 점수가 나온 경우, 이후에 이혼했다.

차원 1: 호감과 존중 체계

행복한 부부는 배우자에 대한 따뜻함과 애정, 존중을 갖고 자신들의 이야기를 풀어 놓는다. 다음은 한 신혼부부의 즐거운 대화이다.

낸시: 그는 솔직한 사람이었어요. '눈을 바라보는 것을 두려워하지 않는' 그런 종류의 사람이죠. 마침내 진짜 좋은 친구가 될 만한 사람을 만났구나 싶었어요.

면담자: 아내의 첫인상은 어땠나요?

사울: (웃음을 참으며) 서로 처음 소개받았을 때 '미소 정말 예쁘네!'라고 생각했죠. 귀여웠다고나 할까. 그렇게 만난 뒤 저는 모두에게 아내의 첫인상은 예쁜 엉덩이라고 말하고 다녔어요. 진짜로.

낸시: (웃으며) 바로 그때가 남편이 제 엉덩이를 보고 사랑에 빠진 순간이었어요.

사울: 농담이고요. 아내의 첫인상은 그냥 함박웃음이었던 것 같아요. 늘 행복해 보이는 사람이었어요. 거기에 끌렸다고 생각해요.

면담자: 그럼 호감을 느끼기 시작한 때는…….

사울: 첫눈에 반했죠.

(행복한 부부들에서는) 자연스럽게 서로를 칭찬하는 모습이 일상적이다. 내가 연구한 40대에서 60대 부부 중 한 부부는 그런 전형적인 대화를 다음과 같이 나누었다. 이 부부는 춤을 추는 자리에서 서로 처음 만났던 때를 회상하고 있다.

머리: 제가 한번 말해 볼게요. 저는 군대에 있었고 학교에 진학하기 위해 볼티모어로 배치되었어요. 저는 동볼티모어 가에서 살고 있었는데 볼티모어에서도 가장 성적으로 문란한 동네였어요. 맥주 한 병을 마시던 중 병을 바닥에 내려놓았는데 누군가가 병을 차서 넘어뜨렸어요. 그래서 고개를 들었더니 아내가 서 있었어요.

블랑슈: 저와 절친한 친구가 군에서 근무하고 있었는데 정말 괜찮은 군인을 만

났다는 거예요. 그리고 주말 댄스파티에서 그를 만날 거라고 했어요. 그녀가 근무 중이던 제게 전화해서 "혼자 가고 싶지 않아. 같이 가자."라고 했어요. 그래서 갔던 거예요.

머리: 이유는 모르겠지만 사람들이 모두 그녀 때문에 거기 온 것 같았어요. 그녀는 말은 많지 않았지만 정말로 관심을 끄는 사람임이 분명했어요. 그래서 그녀에게 집중하기 시작했죠. 그녀는 거기 있던 사람들 중에서 리더였어요.

사랑과 존경의 차원에서 높은 점수를 받은 또 다른 부부를 살펴보자.

면담자: 두 분이 처음 만났던 이야기를 해 주세요.

잰: 제가 말하는 게 좋을 것 같네요. 왜냐하면 제가 가장 말하기 좋아하는 이야기이기 때문이죠. 이건 진짜 있었던 일이고, 어떻게 보면 흔치 않은 일이기도 해요. 저는…… 리키는 여성 기성복 가게에서 일했어요……. 제가 잠시 사귀었던 쇼윈도 장식가가 있었어요. 이름은 프랭크였고요. 프랭크는 저와 어디를 가든 상점에서 일하는 리카라는 사람 이야기를 했죠. 그래서 하루는 제가 "프랭크, 그렇게 괜찮은 사람이 있다는 게 믿기지 않는데. 그 사람이 시내에 산다고 했지? 그 사람한테 전화해서 한 번 나오라고 하지?" 그래서 프랭크가 전화하러 다녀왔는데 리키가 우리 쪽으로 올 수 없다고 말했어요. 하지만 우리가 그 사람 사는 데로 못 갈 것도 없잖아요? 리키는 그곳에서 겨우 두 블록 떨어진 호텔에 살고 있었어요. 프랭크가 노크를 하자 리키가 문을 열었고 나를 보더니 내 손에 키스를 하더라고요. 전 얼어붙었죠.

이와 반대로 호감과 존중 체계가 약한 부부는 상대방의 첫인상 중 안 좋았던 점을 떠올리는 경향이 있다. 그들의 말에서는 애정보다는 차가움이, 존경보다는 경멸이 전해진다. 셰리스는 남편 도니와의 첫 만남에 대해 다음과 같이 이야기한다.

> 면담자: 도니에 대해 처음 알게 된 것은 무엇이었나요? 특별히 남편이 눈에 띈 이유가 있었나요?
>
> 셰리스: 와인에 물이 섞여 있었어요.
>
> 도니: 와인 병을 든 친구가 있었거든요. 그 말을 하는 거예요.
>
> 셰리스: 그래요. 그때 저는 스키 버스를 타야 했는데 늦어서 허겁지겁 달려갔죠. 맨 마지막에 탔는데, 아는 사람이 한 명도 없었어요. 전 그냥 스키를 타러 가고 싶었죠. 남편은 이미 아는 사람들과 함께하고 있었고요. 그 그룹에 섞여 있어서 남편의 첫인상이 어땠는지는 잘 모르겠어요. 다음 날 저녁 우리는 그 사람들이 이용하는 방 중 한 곳에 모여서 파티를 했어요. 우리는 모두 저녁을 함께 먹으러 나가기로 했고 남편이 제 파트너였어요. 그런데 남편은 오지 않았어요. 왜냐하면 남편과 친구들이 술을 너무 많이 마셨기 때문이죠. 그래서 저는 결국 남편의 친구 한 명과 함께 저녁을 먹었어요. 우리는 남편 친구 방으로 다시 돌아갔는데, 아니나 다를까 도니가 거기에 있었어요. 술에 흠뻑 취한 상태로 레스토랑으로 가다가 경찰에 걸려서 숙소로 보내졌던 거죠. 저는 자고 있는 남편을 깨워서 "이봐요, 당신은 그다지 좋은 사람 같지 않네요."라고 말했어요.

정말 엄청난 넋두리다. 셰리스의 이야기에는 긍정적인 내용이 아무것도 없다. 와인에는 물이 섞여 있고, 그녀는 늦었고, 아는 사람은 아무도 없었으며,

장래 남편이 될 사람은 술을 너무 많이 마셔서 그녀를 기다리게 했다. 무엇보다 그녀는 면전에서 남편을 비난했다.

세리스가 행복한 신부였을 때라면 그렇게 부정적인 내용을 강조하면서 이야기했을 것이라고는 상상하기 어렵다. 그 얘기를 했더라도 두 사람은 아마 그런 첫 만남에 대해 웃어넘기고 말았을 것이다.

코너와 오드리는 호감 존중 체계가 사라진 또 다른 부부다. 면담자가 그들에게 연애 시절 이야기를 해 달라고 했을 때 그들은 즐거웠거나 행복했던 상황에 초점을 맞추는 대신 아내의 생일에 크게 싸웠던 기억을 회상했다. 자신들의 이야기를 하는 동안 서로에 대한 분노를 표시하지는 않았지만 그들이 어떤 이야기를 선택하는지 보고, 나는 결혼 관계의 끝을 알리는 종소리를 들을 수 있었다.

코너: 당신 생일에 내가 정말 화가 많이 났던 적이 있지.

오드리: 그랬지. 멍청하고 정말 바보 같은 일이었어.

코너: 화가 머리끝까지 났었어.

오드리: 당신 행동이 완전 바보 같았어.

코너: 저는 이성을 잃을 정도로 화가 나서 아내에게 소리를 질렀어요. 왜냐하면 아내가······.

오드리: 그날은 내 생일이었어.

코너: 난 2백 달러나 주고 당신에게 줄 선물을 샀어.

오드리: 우리는 밖에서 저녁 식사를 하고 집에 돌아왔어요. 그리고 어쩌다 보니 이 사람 친구가 오게 됐고, 그 사람이 저와 얘기를 나누며 거실에 함께 있는 상황이 된 거죠. 저는 그 사람과 진심 어린 대화를 했어요. 그래서 "해리, 미안

하지만 이제 집에 좀 가 주세요."라고 말할 수 없었어요.

코너: 저는 잠잘 준비를 하고 있었어요. 파자마를 입고 있었고요.

오드리: 그런데 해리가 이야기를 너무 길게 하는 거예요. 저도 해리가 빨리 집에 갔으면 했어요. 하지만 그에게 친절하게 대해야 한다고 생각했어요. 그런데 남편은 제게 화내며 비난의 말을 길게 늘어놓았어요. 제 기분은 그냥 남편을 무시해 버리자였고요.

코너: 저는 도저히 이해할 수가 없었어요. 제가 봤을 때 아내는 우리 둘만을 위한 시간이라는 사실을 완전히 잊고 있었거든요. 그건 정말 오해였지만. 저는 잔뜩 화가 났어요. 제가 화를 잘 내는 사람은 아니거든요.

오드리: 남편이 정말 많이 화냈어요. 그래서 저는 결국 집을 나와 다음 날 들어갔어요.

연애 시절 이야기를 해 달라는 요청을 받았을 때 이런 종류의 이야기가 떠오른다면, 그 부부의 관계는 심각한 위험에 빠져 있을 가능성이 높다.

차원 2: 나라는 인식 대 우리라는 인식

행복한 부부는 서로 일심동체로 무엇인가를 해냈던 이야기를 들려주는 경향이 있다. 이들에게는 '동고동락' 또는 '한 배를 탔다'는 인식이 분명히 있다. 행복한 부부는 말에서 비슷한 신념, 가치, 목표가 자주 드러난다.

내가 로버트 레벤슨과 공동으로 20년간 진행한 연구에 참여한 '우리라는 인식(우리감, we-ness)'을 지닌 부부의 예를 살펴보자.

면담자: 정말 행복한 결혼 생활을 하고 있는 부부를 알고 있나요?

다이앤: 우리가 그렇죠.

애덤: 내가 아는 어느 누구도 우리 부부만 못하죠. 건방지게 들릴지 몰라도 말이에요.

다이앤: 저도 그렇게 생각해요.

면접관: 정말 멋지군요.

애덤: 그렇죠. 우리는 같은 방식으로 의사소통하고 같은 목표를 갖고 있어요. 이런 일들도 함께 하고요. 제가 또 알고 있는 것은……. 우리 애들보다 우리가 더 나은 결혼 생활을 하는 것 같아요. 손자들이 우리를 보고 굉장히 재미있다고 해요. 왜냐하면 둘이 함께 많이 웃거든요.

다이앤: 우리의 독특한 유머 감각을 알고 있는 거죠.

애덤: 우리는 서로에게 단순히 관대한 수준을 넘어서 있어요. 어떤 의미에서 우리의 차이점, 우리가 정확히 정반대라는 사실을 즐겁게 받아들이죠.

다이앤: 우리는 다르지만 정말 죽이 잘 맞아요.

애덤: 우리는 상대방으로부터 부족한 점을 채울 수 있기 때문에 더 완전해질 수 있어요. 여기에 대한 자부심이 있어요. 우리는 서로를 보완해 주니까요.

면담자: 결혼 생활을 하면서 누가 무엇을 해야 하는지 정한 것에 대해 얼마나 만족하시나요?

다이앤: 저는 전반적으로 꽤 만족합니다.

애덤: 저도 만족해요.

다이앤: 침대 시트 바꾸는 것은 제 담당인데 가끔씩 남편과 같이 하기도 해요. 나는 남편을 돕고 남편은 나를 도와줘요.

하지만 우리라는 인식이 상실된 경우, 부부들은 과거에 대해 이야기할 때 부부로서가 아닌 개인으로서 어떻게 영향을 받았는지 두드러지게 설명한다. 그들은 제로섬 게임에서 원하는 것을 얻는 것에 초점을 맞춘다. 워런과 크리스타는 이런 문제의 대표적인 사례라고 할 수 있다. 면담자가 최근에 논쟁을 해결한 사례를 물었을 때 그들은 가계 지출을 두고 다툰 얘기를 꺼낸다. 워런의 구입 목록에는 크리스타가 원하는 스키 보트가 아니라 낚시 보트가 들어 있었다. 면담자가 어떻게 결정했는지 물을 때 그들은 여전히 결론을 내리지 못했다는 점을 인정한다. 그들은 상대방과의 의견 차이는 언급하지 않고 자신의 입장만 반복해서 얘기한다. 다음 대화에서 '나(I)' 또는 '내 것(mine)'이라는 의미의 단어를 사용하면 굵은 글씨로 표시했다.

면담자: 어떻게 해결했나요?

크리스타: **내가** 끝내 이렇게 말했어요. "이봐, 난 당신이 새 낚시 보트를 사는 것이 공평하다고 생각하지 않아. 당신은 이미 낚시 보트가 한 척 있잖아. 그러니까 스키 보트를 먼저 구입하고 내년에 낚시 보트를 사자고." **내가** 그런 식으로 말을 꺼내는데 남편이 "그래? 그럼 둘 다 살 수 있어."라고 말하는 거예요. 그래서 **내가** 말했죠. "하지만 그건 멍청한 짓이야." 거기까지만 얘기를 나눴어요. 그래서 지금은 아무런 결정도 내리지 않은 상태죠.

워런: 이 말을 하면 관계가 긴장되긴 하겠지만, 이건 **내가** 벌어서 저축한 **내 돈**이야.

모든 관계는 서로 타협하기 힘든 갈등을 수반한다. 이 대화를 봤을 때 애정이 죽어 버린 단서는 이 부부가 다툼을 해결할 수 없다는 점이 아니다. 그들이 갈등 상황에 매여 있는 이유는 '우리'가 아닌 '나'에 초점을 맞추고 있기 때문이다. 이들은 서로를 이기려고 노력하면서 바퀴벌레 숙소에 갇혀 있는 것이다.

차원 3: 배우자의 내면세계에 대한 사랑 지도

부부의 기억들을 분석할 때, 우리 연구 팀은 그들이 상대방에 대한 생생하고도 뚜렷한 기억을 갖고 있는지 여부를 살펴본다. 부부들은 그 당시에 파트너가 어땠는지에 대해 이야기하는가? 상세하게 묘사한다는 것은 그들이 계속해서 상대방의 감정에 영향을 주는 것을 이해하고 존중하고 있다는 점을 나타낸다. 즉 배우자가 염려하는 것은 무엇인지, 무엇이 상대방을 슬프거나 행복하게 하는지에 대해 신경을 쓰고 있다는 것이다. 우리는 또한 그들의 묘사에 긍정적인 에너지가 있는지 또는 부족한지 눈여겨본다.

60대의 나이에도 다음 부부는 배우자에 대해 상세한 사랑 지도를 간직하고 있다.

면담자: 상대의 성격에 맞춰 주기 위해 조정해야 했던 점이 있나요?

앤디: 아, 네. (둘 다 웃음을 터뜨리며) 결혼한 지 얼마 되지 않았을 때인데, 아내가 어느 날 밤에 퍼지*를 만들어 보기로 한 거예요. 아내가 퍼지를 만들어 숟가락으로 젓고 있었어요.

마샤: (자지러지게 웃음)

---

* 설탕·버터·우유·초콜릿으로 만든 물렁한 캔디.

앤디: 아내는 가스 오븐만 사용하면서 컸는데, 신혼집에 있는 것은 전기 오븐이었어요. 아내는 사용할 줄을 몰랐어요.

마샤: 저는 성냥으로 전기 오븐에 불을 붙이려고 했어요. 남편은 멈출 수 없을 정도로 웃음보가 터졌고요.

앤디: 재미있는 얘기를 해 드릴게요. 아내가 오븐을 열고 성냥으로 전기 오븐에 불을 붙이려고 했어요. 그때 뭔가 잘못되어 가고 있다는 것을 알았죠. 퍼지를 오븐으로 만든다고? 하지만 아내는 커 오면서 부엌에서 손 하나 까딱할 필요가 없었을 테니 아무것도 몰랐죠. 제가 잠시 외출했다 들어와서 퍼지를 먹으려고 숟가락으로 퍼 올리니 냄비가 통째로 딸려 오더라고요. 단단한 것이 마치 콘크리트 같았어요.

마샤: 그랬어요. 언니들과 함께 컸는데, 같은 집에 엄마가 세 명이나 있는 것 같았어요. 저는 요리나 집안일을 할 필요가 없었어요. 살림이라고는 할 줄 모르는 제가 퍼지를 만들어 보려고 한 거예요. 그날 오후에는 모임이 있었고 남편이 집에 왔을 때 우리는 냄비를 통째로 버려야 했어요. 시멘트처럼 딱딱하게 굳어 버렸기 때문이죠. 남편은 요리를 즐겨 해서 왜 그렇게 됐는지 모두 알고 있었어요.

앤디: 맞아요. 저는 늘 요리와 제빵에 관심이 많았어요. 아내는 요리를 할 줄 몰랐지만 정말 빠르게 배워 나갔어요. 아내는 제가 놀려도 화내는 법이 없어요. 늘 그랬어요.

마샤: (웃으며) 맞아요. 이 사람은 장난이 아주 심해요. 하지만 내가 화내는 경우는 없었어요.

앤디: 그리고 하나 더 말해 줄 게 있어요. 그때 결혼 생활을 시작했던 아파트는 당시 제가 대학원생이어서 돈을 많이 들이지 않고 구한 집이었는데, 거기 침

대 가운데가 움푹 꺼져 있었어요.

마샤: 아! 맞아요.

앤디: 아내를 안아 주고 싶고, 막 결혼했으니 섹스도 많이 하고 싶었는데 말이죠. 그러려면 침대에서 마음껏 뒹굴 수 있어야 하는데 그럴 수가 없는 거예요. 결국은……. (뒹굴다가) 말게 되죠.

마샤: 딱 침대 가운데서 말이에요. 그래서 재미있는 순간들이 좀 있었죠.

앤디: 한 가지 기억나는 게 있어요.(마샤의 무릎을 가볍게 치며) 재미있는 이야기예요. 섹스에 있어서 우리는 마음껏 즐겼어요. 처음부터 그랬죠.

마샤: 오, 맞아요. 확실히 그랬어요.

앤디: 그런데 한번은 아내가 매우 기분이 상해 보이는 거예요.

마샤: (웃으며) 그래요. 저도 기억해요.

앤디: 아내가 너무나 슬픈 목소리로 이렇게 얘기했어요. "우리 어젯밤에 섹스를 하지 않았어."

마샤: (더 크게 웃으며) "무슨 문제라도 있는 거예요?"

앤디: (웃으며) 난 이렇게 얘기했죠. "남자가 할 수 있는 데도 한계가 있어."

모두: (더 크게 웃음)

상상할 수 있듯이, 이렇게 서로 연결되어 있다는 인식을 잃어버린 부부들은 앤디와 마샤처럼 함께 웃음을 주고받으며 과거를 회상하지 않는다.

대신 그들은 과거를 돌아볼 때 감정을 배제하고 조심스러운 태도를 견지하며 서로에 대해 구체적인 언급을 하지 않는다. 그들의 과거에 대한 시각은 개별적이라기보다는 '포괄적'이다. 더 이상 사랑의 지도는 없는 것이다.

면담자: 그 시절 연애할 때 어떤 것들을 하셨나요?

[길게 말이 끊김]

라이언: (말없이 아내를 본다)

애슐리: 대학교가 있던 곳에서는 별로 할 게 없었어요. 영화 보러 가곤 했을 거예요. 그리고……. (길게 말이 끊김)

라이언: 음. (말이 끊김) 그리고 영화제가 있었어요.

애슐리: (말이 끊김) 우리는 외식도 하러 나갔어요. 그게 다예요. 작은 도시였으니까요. 영화를 빌려 보기도 했죠. 그랬던 것 같아요.

라이언: 외식하러 갔을 때는 (말이 끊김) 레드와인을 많이 마셨어요.

애슐리: (긴장된 웃음)

면담자: 두 분 다 와인 전문가이신가요?

라이언: 아니요, 와인 전문가가 될 만큼의 형편이 되지는 않아요.

면담자: 하지만 와인은 조금 즐기시는 편이고요?

라이언: 가끔씩요. 그런 것 같아요.

여기에서 문제는 과묵함이 아니다. 모든 행복한 부부가 말을 많이 하지는 않는다. 사람들은 각자 기질이 다르고 자신을 드러내는 것을 편안해하는 수준도 다르다. 하지만 관계가 만족스러운 경우 가장 조용한 부부들도 독특하고 특별한 긍정적인 기억을 설명한다.

차원 4: 역경의 기간을 높이 평가하기 대(對) 혼동 속에서 허우적거리기

자신들의 과거를 혼란스러움으로 설명하는 부부들은 보통 현재의 결혼 생활도 행복하지 못하다. 그들은 둘이 힘을 합친다거나 부정적인 경험으로부터 교훈을 얻었던 이야기를 하지 않는다. 그들의 이야기 속에는 과거의 문제와 갈등 덕분에 서로를 더 신뢰하게 되었다는 인식이 없다. 삶과 관계는 단지 그들에게 일어난 사건일 뿐이다. 한 신혼부부의 대화에서 이런 혼란을 확인할 수 있다. 이들의 관계는 길게 가지 못했다.

면담자: 두 분이 어떻게 만났어요? 서로에 대한 첫인상은 어땠나요?

레니: 우리는 파티에서 만났어요. 아내는 멋졌어요.

웬디: 맞아요. 그때 말은 별로 많이 하지 않았어요.

면담자: 그리고?

레니: 그다음 주에 아내는 제가 사는 곳으로 이사를 했어요. 아내 아파트에 화재가 났거든요.

면담자: 와, 빠르네요. 그 결정은 어떻게 내리셨나요?

웬디: 어디로든지 이사를 가야 하는 상황이었는데, 이 사람이 당분간 자기 집에서 머물러도 좋다고 했어요.

면담자: 그리고 남편으로부터 받은 인상은 어땠나요?

웬디: 괜찮았어요. 좋았던 것 같아요.

면담자: 그다음에 무슨 일이 있었죠?

레니: 아내 어머니가 암에 걸리셔서 우리 둘 다 위스콘신으로 이사 가서 돌봐

드리기로 했지요.

면담자: 두 분 모두 그렇게 했다는 게 놀랍군요. 서로 얼마나 오래 같이 지냈죠?

웬디: 약 1년이요.

면담자: 어떻게 둘이 함께 그렇게 하기로 결정했나요?

레니: 기억이 안 나네요.

웬디: 그냥 상황이 그렇게 되더라고요. 제 아파트에 화재가 났던 것처럼.

레니: 네, 그랬어요.

또 다른 부부의 사례에서는 서로 지리적으로 떨어져 있어서 어떤 통찰이나 의미를 이끌어 내지 못하는 모습을 볼 수 있다. 서로 멀리 떨어져 있게 되었지만 이에 대응하고자 하는 노력이 없었다.

트래비스: 당신에게보다 나에게 더 쉬웠을 거라고 생각해.

로나: 그래. 갑자기 새로운 직장으로 옮겨야 했고 압박이 많았어. 그래도 잘 지내야 했어.

트래비스: 그런 일이 그냥 벌어지고 말았어요. 그리고 적응해야 하고요. 아내가 곁에 없지만 우리 관계라든가 아내가 멀리 떨어져 있는 것에 대해 너무 나쁘게 생각하지 않으려면 관계를 최소화해서 더 이상 그것에 대해 생각하지 않는 정도까지 되어야 해요. 결혼 관계가 있으면서도 없는 듯 살아야 하는 애매모호함을 갖는 지점까지 와야 해요.

로나: 그런 식으로 분리되어 있으면 관계는 완전히 정체되죠. 관계의 발전이 없어요. 변화도, 성장도, 아무것도 없어요.

면담자: 어떻게 서로 떨어져 있기로 하는 힘든 결정을 내렸나요?

로나: 그냥 벌어진 일이에요. 그렇게 관계가 유보 상태에 접어들면 일주일에 한 번 얘기하고, 그러다가 이메일로 연락하고…….

트래비스: 거기에 적응해야 해요……. 더 부정적인 것들에 대해서 강조하고, 더 부정적인 것들에 대해 생각하죠.

로나: 그렇게 된 거예요.

이와 대조적으로 행복한 부부들은 힘든 시기를 잘 이겨 온 것에 대한 자부심을 표현한다. 그들은 역경이 서로에 대한 책임감을 더 강화시켰다고 강조하면서 긍정적으로 말한다. 그들은 공동의 목표와 소망, 가치에 바탕을 두고 인생의 행로를 함께 이끌어 왔다고 믿는다. 이들은 의미와 목적을 함께하는 시스템을 만든 것이다. 부부들이 과거의 고난을 회상할 때 이렇게 긍정적인 에너지를 보여 주는지 여부는 그들이 직면했던 역경의 깊이와 전혀 상관없다. 그들이 살면서 부딪히는 부정적이고 긍정적인 사건들을 어떻게 해석하는가가 관건이다. 한 행복한 부부의 사례를 살펴보자. 이들은 임신 때문에 열여덟 살에 결혼했다. 임신은 두 사람 모두에게 위기였다. 하지만 두 사람은 똘똘 뭉쳤다. 그렇게 인생을 바꿀 만한 사건과 역경을 겪었지만 불행한 기억이 많지 않다는 것은 놀라운 일이 아니다. 두 사람 모두 결혼 생활에 만족하기 때문에 이들의 '우리의 이야기' 스위치가 굳건하게 켜져 있는 것이다. 이들은 자신들의 끈기에 자부심을 표현한다.

랜디: 우리가 결혼했을 때 조나인은 임신 4개월이었어요.

면담자: 그래서 결혼을 '해야 한다'고 생각했나요?

조나인: 아니요, 전혀요.

랜디: 그것은 제가 조나인을 존중하기 때문이에요. '그렇다면 너희 둘은 결혼해
야겠네'와 같은 생각은 아니었어요. [당시 아내에 대한 그의 존중을 강조한다.]

조나인: 그것은 일종의 보호 장치였어요. [그녀는 부담스러워 화를 내기보다 그
녀를 보호하려고 했던 남편을 기억한다.]

비록 양쪽 가족이 모두 참석하지 않기로 결정했지만, 그들은 굉장한 열정
으로 자신들의 '엽총 결혼식(shotgun wedding)*에 대해 이야기했다.

랜디: 그것은 멋진 결혼식이었어요.

조나인: 맞아요, 아름다운 결혼식이었지요. 우린 전망대에서 결혼했어요.

랜디: 전체가 장식된 보트도 있었어요.

하지만 그들은 일단 아기가 태어나자 삶이 힘들어졌다.

조나인: 아마도 랜디가 훨씬 더 힘들었을 것 같아요. 왜냐하면 남편은 자유분방
한 정신의 소유자이고 많은 것을 혼자서 하는 데 익숙해 있었거든요. 가족을
책임지는 것은 그에게 엄청난 변화였어요.

랜디: 네, 맞아요. 저는 집안에서의 제 책임을 받아들였어요. 하지만 집에 있는
시간이 많지 않았어요. (조나인을 바라본다)

조나인: 남편은 가장으로서의 책임들을 받아들였어요. 화를 내지 않았고, 정말
나쁜 짓도 하지 않았죠. 하지만 거의 매일 밤 술에 취해 집에 들어오곤 했어요.

---

* 임신 이후 하는 결혼. 임신시킨 남자가 여자의 아버지에게 엽총으로 위협당하여 하는 결혼이
라는 의미이다.

현재 두 사람의 결혼 생활이 행복하지 않다면 조나인은 그 당시 남편이 '정말 나쁜 짓'을 하지 않았다고 기억하지 않았을 것이다. 조나인은 결혼 초에 부부 싸움을 너무 많이 해서 이혼하고 싶었다고 회상한다. 하지만 두 사람은 이혼할 수 있었던 것을 생각하는 데 너무 많은 시간을 할애하지 않았다. 대신 어떻게 그런 힘든 상황을 헤쳐 나왔는지에 초점을 두었다. 두 사람은 유타로 이사하기로 결정했다. 거기에는 아는 사람이 아무도 없었다.

랜디: 우리는 그곳을 벗어나야 했어요. 지인들로부터 떨어져야 했지요. 그래서 그렇게 한 거예요. 그리고 그로 인해 많은 것이 변했어요. 둘이 똘똘 뭉쳐 살아가야만 했죠.

조나인: 그리고 우리는 서로에게 많이 의지했어요.

랜디: 어려움을 헤쳐 나가기 위해 서로를 끌어당겼어요.

[두 사람은 관계를 살리기 위해서 함께 노력했던 것에 대해 자부심을 갖고 얘기한다.]

면담자: 부모가 된 것에 대해 얘기해 주시죠. 다른 모든 것을 제쳐 두고, 아들을 갖게 되니 어땠나요?

랜디: 정말 기막히게 좋았죠. 정말 기막히게 좋았어요.

조나인: 우리가 부부생활을 시작하면서 유일하게 의견이 일치했던 것이 아마 그 부분이었을 거예요.

랜디: 맞아요. 우리가 어떻게 해야 하고 아이가 필요한 것과 필요하지 않은 것에 대한 일들요.

조나인: 아들을 키우는 문제 때문에 싸운 적은 없었어요.

면담자: 두 분의 가치관이 매우 비슷했군요.

랜디: 네.
조나인: 남편이 파티를 좋아하긴 했어도, 그는 훌륭한 아버지였어요. 아이를 갖는 것은 분명히 좋은 경험이었어요.

과거의 역경을 긍정적으로 해석하는 행복한 부부의 경향은 그들의 구술 내력에서 가장 분명하게 나타난다. 하지만 과거에 초점을 맞추지 않은 다른 이야기를 하면서도 미묘한 형태로 나타나는 그런 경향성을 발견할 수 있다. 다른 연구에서 한 게이 부부는 근무 일정 때문에 갈등을 겪고 있었다. 한 사람은 몹시 고생하는 건축가이고 한 사람은 대학원생이다. 이 문제 때문에 관계가 어려움을 겪기는 하지만, 그들은 함께했던 시간과 과거에 이런 상황에서 어떻게 성공적으로 대처했는지 편하게 이야기한다. '부정적인' 내용에 대한 대화일지 몰라도, 그들이 함께한 긍정적인 과거는 여전히 분명하고 미래에 대한 좋은 징조다.

다렐: 7년 전에 네가 금요일 밤에 근무하는 것 때문에 다투었잖아. 그땐 진짜 하늘이 무너져 내리는 것 같았고, 주말이 방해받는 것은 재앙이라고 여겼어. 하지만 몇 년이 지나면서 점차 그 문제가 별것 아닌 것처럼 되어 버렸고, 당신은 대학원에 진학했지.
제프: 별것 아닌 것처럼 되어 버렸다는 게 무슨 말인데?
다렐: 때때로 우리 주말이 방해받는다는 사실에 우리가 어느새 익숙해졌다고나 할까? 그리고 더 이상 그 일을 예전처럼 위기로 생각하지 않아.
제프: 맞아. 그 뒤 내가 실무에 뛰어들었을 때, 그게 다시 문제가 됐지. 우리가 함께할 수 있는 시간을 잡아먹었기 때문에.

다렐: 그래. 내 기억으로는 당신이 근무를 시작했을 때 우린 대화를 나눴고 야근을 일주일에 하루, 많아도 일주일에 이틀만 하기로 했어. 첫해에는 어떻게든 그렇게 할 수 있었어. 2년 차에는 일주일에 이틀이 되더니, 4년 차에 이르러서는 일주일에 하루만 야근이 없어도 운 좋은 상황이 되어 버렸지.

차원 5: 실망 대 만족

부부가 헤어질 위험에 처해 있을 때 둘 중 적어도 한 사람은 관계가 약속했던 대로 되지 않았다는 사실에 실망을 표할 것이다. 과거에 했던 선택을 되돌아볼 때, 그들은 언제나 서로에게 헌신한다는 약속에 대해 종종 냉소를 보인다. 다음 대화는 간명하면서도 이 점을 잘 보여 준다.

면담자: 결혼을 생각하고 있는 젊은 부부들에게 해 주고 싶은 조언이 있나요?
남편: 서두르지 마.
아내: 그냥 결혼하지 마.

또 다른 부부의 대화 중 일부다. 아내는 남편이 유언장 작성에 대해 논의하면서 자신을 포함시키지 않은 점에 언짢아한다. 아내는 남편이 오랜 시간 함께했음에도 여전히 자신과 남편을 '우리'로 여기지 않는다고 느낀다.

스테판: 아내는 내가 유언장을 구상하는 데 자신도 참여할 권리가 있다는 생각이 강해요. 그게 합리적으로 더 옳은가요?

브리짓: 네, 제 생각에 유언장 작성은 부부가 함께 하는 일이에요. 비록 남편 유언장이고, 아내 유언장이지만 함께 앉아서 서로를 돌보는 것에 대해 얘기를 나누는 거죠. 제 생각에 유언장 작성은 서로 완전히 마음을 열어야 하는 일 중 하나예요. 꼭 함께 해야 하는 일이에요.

스테판: (고개를 끄덕인다) 그것이 아내 생각이에요. 내 생각은 달라요.

브리짓: 그게 꽤 정확한 말이겠네요. 어느 날 밤 제 친구들 간에 의견 다툼이 있었어요. 그래서 제가 말했지요. "이 결혼 생활이라는 게 말이야, 내가 생각했던 것과 달라. 결국 결혼이 서로를 통제하려는 게임이 되어 버리잖아."

굉장히 대조적으로, 결혼에 만족하는 부부는 자신들의 관계가 기대에 부합된다고 생각한다. 이 부부는 서로가 천생연분임을 바로 알았다고 묘사한다. 그들의 얘기를 들었을 때 아직도 그렇다는 점이 분명했다.

면담자: 어떻게 상대방이 정말 결혼하고 싶은 사람이라는 결정을 내렸나요?

스티브: 언제 그런 마음이 생겼는지는 모르겠어요. 그냥 전체적인 느낌이 그랬어요.

면담자: 그 느낌이 어땠는데요?

스티브: 그냥 이 사람과 같이 있는 게 좋았어요.

면담자: 아내분은 어떠셨어요?

게일: 3주일 동안 함께 차로 여행을 다녀온 뒤였어요. 우리는 정말 좋은 시간을 보냈어요. 전에는 한 번도 보지 못했던 곳을 구경했죠. 두 사람이 그렇게 오랜 시간을 싸움 없이 친밀하게 보낼 수 있다는 것이 놀라웠어요. 우리는 즐거웠고 매일 얼마나 멀리 갈지, 무엇을 볼지, 언제 멈출지 서로 의견을 맞추었어

요. 제 인생에 그런 경험은 없었죠. "와우!"라는 말이 절로 나왔어요.

스티브: (웃음) 정말 그랬어요.

게일: 여행길에 엄마에게 전화해서 이렇게 얘기했어요. "와우, 정말 재미있어요." 엄마가 말하길, "나는 네가 왜 이런 일을 하는지 모르겠어. 그 사람을 잘 아는 것도 아니잖아." (웃음) 그 말도 맞아요. 이 사람이 살인자일 수도 있잖아요. 저는 그냥 그게 쉽고도 옳다는 것을 알았고, 지금까지도 그래요.

부부들이 함께한 삶에 대한 이야기를 비교해 보면 결혼 생활을 이어 갈 사람들과 헤어질 사람들 간의 대조는 분명하다. 하지만 부정적인 '우리의 이야기(Negative 'Story of Us')'로 향해 가는 부부도 도움을 얻을 수 있다. 다섯 가지 차원의 점수가 모두 마이너스가 아니라면 관계 회복이 가능하다. 긍정적인 과거를 완전히 상실하는 데는 시간이 많이 걸린다. 때로 관계 회복을 할 기회도 생긴다.

하지만 일단 부정적인 '우리의 이야기' 스위치가 켜지면 되돌리기가 매우 어렵다. 어떠한 개입도 너무 부족하고 너무 늦게 된다. 배우자 한 명의 행동에 긍정적인 변화가 있더라도 상대방은 의심을 품고 다음과 같이 생각할 수 있다. "글쎄, 악마가 결국 좋은 일을 했네. 하지만 이 관계는 여전히 지옥이야." 나는 이 정도가 되면 파트너들이 관계의 종말을 인정하고, 상실에 대해 애도를 표한 뒤 새로운 삶으로 나아가는 것이 최선이라고 생각한다.

자가 진단: 관계를 끝내야 할 때

이 평가는 부정적인 '우리의 이야기' 스위치가 당신의 관계에서 켜지는 지점에 얼마나 가까이 왔는지 판단할 수 있게 도와준다. 이 질문들은 간단한 퀴즈가 아니다. 상대방과 헤어지는 결정은 중요하고 많은 생각이 필요하다.

나의 '우리의 이야기(My Story of Us)'

각 문항에 답하시오. 매우 그렇다는 SA, 그렇다는 A, 보통이다는 N, 그렇지 않다는 D, 매우 그렇지 않다는 SD에 표시하시오.

1	나는 지금 관계에 실망해 있다.	SA5	A4	N3	D2	SD1
2	나는 내 배우자(연인)의 성격 중 마음에 드는 부분이 많다.	SA1	A2	N3	D4	SD5
3	나는 우리 관계가 어떻게 발전해 왔는지 이야기하는 것이 좋다.	SA1	A2	N3	D4	SD5
4	나는 우리가 어떻게 만났는지 이야기하는 것이 좋다.	SA1	A2	N3	D4	SD5
5	우리의 생활은 굉장히 혼란스럽다.	SA5	A4	N3	D2	SD1
6	내 배우자(연인)는 굉장히 이기적일 때가 있다.	SA5	A4	N3	D2	SD1
7	나는 배우자(연인)와 함께 계획 세우는 것이 좋다.	SA1	A2	N3	D4	SD5
8	내 배우자(연인)는 내가 화났을 때 공감해 주지 않는다.	SA5	A4	N3	D2	SD1
9	나는 우리가 어떤 어려움도 함께 이겨 낼 수 있다고 생각한다.	SA1	A2	N3	D4	SD5
10	내 배우자(연인)는 나를 무시한다.	SA5	A4	N3	D2	SD1
11	내 배우자(연인)는 항상 내가 필요한 게 무엇인	SA1	A2	N3	D4	SD5

지 생각한다.

12 내 배우자(연인)는 공개적인 자리에서 나를 자주 놀린다. | SA5 A4 N3 D2 SD1
13 내 배우자(연인)는 내가 어떤 일을 성취했을 때 굉장히 자랑스러워한다. | SA1 A2 N3 D4 SD5
14 내 배우자(연인)는 나를 당연히 배신할 것이다. | SA5 A4 N3 D2 SD1
15 우리는 멋진 한 팀이다. | SA1 A2 N3 D4 SD5
16 말다툼을 하고 나면 굳이 이렇게 살 필요가 있을까 생각한다. | SA5 A4 N3 D2 SD1
17 우리는 우리의 과거에 대해서 똑같이 긍정적으로 생각한다. | SA1 A2 N3 D4 SD5
18 지금의 관계는 내가 기대했던 관계가 아니다. | SA5 A4 N3 D2 SD1
19 우리는 완전히 분리된 개인이 아닌 '우리'다. | SA1 A2 N3 D4 SD5
20 내 배우자(연인) 때문에 혈압이 오른다. | SA5 A4 N3 D2 SD1
21 내 배우자(연인)는 나를 비웃을 때가 있다. | SA5 A4 N3 D2 SD1
22 우리는 말하지 않아도 마음이 통한다며 서로 신 나서 얘기할 때가 많다. | SA1 A2 N3 D4 SD5
23 지금 관계가 이렇게 애써 유지할 만한 가치가 있다는 생각이 들지 않는다. | SA5 A4 N3 D2 SD1
24 내 배우자(연인)는 나를 이해해 준다. | SA1 A2 N3 D4 SD5
25 우리는 같은 문제를 가지고 계속 싸운다. | SA5 A4 N3 D2 SD1
26 내 배우자(연인)는 내가 슬프다는 사실을 받아들이지 않는다. | SA5 A4 N3 D2 SD1
27 우리 사이는 애정이 두텁다. | SA1 A2 N3 D4 SD5
28 우리는 많이 싸우지만 나아지는 것은 없다. | SA5 A4 N3 D2 SD1
29 내 배우자(연인)는 나를 많이 칭찬해 준다. | SA1 A2 N3 D4 SD5
30 내 배우자(연인)는 자연스럽게 나를 사랑한다는 말을 자주 해 준다. | SA1 A2 N3 D4 SD5
31 내 배우자(연인)는 아마 바람을 피우게 될 것이다. | SA5 A4 N3 D2 SD1
32 우리는 함께 대화하는 것이 좋다. | SA1 A2 N3 D4 SD5

33	내 배우자(연인)는 하루 일과를 마치고 나를 다시 만나면 굉장히 반가워한다.	SA1	A2	N3	D4	SD5
34	나는 배우자(연인)에게 별거 또는 이혼하자고 말한 적이 있다.	SA5	A4	N3	D2	SD1
35	나는 지금 관계에 최선을 다한다.	SA1	A2	N3	D4	SD5
36	내 배우자(연인)는 다른 사람들에게도 나를 정말 사랑한다고 말한다.	SA1	A2	N3	D4	SD5
37	내 배우자(연인)는 나에게 성적 매력이 없다고 말한 적이 있다.	SA5	A4	N3	D2	SD1
38	내 배우자(연인)는 나를 위협할 때가 있다.	SA5	A4	N3	D2	SD1
39	우리는 함께 멋진 삶을 만들어 왔다.	SA1	A2	N3	D4	SD5
40	내 배우자(연인)는 나를 자랑스러워한다.	SA1	A2	N3	D4	SD5
41	내 배우자(연인)는 나를 굉장히 존중해 준다.	SA1	A2	N3	D4	SD5
42	내 배우자(연인)는 굉장히 부정적인 모습을 보일 때가 있다.	SA5	A4	N3	D2	SD1
43	내 배우자(연인)는 나에게 고함칠 때가 많다.	SA5	A4	N3	D2	SD1
44	우리는 가치관이 아주 비슷하다.	SA1	A2	N3	D4	SD5
45	내 배우자(연인)는 굉장히 다정하다.	SA1	A2	N3	D4	SD5
46	내 배우자(연인)는 나에게 성적 매력을 많이 느낀다.	SA1	A2	N3	D4	SD5
47	내 배우자(연인)는 악의를 가지고 나에게 상처 주는 말을 한다.	SA5	A4	N3	D2	SD1
48	내 배우자(연인)는 사람들이 내가 미쳤다고 생각하게끔 만들려고 한다.	SA5	A4	N3	D2	SD1
49	내 배우자(연인)는 나의 가족을 모욕한다.	SA5	A4	N3	D2	SD1
50	내 배우자(연인)는 내가(잠자리에서) 성적으로 불만족스럽다고 말한다.	SA5	A4	N3	D2	SD1
51	내 배우자(연인)는 내가 거짓말을 한다며 모순을 잡아내려고 한다.	SA5	A4	N3	D2	SD1
52	내 배우자(연인)는 나에 대한 실망감을 표현한다.	SA5	A4	N3	D2	SD1
53	내 배우자(연인)의 부정성은 끝없이 되풀이된다.	SA5	A4	N3	D2	SD1

54 나는 집에 있으면 화가 많이 난다.	SA5 A4 N3 D2 SD1
55 나는 배우자(연인)와 굉장히 가깝게 느껴진다.	SA1 A2 N3 D4 SD5

점수 계산

1. 1 또는 2를 표시한 항목이 몇 개인지 세어 보시오.
2. (필요하다면) 계산기를 사용하여 1번의 숫자를 55로 나누시오.
3. 그런 다음 100을 곱하시오. 이 결과가 당신의 '우리의 이야기' 비율이다.

75퍼센트 이상

당신은 매우 긍정적인 '우리의 이야기'를 갖고 있다. 이 점수는 당신의 관계가 튼튼하다는 점을 강하게 보여 준다. 이것은 큰 성취다.

74~46퍼센트

경고 벨이 울리고 있다. 특히 낮은 점수에 가깝다면 더욱 경고를 귀담아들어야 한다. 지금은 당신의 관계를 진지하게 평가해야 할 때다. 새로운 긴장이나 갈등이 있었는가? 인생의 변화가 있었는가? 참을 수 없는 불만이 있는가? 아직 시도해 보지 않았다면 이 책의 내용을 연습해 보고 서로에 대한 믿음이 강화되는지 확인해 보라. 그렇지 못하다면, 함께 전문가의 도움을 받는 것을 고려해 보라.

45퍼센트 이하

당신의 관계는 회복하기 어려울 수도 있는 심각한 위험에 처해 있다. 하지만 아직까지 해결하지 못한 최근의 후회할 만한 사건처럼 일시적인 상황 때문에 점수가 일시적으로 더 떨어질 수 있다. 따라서 점수가 낮게 나온다면 갈등에 대처하는 법에 대한 내 제안을 실천해 보라. '정상적인 상황으로 돌아왔다고' 느꼈을 때 다시 평가해 보라. 계속 낮은 점수가 나오지만 당신과 배우자 모두 관계 회복을 위해 힘쓰고 있다면 가능한 한 빨리 실력 있는 상담 치료사의 도움을 받기 바란다.

당신의 관계가 끝났으며 회복될 가망도 없다는 명백하고도 거부할 수 없는 증거가 있고 당신도 떠나기를 원한다면 그대로 끝내도 좋다. 하지만 그렇게 하더라도 미래에 새로운 관계를 시작할 수 있다는 가능성까지 접어서는 안 된다. 사랑에서 실패하면 매우 중요한 갈림길에 서게 된다. 당신이 지금 내리는 결정이 미래에 지대한 영향을 미칠 것이다.

13.
다시 신뢰하는 법 배우기

생명 구조 기술

　　불행한 결혼과 혼자되고 외로운 삶 중에서 어떤 것이 건강에 더 나쁠 것이라고 생각하는가? 선호하는 고문의 종류를 물어보는 것처럼 터무니없는 질문으로 들릴지도 모르겠다. 내가 이런 질문을 제기한 것은 사람들이 혼자되는 것을 피하기 위해서 나쁜 결혼이나 관계에 머무는 것이 흔한 일이라는 것을 발견했기 때문이다. 배반당했을 때 배우자를 떠나 다시는 다른 사람에게 가까이 다가가지 않겠다고 다짐하는 사람들도 있다. 한 여성은 "나는 금붕어와 함께 사는 게 더 좋아요. 금붕어는 바람을 피우지는 않잖아요."라고 말했다. 그런데 문제는 배반에 대한 이런 두 가지 반응 모두 건강하지 않다는 것이다. 그런 반응들이 정서적으로 또한 심리적으로 해를 끼친다는 것만을 의미하는 것이 아니다. 그런 반응들은 당신을 죽일 수 있다.

　　그 증거는 충격적이며 분명하다. 낮은 신뢰 관계에 있는 부부들은 다른 사람들보다 높은 사망률을 보인다. 이런 상관관계는 나이 든 부부들을 20년 동안 연구한 것을 추가 분석한 덕분에 명백해졌다. 나는 로버트 레벤슨과 로라 카스텐슨과 함께 분석 작업을 했다. 우리는 제로섬 관계에 있는 부부들이 다른 부부들보다 우리 연구가 진행되는 동안 좀 더 많이 탈락했다는 사실에 주목했다. 이 부부들은 그들의 갈등 대화 동안 비디오테이프를 돌려 볼 때 서로를 마치 적수처럼 대했던 배우자들이었다. 나는 그들의 상대적인 높은 탈락률에 놀라지 않았다. 나는 그들이 연구에 참여하는 것이 너무 불쾌해서 계속하고 싶지 않다고 생각했거나 헤어져서 과거를 돌아보고 싶지 않았다고 생각했다. 장기 연구에 참여하는 대부분의 과학자들처럼, 나는 이와 같이 참여자가 줄어드는 문제 때문에 정확한 결과를 얻기 위해 필요한 것보다 더 많은 참여자들과 연구를 시작한다.

하지만 최근에 타라 마디하스타 박사가 추가적인 연구를 실시해서 중간에 연구에 참여하지 못했던 참여자들에 대한 좀 더 암울한 설명을 알아냈다. 단지 그들의 갈등 논의에만 기초해서 부부들을 범주화했을 때, 그녀는 제로섬 관계에 있던 남편들이 사망한 충격적인 수치를 알아냈다. 20년에 걸쳐 협조적인 결혼 관계에 있던 남자들의 사망률이 23퍼센트였던 반면에, 그들의 사망률은 58퍼센트였다. 이것을 다른 식으로 바라보면 다음과 같다. 만일 부부가 연구를 시작할 당시에 제로섬 갈등을 했다면, 나이와 건강에 영향을 주는 다른 요인들을 고려했을 때조차, 20년에 걸쳐 남편이 사망할 확률은 서로 협조적인 관계에 있던 남자들보다 11배 높았다. 또한 그들은 한 배우자는 협조적인데 다른 배우자는 제로섬 갈등을 하는 혼합된 스타일의 부부들과 비교해도 7배나 높았다. 이런 결과들은 자신의 아내가 자신을 사랑한다고 믿는 남자들은 궤양의 심각성이 상당히 낮고 관상동맥이 막히는 것과 협심증에 걸리는 비율에서도 더 낮다는 많은 연구들과 일치한다.

남편들이 아내들에 비해 불균형적으로 사망한 이유는 모른다. 아마도 남자의 혈압, 맥박, 괴로움에 대한 생리적인 측정이 갈등에 더 반응적이기 때문일지도 모른다. 하지만 불행한 결혼 관계에 있는 것은 여성의 생명도 앗아 간다. 제로섬 갈등에 있던 아내들은 다른 여성들보다 더 많은 심리적·신체적 건강 증상을 보고했다. 높은 신뢰 관계가 여성의 건강에 혜택을 준다는 것을 강조하는 흥미로운 연구가 있다. 제임스 코언James Coan 박사는 자원한 여성들을 발목에 약한 쇼크를 주는 동안 MRI 스캔을 받게 했다. 실험 전에, 각각의 여성은 그들이 행복한 결혼 생활을 하고 있는지 알아보는 설문지를 작성했다. 코언 박사는 실험 동안 낯선 사람 또는 남편이 손을 잡아 주는지의 여부에 따라 스트레스에 대한 여성의 반응 차이를 추적했다. 낯선 사람이 있을 때, 위험과 경보를 감지하는 뇌의 부위가 완전히 활성화되었다. 하지만 아내가 자신의 결혼 생활이 매우 신뢰 높다고 기술한 경우, 남편이 손을 잡았을 때 공포 반응이 거의 완전히 사라졌다. 결혼 생활에서 안전하다고 느끼지 않았던 여성은 행복한 여성들보다 (위험과 경보를 감지하는) 뇌 부위에서 훨씬 더 많은 반응을 보였다(코언 박사는 결혼한 사이라고 느꼈던 동성애자 부부들에게서도 똑같은 결과를 얻었다).

어떻게 남편의 존재가 아내의 공포 반응을 낮추었을까? 점점 더 많은 연구들은, 높은 신뢰 관계는 부부 결속, 모성 애착과 관련이 있으며 신체 생리에 진정 효과를 주기 때문에 '포옹 호르몬'이라고 여겨지는 옥시토신 호르몬 생산을 자극한다는 것을 시사한다.5 그 결과 그 호르몬이 건강을 손상시키는 스트레스 반응으로부터 지켜 준다. 옥시토신의 역할(남성의 경우에는 바소프레신)은 어떻게 관계가 신체 생리에 영향을 주는지, 그리고 신체 생리가 관계

---

5 우리는 부부 결속에서 옥시토신의 중요성을 이해하는 데 도움을 준 매우 까다로운 작은 쥐에게 감사한다. 왜냐하면 초원 암쥐는 평생 짝 짓기를 하기 때문에, 짝 만들기에 굉장한 노력을 기울인다. 초원 암쥐는 만일 수컷 쥐가 자신의 엄격한 기준에 맞지 않는다면 계속 수컷 쥐를 쫓아낸다. 하지만 선구적인 연구자인 수 카터(Sue Carter) 박사가 암컷 초원 쥐에게 옥시토신을 주입했을 때, 그 많은 수컷 쥐들의 '명단'을 찢어 버리고, 맨 처음 나타난 수컷 쥐를 훨씬 더 잘 받아들였다.

에 어떻게 영향을 주는지에 대한 발전된 증거다.

코언 박사는 배우자들이 자신들의 신체 생리를 '함께 조절함'으로써 서로에게 이득을 준다는 이론을 세운다. 간단하게 말해, 그들은 자기 자신들을 진정시킬 수 없을 때 서로를 진정시킨다. 우리는 부부 갈등 연구를 통해, 일단 감정의 홍수가 발생하면 우리의 뇌가 공포 반응을 제거하기는 매우 어렵다는 것을 알고 있다. 하지만 높은 신뢰를 가진 배우자들은 항상 서로의 공포 반응을 제거해 준다. 『사랑을 위한 과학(A General Theory of Love)』이라는 책에서 의사인 토머스 루이스Thomas Lewis, 패리 애미니Fari Amini 와 리처드 래넌Richard Lannon 은 부모자녀 관계라는 맥락에서 이것을 말한다. 그들은 부모와 자녀는 동시에 서로에게 "호르몬 수준, 심장 혈관 기능, 수면 리듬, 면역 기능 등 기타 많은 것을 바꿀 수 있는" 정보를 전달한다고 말한다.

다양한 1백 쌍의 부부 연구에서, 나는 아내의 신뢰 지표가 높을 때(남편의 것은 높지 않을지라도), 두 배우자는 좀 더 낮은 혈류 기준선을 가지고 있다는 것을 발견했다. 낮은 혈류 속도는 고혈압 발병을 억제하기 때문에 이것은 좋은 소식이다. 아직은 아내의 높은 신뢰 수준이 이런 상호적이고 더 낮은 혈류 속도의 원인이라고 말할 수 없지만, 그 둘 사이에 상관관계는 있었다. 남편의 신뢰 수준은 혈류 속도에서 덜 중요한 요인이라는 것이 흥미롭다. 나는 일반적으로 아내의 안전감이 남편의 것보다 관계 역동에 영향을 주는 경향이 있다는 것을 믿게 되었다. 남자가 자신이 아내를 안전하다고 느끼게 만드는 것이 얼마나 중요한지 깨달을 때, 관계는 엄청난 혜택을 얻고 또한 그들의 건강도 그렇다. 물론 배우자의 신뢰를 얻는 욕구는 성별에 차이가 없다. 누구에게나 안정되고, 믿을 수 있는 관계는 심혈관 질환, 암, 수술, 다른 질병을 이겨 내는 비교적 높은 생존율과 관련 있다.

행복한 관계는 당신의 건강에 좋다는 메시지가 분명하다. 낮은 신뢰를 가진 관계는 치명적일 수 있다. 만약 당신의 관계가 복구할 수 없이 망가졌다면, 떠나는 것(결별하는 것)이 건강해질 수 있는 확률을 좀 더 높일 것이다. 하지만 당신이 배우자를 떠난 (또는 배우자가 당신을 떠난) 뒤 당신이 무엇을 하는가가 가장 중요할 수 있다. 바로 여기에 내가 이번 장을 시작하면서 불행한 결혼 생활과 혼자 사는 것 중 어떤 것이 건강에 더 나쁠까라는 질문에 대한 답이 있다. 불행한 관계는 건강에 치명적이다. 하지만 통계치는 끝없는 외로움이 훨씬 더 치명적이라는 것을 보여 준다.

혼자된 사람들의 높은 사망률에 관해서는 증거 자료가 많다. 버클리에 있는 캘리포니아 대학교의 리사 버크먼Lisa Berkman과 렌 시미Len Syme 박사가 9천 명을 대상으로 한 대표적인 유행병 연구에서 그들은 친밀한 우정과 결혼은 사람들에게 약 12년의 생명을 더 연장해 주었다는 것을 발견했다. 로이스 버부르게Lois Verbrugge 박사는 후속 연구에서 결혼한 부부가 실제로 행복할 때 이 효과가 훨씬 크다는 것을 밝혀냈다. 다시 말해서, 배우자와 헤어지고 나서 6년 후에 결혼했거나 절친한 친구(누군가와 친하고, 믿을 수 있는 관계를 의미하는)를 가졌던 사람들의 생존 확률은 약 80퍼센트였다. 반면 이런 사회적인 연결이 없었던 사람들의 생존 확률은 50퍼센트였다. 불행한 결혼조차 혜택을 주었는데, 특별히 남성에게 더 그랬다. 이런 모든 연구는 평생 동안의 고립은 평균 수명을 불행한 결혼보다 단축시킨다는 것을 시사한다.

과학자들은 외로움과 일찍 사망하는 것 사이의 관련성에서 생물학적인 기초를 아직 알지 못한다. 하지만 시카고 대학교의 사회 심리학자이며 심리 생리학자인 존 카시오포John Cacioppo 박사가 행한 연구에 기초를 두고 있는 선두적인 이론은 혈관이 좁아지는 동맥혈 수축에 기인한 고혈압을 지목하고 있다.

나는 사람들에게 그들의 건강을 '지키기' 위해 구제 불가능한 결혼에 머물러야 한다고 조언하는 것이 아니다. 이런 통계적인 나쁜 소식에 대한 해결책은 괴로움을 주는 관계를 견뎌 내는 것이 아니다. 그것은 외롭고 고립된 삶으로 나아가는 것을 피하는 것이다. 당신은 세상에 대해 문을 닫는 것이 아닌 새로 사랑하는 관계로 들어가기를 원하거나 친구들과의 결속을 만들거나 강화시키기를 원한다.

다음 표는 불행한 결혼에서 빠져나온 여성을 위한 다른 잠재적인 건강의 결과를 보여 준다. 그녀는 사랑 가능한 새로운 남자를 믿어야만 하나? 그녀는 인생에서 할 가장 중요한 사회적인 결정에 직면하고 있다. 그녀가 선택한 것은 그녀의 미래 건강과 장수에 영향을 주기 쉽다.

	토머스는 신뢰할 만하다	토머스는 신뢰할 만하지 않다
신시아는 토머스를 신뢰하고 헌신적인 관계를 시작한다	건강에서의 이득, 질병으로부터 회복, 개인적인 부 증가, 행복, 안녕, 장수와 안전감 있고 건강한 아이 양육. 이득 = 15년 생명 연장	낮은 신뢰 관계로 관계를 끝내거나 지속한다. 고혈압을 포함하는 만성적인 신체적 스트레스 반응. 부정적인 성과 = 그녀가 관계를 벗어난다고 해도 4~8년 생명 단축
신시아는 토머스를 신뢰하지 않고 헌신적인 관계를 시작하지 않기로 결정한다	고혈압과 같은 신체적인 스트레스 반응을 포함하는 평생 동안의 고립에 대한 큰 비용. 부정적 성과 = 10년 생명 단축	배반을 감지하는 데 있어 그녀의 직감은 신뢰할 만한 사람에게 헌신할 수 있는 그녀의 능력에 좋은 조짐을 보인다. 이득 = 15년 생명 연장(내가 연구했던 높은 신뢰를 가진 부부들의 이득과 같다)

자기 자신을 외로운 사람이라고 말하는 사람들에 대한 믿을 만한 통계치는 없으며, 이런 외로운 사람들 중에서 왜 그렇게 많은 사람이 그들의 고립을 끝내는 것에 저항하는지에 대한 통계치도 없다. 하지만 우리는 오랜 기간 동

안 외롭게 지내는 사람들은 공통적인 특성을 가지고 있다는 것을 안다. 비록 그들이 관심과 연결되는 것을 갈망한다고 해도, 그들은 기만(속임수)을 감지하는 능력이 형편없다. 어떤 경우에 그들은 환영받기 위해서 불공평한 대우를 받아들인다. 다른 경우에는 사실 신뢰할 만한 사람들에게 지나친 의심을 가지고 반응한다. 그들은 배반당할 것을 예상하기 때문에, 어떤 진정한 연결이 일어나기 전에 배우자가 될 가능성이 있는 사람들을 거부한다. 그 결과 그들은 고립되는 것이다.

뇌 속에서 포도당의 대사 과정을 추적하기 위해 MRI를 사용했을 때, 카시오포 박사는 외로운 사람들은 다른 사람들보다 행복한 얼굴을 볼 때 쾌락의 증가를 덜 경험한다는 것을 발견했다. 그들이 사교적인 사건을 상상하도록 요청받을 때, 공포와 연관된 뇌 부위에 불이 들어온다.

만약 누구를 믿어야 할지 구별하는 데 자신 없다면, 관계를 조심하는 것을 이해할 만하다. 특히 만약 당신이 그 '증거'로서 과거에 적어도 하나의 독성 있는 관계를 가지고 있다면 말이다. 만일 당신이 이런 문제를 고심하고 있다면, 나는 또 다른 사람이 신뢰할 만할 때 알아볼 수 있는 능력을 향상시키는 노력의 중요성을 깨닫기를 원한다. 연구에 따르면, 개입이 없다면 외로움은 시간이 지난다고 약화되지 않는다. 우리가 살펴봤듯이, 그것은 당신의 건강을 해치기 쉽다.

신뢰는 항상 위험을 안고 있다. 만약 당신이 다른 사람에게 당신 자신의 취약성을 드러냈을 때, 당신이 상처받지 않을 거라는 보장은 전혀 없다. 하지만 대개 그것은 가치가 있다. 이것은 진부한 이야기가 아니라 사실이다. 그것은 '신뢰 게임(Trust Game)'이라고 불리는 것에 대한 연구의 일관적인 결과이다. 비록 이 연구들이 그 자체로 친밀한 관계에 초점을 두지는 않았지만, 연구 결과의 발견은 사랑하는 관계에 적용 가능하다. 게임은 다음과 같이 진행된다. 익명의 한 사람을 메리라고 부르자. 메리는 10달러를 받는다. 그녀는 그 돈을 가질 수도 있고 그것을 익명의 다른 사람에게 모두 주거나 일부를 줄 수도 있다. 익명의 다른 사람을 브루스라고 부르자. 게임의 규칙에 따라 메리는 브루스에게 보내는 어떤 돈이든 세 배의 가치가 될 거라는 것을 안다. 만약 그녀가 그에게 1달러를 보내면, 그는 3달러를 받을 것이다. 만약 그녀가 5달러를 보내면, 그는 15달러를 받을 것이다. 이때 브루스가 메리에게 되돌려 보내는 어떤 돈이라도 세 배의 가치가 되는데, 메리에게만 그렇게 될 것이다. 이 게임이 단지 한 바퀴만 진행되었을 때, 메리는 브루스가 그녀에게 돈을 돌려보내는 것에 대한 어떤 상금도 받지 못한다는 것을 안다. 이타주의 그리고 아마도 공정한 경기에 대한 그의 생각이 그가 어떤 선택을 하도록 할 것이다. 그러면 그녀는 얼마나 많은 돈을 그에게 주는 위험을 감수해야만 할까? 그는 아무것도 돌려주지 않거나 아주 많이 돌려줄 수도 있다. 그녀의 선택은 그녀가 브루스에 관해 아무것도 모르기 때문에 그녀의 기본적인 신뢰 수준을 나타내 줄 것이다.

연구는 신뢰 게임이 처음 한 바퀴 진행되는 동안 거의 모든 메리들은 브루스에게 적어도 약간의 돈을 보낸다는 것을 보여 준다. 대개 5달러 정도 보낸다. 그녀는 그가 정직한 방식으로 그녀에게 반응해 그녀와 이득을 나눌 거라는 신뢰에 기초하여 기꺼이 자신이 가진 재산의 반에 대한 위험을 감수할 것이다. 브루스는 이제 15달러를 받았다. 그는 그가 갖지 않고 메리에게 되돌려 준 돈이 그녀에게는 세 배의 가치가 된다는 것을 알고 있다. 대표적인 한 연구에서, 30명의 브루스 중 18명이 평균 5달러의 돈을 돌려보냈고, 그 돈은 세 배가 되어 결국 그녀가 나누어 주었던 5달러에 대해 15달러를 갖게 되었다.

11명의 브루스는 그에게 보내 준 원래의 돈을 돌려주었다. 그래서 만일 그녀가 8달러를 그에게 주었다면, 사실상 그는 24달러를 되돌려 보내 그녀에게 16달러의 이득을 주었다. 이 연구들은 메리가 브루스를 신뢰하면 할수록, 그녀는 더 많은 돈을 가지게 된다는 것을 보여 준다. 다른 사람을 신뢰하는 위험을 감수하는 사람은 의심스러워하는 사람보다 더 많은 이득을 얻는다.

인생은 다른 사람을 신뢰할 수 있는 용기를 가진 사람들에게 더 잘 풀린다. 하지만 물론 의심하는 것이 적절할 때를 반드시 알아봐야만 한다. 당신의 신뢰 레이더망을 연마하기 위해서, 다른 사람을 평가하는 데 훌륭한 성적을 가진 사람들의 모범을 따르라. 이런 실질적인 지식을 가진 사람들은 사회 지능 점수가 높은 경향이 있는데, 이런 사람들은 개인적으로 그리고 집단적인 상황에서도 사람들과 잘 어울리는 능력을 가지고 있다. 그들이 다른 사람을 만날 때 그들의 '기본 수준'은 다른 사람을 신뢰하는 것이다. 하지만 그들은 잘 속아 넘어가는 사람들이 아니다. 만약 의심해야 할 이유가 있다면, 그들은 조심하게 된다.

기만(속임수)을 감지하는 데 제1교훈은 신뢰할 만하지 않은 사람들은 오로지 자기 자신의 이익만 생각한다는 것이다. 만약 누군가 당신을 불공평하게 대하고 친절에 대해 보답하지 않는다면, 아무리 그 사람이 매력적이라고 해도 신뢰하지 마라. 협잡꾼과 이기적인 사기꾼은 종종 엄청나게 매력적이고 안심을 준다. 버나드 메이도프Bernard Madoff*를 생각해 보라. 그래서 우리가 다른 때라면 무시하지 않았을 증거를 무시하는 경향이 있다.

신뢰와 배반에 대한 철저한 연구에 기초해서, 신뢰할 만한 사람들과 사기

---

* 전(前) 미국 증권 중개인, 투자 상담사, 나스닥 외부 이사를 역임하였으며, 역사상 최대 규모의 폰지 사기 주동자로 알려져 있다.

꾼들을 구별할 수 있게 하는 다섯 가지 탐지 가능한 기준이 있다고 믿는다. 만약 다음과 같은 특징을 가진 사람을 만난다면, 나는 아마도 당신을 조금씩 개방할 필요가 있다고 생각한다. 물론 확실한 보장은 없다. 하지만 만약 당신이 공정성과 객관성을 가지고 다른 사람을 평가하는 것을 배운다면, 조만간 깊이 있고 사랑스러운 방식으로 당신과 연결될 수 있는 누군가를 만나기 쉬울 것이다. 또한 그 반대의 경우, 만일 누군가가 다음에 나오는 테스트의 일부에서 합격하지 못한다면 그 사람을 떠나라.

당신에게 거짓말하는 사람은 믿지 마라. 너무 자주 우리는 다른 사람에 대한 변명을 생각해 낸다. '그것은 오해였어, 그녀는 그럴 만한 이유가 있었어, 그것은 그렇게 나쁘지 않았어, 딱 한 번뿐이었잖아.' 총명한 눈을 가져라! 당신의 연인이 될 가능성이 있는 그 사람이 이전에 당신을 속였는가? 이 사람이 다른 사람에게 거짓말하는 것을 목격했는가? 당신 자신이 이 사람이 말한 것에 대한 진실성에 의문을 제기하고 의심스러운 마음으로 자신에게 말하고 있는가? 그렇다면 그 사람을 떠나라.

배우자의 삶은 비밀이 없는 열린 책이어야 한다. 새롭게 만난 이 사람이 친구, 가족, 동료를 만나는 곳에 당신을 초대하며 중요한 스트레스, 야망, 목표에 대해 당신에게 털어놓는지 확인하라. 당신이 "어디 있었어?"라는 질문을 했을 때, 주저 없이 대답해야만 한다.

배우자가 될 이 사람이 약속을 지킨다는 증거가 있는가? 금전적이든 다른 것이든 다른 사람과 중요한 거래를 하는 것에 대해 세부적인 내용을 확인할 수 있는가? 이런 문제들에 대해서 모호하거나 알 수 없는 사람은 믿지 마라. 구체적인 질문에 대한 대답으로 "나를 믿기

만 해!"라고 말하는 사람은 의심하는 것이 가장 좋다. 신뢰할 만한 사람은 당신에게 그런 말할 필요를 느끼지 않는다.

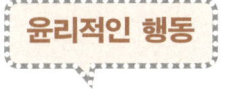 이 사람은 일관성 있게 공정하고 올바른 행동을 하는가? 당신이 가진 가치와 조화되는 가치를 표현하고 보여 주는가? 만일 어떤 사람의 윤리관에 불편함을 느낀다면, 그 관계를 계속하지 마라.

 배우자가 될 수 있는 사람은 아주 작은 식으로도 당신의 편이 되고 당신을 도와주는 모습을 보여 준다. 당신은 그 사람이 순전히 자신의 이익을 위한 동기로 움직이지 않고 당신에게 불리한 동맹을 맺지 않는다는 증거를 원한다. 당신은 그 사람이 당신의 이익을 진정으로 바라고 있다는 증거를 원한다. 만일 누군가 당신을 향해 이기적이지 않은 모습을 보여 준다면 아주 좋은 신호다.

만일 당신이 만나는 사람들을 앞에서 언급한 기준들을 가지고 총명한 눈으로 평가한다면, 당신은 다른 사람을 평가하는 능력에서 자신감을 얻을 것이다. 좀 더 분별력을 갖는 것이 쉽다고 말하는 것이 아니다. 하지만 다시 신뢰하는 것을 배우는 것이 그만한 가치가 있는 것은 확실하다.

14. 진정한 사랑이란 무엇인가?

　　　　　인터뷰하는 사람들은 나에게 연구에서 얻은 사랑에 대한 정의와 몇 마디 지혜의 말을 알려 달라고 자주 요청한다. 하지만 어떤 부부들에게도 내가 줄 수 있는 최고의 조언은 성공적인 보수 시도를 하고 바퀴벌레 숙소를 피하라는 과학적인 결과물이 아니다. 그것은 서로를 존중하고 서로의 삶에 있다는 것을 감사하는 것이다. 나는 인간관계를 과학이라는 완고한 불빛에 드러내는 것이 위협적이라는 것을 알고 있다. 그래서 여러분 중 많은 사람이 다음에 있는 이 책의 마지막 질문에서 안심할 수 있기를 바란다.

　이 질문들이 당신 부부의 결합 상태를 최종 점검하는 것이라고 생각하라. 질문지가 길지만, 사랑 그 자체처럼 해 보려고 노력할 만한 가치가 있다. 실패, 문제점이나 불만에도 불구하고, 당신의 사랑을 견고하게 지켜 주는 탄탄한 신뢰를 서로 공유한다는 것을 발견할 수도 있다. 그리고 만일 그렇지 않더라도 최소한 행복에 있어서 신뢰가 가지고 있는 근본적인 역할에 대해 좀 더 깊이 이해하고 당신의 삶 속에서 신뢰를 좀 더 발견할 수 있는 지도를 얻어 가기를 소망한다.

질문: 이 관계가 진짜인가?

> 지시 사항

아래에 나와 있는 항목에 대해, 전혀 그렇지 않다는 SD, 그렇지 않다는 D, 그렇지도 그렇지 않지도 않다는 N, 그렇다는 A, 매우 그렇다는 SA에 동그라미를 치시오.

1	나는 배우자를 완전히 신뢰한다.	SD	D	N	A	SA
2	배우자는 나를 완전히 신뢰한다.	SD	D	N	A	SA
3	나는 섹스를 할 때 배우자를 신뢰한다.	SD	D	N	A	SA
4	나는 배우자와 있으면 안전하다고 느낀다.	SD	D	N	A	SA
5	배우자는 나와 있으면 안전하다고 느낀다.	SD	D	N	A	SA
6	나는 배우자에게 강한 애착이 있다.	SD	D	N	A	SA
7	배우자는 나에게 강한 애착을 느낀다.	SD	D	N	A	SA
8	나는 배우자에게 어떤 비밀도 없다.	SD	D	N	A	SA
9	배우자는 나에게 어떤 비밀도 없다.	SD	D	N	A	SA
10	우리는 서로를 잘 위로한다.	SD	D	N	A	SA
11	나는 배우자에게 사랑받는다고 느낀다.	SD	D	N	A	SA
12	배우자는 나를 행복하게 해 준다.	SD	D	N	A	SA
13	나는 배우자를 행복하게 해 준다.	SD	D	N	A	SA
14	나는 배우자를 사랑한다고 말할 수 있다.	SD	D	N	A	SA
15	나는 현재 배우자와 사랑에 빠져 있다.	SD	D	N	A	SA
16	배우자는 현재 나와 사랑에 빠져 있다.	SD	D	N	A	SA
17	이 관계에 대한 나의 손익 분석은 주로 손해가 아닌 이익이다.	SD	D	N	A	SA
18	나는 배우자에게 온전히 헌신하고 있다.	SD	D	N	A	SA
19	배우자는 나에게 온전히 헌신하고 있다.	SD	D	N	A	SA
20	나는 배우자 외에 어떤 사람과도 성적 관계를 하지 않는다.	SD	D	N	A	SA

21	배우자는 나 외에 다른 어떤 사람과도 성적 관계를 하지 않는다.	SD	D	N	A	SA
22	내 사랑은 조건적인 사랑이 아니다(조건에 따라 달라지지 않는다).	SD	D	N	A	SA
23	배우자의 사랑은 조건적인 사랑이 아니다(조건에 따라 달라지지 않는다).	SD	D	N	A	SA
24	배우자는 나를 웃게 만든다.	SD	D	N	A	SA
25	나는 배우자를 웃게 만든다.	SD	D	N	A	SA
26	우리는 서로를 시기하지 않는다.	SD	D	N	A	SA
27	우리는 서로에게 키스하는 것을 아주 좋아한다.	SD	D	N	A	SA
28	우리는 서로에 대해 도덕적인 책임감을 가지고 있다.	SD	D	N	A	SA
29	우리는 같은 것을 아주 많이 좋아한다.	SD	D	N	A	SA
30	나는 배우자의 마음이 작동하는 방식을 아주 좋아한다.	SD	D	N	A	SA
31	배우자는 나의 마음이 작동하는 방식을 아주 좋아한다.	SD	D	N	A	SA
32	나는 배우자가 냄새 맡거나 맛보는 방식을 사랑한다.	SD	D	N	A	SA
33	배우자는 내가 냄새 맡거나 맛보는 방식을 사랑한다.	SD	D	N	A	SA
34	우리는 서로의 일을 지지한다.	SD	D	N	A	SA
35	우리는 함께 있는 것이 쉽고 편하다.	SD	D	N	A	SA
36	우리는 경제적으로 서로에게 힘이 되어 준다.	SD	D	N	A	SA
37	우리는 자주 설렘과 즐거움을 나눈다.	SD	D	N	A	SA
38	나는 배우자가 다른 사람을 대하는 방식을 사랑한다.	SD	D	N	A	SA
39	우리는 자주 서로를 진정시킨다.	SD	D	N	A	SA
40	우리는 삶의 스트레스와 고통이 있을 때 서로 돕는다.	SD	D	N	A	SA

41 우리는 각자가 되고 싶은 사람이 될 수 있도록 서로 돕는다.	SD	D	N	A	SA
42 우리는 서로의 선함을 보고, 인정하고, 향상시킨다.	SD	D	N	A	SA
43 우리는 서로에게 선물 주는 것을 아주 좋아한다.	SD	D	N	A	SA
44 우리는 둘 다 높은 가치를 두고 있는 삶을 함께 가꾸어 왔다.	SD	D	N	A	SA
45 내가 힘들 때, 배우자는 나에게 다가와 준다.	SD	D	N	A	SA
46 내가 힘들 때, 나는 배우자에게 다가갈 수 있다.	SD	D	N	A	SA
47 나는 배우자에게 기댈 수 있다.	SD	D	N	A	SA
48 나는 배우자에게 성적 매력을 느낀다.	SD	D	N	A	SA
49 배우자가 나에게 매력을 느낀다는 것을 안다.	SD	D	N	A	SA
50 나는 이 관계에서 성적으로 만족한다.	SD	D	N	A	SA
51 우리는 서로의 건강에 대해 관심을 가지고 있다.	SD	D	N	A	SA
52 만일 내가 배우자를 위해 좋은 것을 해 준다면, 그(녀) 또한 나를 위해 좋은 것을 해 줄 거라고 기대할 수 있다.	SD	D	N	A	SA
53 우리는 목적과 의미를 가지고 인생을 함께 가꾸어 왔다.	SD	D	N	A	SA
54 우리는 함께 소중히 여기는 과거를 공유하고 있다.	SD	D	N	A	SA
55 우리는 둘 다 함께 좋아하는 친구가 몇 명 있다.	SD	D	N	A	SA
56 우리는 서로의 원가족에 대해서 함께 알고 이해한다.	SD	D	N	A	SA
57 배우자는 나의 꿈을 알고 존중한다.	SD	D	N	A	SA
58 나는 배우자의 꿈을 알고 존중한다.	SD	D	N	A	SA
59 배우자는 나의 선호도를 알고 수용한다.	SD	D	N	A	SA
60 배우자를 나를 이해한다.	SD	D	N	A	SA
61 우리 관계에는 불공평한 권력 불균형이 없다.	SD	D	N	A	SA
62 우리는 서로의 옛 상처를 치유해 주려 한다.	SD	D	N	A	SA
63 우리는 각자 지속되는 취약성을 알고 존중한다.	SD	D	N	A	SA

64 나는 분노를 통제할 수 있고 배우자에게 큰 상처를 주지 않는다.	SD	D	N	A	SA
65 배우자는 분노를 통제할 수 있고 나에게 큰 상처를 주지 않는다.	SD	D	N	A	SA
66 배우자는 별로 방어적이지 않다.	SD	D	N	A	SA
67 우리는 서로의 성격, 결함 등을 모두 수용한다.	SD	D	N	A	SA
68 배우자는 나의 영향력을 받아들인다.	SD	D	N	A	SA
69 우리는 권력을 공평하게 공유한다.	SD	D	N	A	SA
70 나는 배우자와 있을 때 나다울 수 있다.	SD	D	N	A	SA
71 나는 배우자와 있을 때 나다운 내 모습을 좋아한다.	SD	D	N	A	SA
72 배우자는 자기가 틀렸을 때 인정한다.	SD	D	N	A	SA
73 우리는 어떤 것이라도 쉽게 이야기할 수 있다.	SD	D	N	A	SA
74 함께 있는 것은 쉽다.	SD	D	N	A	SA
75 우리는 자주 친밀한 대화를 한다.	SD	D	N	A	SA
76 나는 배우자를 만지는 것을 매우 좋아한다.	SD	D	N	A	SA
77 배우자는 나를 만지는 것을 매우 좋아한다.	SD	D	N	A	SA
78 배우자는 나의 가장 친한 친구다.	SD	D	N	A	SA
79 우리는 인생에 대한 서로의 꿈을 알고 지지한다.	SD	D	N	A	SA
80 우리는 함께 아주 즐겁게 지낸다.	SD	D	N	A	SA
81 우리는 서로에게 아주 감각적이다(성적으로).	SD	D	N	A	SA
82 우리는 함께 배우는 것을 매우 좋아한다.	SD	D	N	A	SA
83 우리는 완전 녹초가 되었을 때 서로를 재충전할 수 있게 돕는다.	SD	D	N	A	SA
84 나는 우리의 휴가를 매우 좋아한다.	SD	D	N	A	SA
85 우리는 서로에게 정서적으로 아주 잘 조율되어 있다.	SD	D	N	A	SA
86 우리 사이에는 호감과 애정이 많다.	SD	D	N	A	SA
87 배우자는 나를 존경하고 존중한다.	SD	D	N	A	SA
88 우리는 각자의 독립을 존중한다.	SD	D	N	A	SA
89 우리는 함께 음식을 즐겨 먹는다.	SD	D	N	A	SA

90	우리는 서로를 용서한다.	SD	D	N	A	SA
91	나는 우리가 서로 차이를 극복할 수 있다는 자신감이 있다.	SD	D	N	A	SA
92	우리는 건설적으로 싸운다.	SD	D	N	A	SA
93	우리는 함께 타협하며 문제를 해결할 수 있다.	SD	D	N	A	SA
94	우리는 함께 인생의 스트레스에 대처할 수 있다.	SD	D	N	A	SA
95	우리는 계속해서 서로의 환심을 산다(구애한다).	SD	D	N	A	SA
96	우리는 함께 계획을 세우고 꿈을 꾸는 것을 매우 좋아한다.	SD	D	N	A	SA
97	나는 우리가 어떤 역경도 겪어 낼 수 있다고 생각한다.	SD	D	N	A	SA
98	우리는 두 명의 '나'가 아니라 '우리'로서 정의된다.	SD	D	N	A	SA
99	배우자는 내가 원하는 것을 고려한다.	SD	D	N	A	SA
100	나는 떨어져 있을 때 배우자를 그리워한다.	SD	D	N	A	SA
101	나는 다시 만났을 때 배우자를 보는 것이 대개는 기쁘다.	SD	D	N	A	SA
102	나는 배우자의 욕구를 충족하기를 원한다.	SD	D	N	A	SA
103	배우자는 나의 욕구를 충족하기를 원한다.	SD	D	N	A	SA
104	우리는 공평성을 지니면서 일한다.	SD	D	N	A	SA
105	우리는 진정한 한 팀이다.	SD	D	N	A	SA
106	나는 배우자의 긍정적인 자질들을 많이 말할 수 있다.	SD	D	N	A	SA
107	배우자의 짜증은 대개 일시적이다.	SD	D	N	A	SA
108	배우자는 정서적으로 많이 멀리 있지 않다.	SD	D	N	A	SA
109	나는 배우자의 고통에 공감한다.	SD	D	N	A	SA
110	배우자는 내 고통에 공감한다.	SD	D	N	A	SA
111	우리는 세상의 다른 무엇보다 우리가 더 낫다고 믿는다.	SD	D	N	A	SA
112	우리는 비슷한 가치를 갖고 있고, 배우자는 내 믿음을 존중한다.	SD	D	N	A	SA

113	우리는 의미와 삶의 꿈을 공유한다.	SD	D	N	A	SA
114	우리는 같은 것을 아주 많이 좋아한다.	SD	D	N	A	SA
115	배우자는 내가 아플 때 나를 돌본다.	SD	D	N	A	SA
116	나는 배우자가 아플 때 배우자를 돌본다.	SD	D	N	A	SA
117	우리는 가치 있고 중요하게 여기는 휴일 일과가 있다.	SD	D	N	A	SA
118	우리는 가정(집)이 뭔지에 동의한다.	SD	D	N	A	SA
119	우리는 서로 각자의 문화적이고 종교적인 가치를 지지한다.	SD	D	N	A	SA
120	우리 관계는 긴 세월 속에 점점 좋아지고 있다.	SD	D	N	A	SA

채점

SA 수 _____ 에 곱하기 5 _____

A 수 _____ 에 곱하기 4 _____

N 수 _____ 에 곱하기 3 _____

D 수 _____ 에 곱하기 2 _____

SD 수 _____ 에 곱하기 1 _____

총 점수: _____

만약 당신과 당신의 배우자가 210점 이상이라면, 당신의 관계는 지속할 만한 가치가 있다.

당신의 점수가 몇 점이든, 나는 이 페이지에 있는 연구와 조언이 서로에게 만족스러운 관계를 만들어 가고 당신의 삶에 의미를 더하기 위해서는 무엇이 필요한지 당신에게 보여 주었기를 바란다. 진정한 사랑을 키우는 첫 번째 단계는 불완전함과 복잡함을 가진 진정한 사랑이 어떤 모습인지 알아보는 것이다. 두 번째 단계는 그것을 존중하는 것이다. 몇 년에 걸쳐 나는 너무 많은 사람들이 배우자로부터 멀어져 좋은 관계를 내팽개치는 것을 보아 왔다. 나는 사랑에서 가장 큰 장애물은 사람들이 자신은 '완벽한' 결혼을 누릴 자격이 있어 불완전한 결혼을 그만두고 떠날 수 있다고 스스로 권한을 부여하는 것이라고 생각하게 되었다. 완벽한 결혼이라는 것이 저 멀리 어딘가에는 분명히 있을 것이다. 안 그런가? 그런데 솔직히 말해서 완벽한 결혼은 존재하지 않는다. 오래 지속되는 어떤 연애도 자신이 생각하는 이상적인 결혼과 똑같을 수는 없다. 완벽한 결혼에 대한 이미지가 우리 부모님의 결혼이든, 유명 인사의 결혼이든 우리가 생각해 낸 결혼이든 말이다.

누군가의 사랑 이야기가 절대로 당신의 이야기가 될 수 없을 거라는 것을 아주 좋은 소식으로 여겨라. 진정한 사랑은 각자의 독특한 재능, 취약성과 별남을 존중하고 이해하는 것으로부터 만들어진다. 당신 부부의 여정은 다른 어떤 부부들의 여정과 같지 않을 것이며, 그렇게 되어야만 한다.

사랑한다는 것은 정지되어 있는 것이 아니다. 시간에 걸쳐 사랑은 깊어진다. 루이스 어드리크$^{\text{Louise Erdrich}}$는 『그림자 꼬리표(Shadow Tag)』라는 소설에서 "나는 왜 처음에 가졌던 그 감정을 되찾을 수 없을까? 서로에게 정신없이 열중하며 서로에게 홀리는 것은 부분적으로 그 사람의 겉모습에 열광하는 상태이며 서로에 대해 아는 것이 없기 때문이다. 사랑에 빠진다는 것은 또한 서로에 대해 안다는 것이다. 오래 지속되는 사랑은 우리가 상대에 관해 알게 된 대부분의 것을 사랑하고 그들이 바꿀 수 없는 결점들을 참을 수 있을 때 온다."[고딕체는 내가 강조한 부분이다.]

오랫동안 헌신된 관계도 어려운 일들을 당할 수 있을 것이다. 우리는 우리가 만들어 낸 실수들과 후회할 만한 사건들의 파편들을 수용해야만 할 것이다. 하지만 사랑하는 협력 관계는 우리에게 삶을 가치 있게 해 주는 목적의식, 좀 더 나은 건강과 더 큰 부유함, 애정 어린 돌봄과 배려라는 놀라운 선물을 준다. 다른 사람을 소중하게 여기는 것을 배우고 그 사람이 당신을 소중하게 여기도록 허용하는 것은 삶에서 가장 큰 축복이다. 사랑은 우리가 가질 수 있는 가장 신성한 경험이다. 서로가 필요할 때 옆에 있어 주어 신뢰를 쌓고, 함께 만들어 낸 것을 소중히 여기고 존중하면서 진정한 감사를 통해 서로에 대한 충실함을 강화한다는 것을 기억하라. 성경의 잠언 31장을 바꾸어 말하면, 훌륭한 배우자는 루비보다 더 소중한 보석이다. 당신이 믿을 수 있는 사랑으로, 당신은 매일 당신의 삶 속에서 악이 아닌 선을 경험할 것이다.

부록

부록 1

친밀한 대화를 위한 네 가지 기술에 도움이 되는 표현법

말이 잘 안 나온다면 다음 표현들을 참고하라.

기술 1. 감정을 말로 표현하기

~가 되고 싶은	무시하는	에너지가 없는
감정이 모순된	뭐라도 때리고 싶은	역겨운
감정이 복잡한	뭐라도 발로 차고 싶은	염려하는
거슬리는	받아들여지지 않는	영감을 받은
거절당한	받아들여진	오해받는
걱정되는	배고픈	외로운
경외감을 느끼는	배신당한	우울한
공격적인	버림받은	우쭐한
괴로운	부끄러운	이해받는
권리를 주장하고 싶은	분한	인정받는
기분이 언짢은	불신하는	인정받지 못하는
기쁜	불안한	자유로운
기진맥진한	비판적인	잘 통하는
긴장한	사과하고 싶은	잘생긴

깜짝 놀란	사랑받는	즐거운
나도 내 마음을 모르는	상처 입은	차분한
낭만적인	서운한	참을 수 있는
놀란	성공적인	초조한
느긋한	섹시한	큰 충격을 받은
다정한	소외된	패배자가 된 것 같은
당신과 가까운	소원한	편안한
당신에게 고마운	속상한	평온한
당혹스러운	수줍은	피곤한
두려운	수치스러운	행복한
따로 떨어진	숙고 중인	혼자인 듯한
마음이 놓이는	신경질이 난	화난
매력이 없는	싸우고 싶은	화낼 이유가 충분한
명랑한	쓰라린	화를 잘 내는
모든 것이 산산조각 난	아름다운	환영받는
모욕당한	얕보는	환영받지 못하는
무고한 희생양이 된 것 같은	어색한, 서먹서먹한	(성적으로) 흥분한
무관심한	어안이 벙벙한	

기술 2. 질문하기

1. 어떤 기분이 들어요?

2. 그 외에 어떤 기분이 들어요?

3. 이 부분에서 가장 필요한 게 무엇인가요?

4. 정말 원하는 게 무엇인가요?

5. 어떻게 된 것인가요?

6. 당신이 지금 말하는 감정의 원인이 되는 사람이 누구인가요?

7. 여기서 정말 하고 싶은 말이 무엇이며, 누구에게 말하고 싶은가요?

8. 생각하는 것조차 두려운 감정이 무엇인가요?
9. 복잡한 감정이 드나요? 어떤 감정인가요?
10. 어떤 선택을 할 수 있다고 생각하나요?
11. 각 선택의 긍정적인 면과 부정적인 면은 무엇인가요?
12. 이것이 우리 관계(또는 다른 관계)에 영향을 미쳤다고 생각하나요? 만약 그렇다면 어떤 영향을 미쳤나요?
13. 다르게 행동했을 수도 있겠다는 생각이 드나요? 어떻게 할 수 있었을까요?
14. 여기서 당신의 의무(또는 임무)는 무엇인가요?
15. 선택이 필요한 부분이 있나요? 어떤 선택을 해야 하나요?
16. 나에게 정말 묻고 싶은 것이 무엇인가요?
17. 이 모든 것에 대한 당신의 의견은 무엇인가요?
18. 당신이 정말 존경하는 사람을 생각해 보세요. 그 사람이라면 이 상황을 어떻게 볼까요?
19. 이런 감정이나 욕구(needs)는 당신에게 어떤 영적, 도덕적, 윤리적, 종교적 의미가 있나요? 그 의미는 무엇인가요?
20. 여기서 못마땅한 것이나 못마땅한 사람이 있나요? 그것이 누구(무엇)인가요?
21. 여기서 존경하는 사람이나 감탄스러운 부분이 있나요? 그것이 누구(무엇)인가요?
22. 여기서 배운 점이 있나요? 무엇을 배웠나요?
23. 여기서 가장 많은 영향을 받을 사람은 누구인가요? 어떤 영향을 받을 것이며, 왜 그럴까요?
24. 이것 때문에 개인적으로 떠오르는 과거 경험이 있나요? 어떤 경험이었나요?
25. 지금 꺼내는 이야기는 당신에게 어떤 의미가 있나요?
26. 이것이 당신의 정체성이나 자아상에 어떤 영향을 주나요?
27. 이 상황이 당신에게 어떤 영향을 주나요?
28. 이 상황이 당신을 어떻게 변화시키나요?
29. 당신은 어떻게 변했나요? 또는 어떻게 변하고 있나요? 그리고 그것이 이 상황에 어떤 영향을 미쳤나요?
30. 이 모든 일이 어떻게 시작되었나요? 무엇이 시초가 되었나요?
31. 여기서 당신이 주로 보이는 반응이나 불만은 무엇인가요?
32. 여기서 누가 가장 잘못했다고 생각하나요?
33. 향후 5년간 이 일이 어떻게 해결될 것 같나요?

34. 향후 5년간 이 일이 어떻게 해결되기를 바라나요?
35. 6개월 시한부 선고를 받았다면, 당신에게 가장 중요한 것은 무엇일까요?
36. 여기서 당신의 목표는 무엇인가요?
37. 이 모든 것이 당신의 전반적인 삶에 어떤 의미가 있다고 생각하나요?
38. 여기서 당신을 화나게 하는 것이 있다면 무엇인가요?
39. 여기서 당신이 해야 할 일은 무엇인가요? (예를 들어 당신이 책임져야 하는 일은 무엇인가요?)
40. 여기서 가장 '밥맛 떨어지게' 하는 것은 무엇인가요?
41. 스스로 갈등을 느끼는 부분이 있나요? 어떤 부분인가요?

기술 3. 좀 더 깊이 탐색하기

1. 그 이야기를 좀 해 주세요.
2. 당신의 모든 감정을 알고 싶어요.
3. 잘 듣고 있으니 말해 보세요.
4. 당신의 이야기를 듣는 것이 지금 저에게는 가장 중요해요.
5. 우리에게는 이야기할 시간이 많아요.
6. 여기서 당신이 가장 우선적으로 생각하는 것이 무엇인지 말해 주세요.
7. 지금 당장 무엇이 필요한지 말해 주세요.
8. 여기서 당신이 어떤 선택을 할 수 있다고 생각하는지 말해 주세요.
9. 여기서 무엇을 해야 할지 몰라도 돼요. 그래도 무엇을 해야 할 것 같은지 생각해 봐요.
10. 아주 분명하게 말하고 있어요. 계속해서 말해요.
11. 여기서 당신이 어떤 기분을 느끼는지 모두 말해 주세요.
12. 내가 당신의 기분을 좀 더 잘 이해할 수 있도록 도와줘요. 더 말해 봐요.
13. 이미 생각하고 있는 해결책이 있는 것 같네요. 그 해결책이 무엇인지 말해 주세요.
14. 내가 이 상황을 당신의 관점에서 이해할 수 있도록 도와줘요. 당신에게 가장 중요한 것이 무엇인지도 말해 주세요.
15. 여기서 가장 걱정되는 일이 무엇인지 말해 주세요.
16. 이 상황을 어떻게 보고 있는지 좀 더 말해 주세요.

17. 여기서 당신이 내려야 하는 결정이 무엇인지 말해 주세요.

18. 이 상황과 관련된 사람 중 한 사람의 태도를 바꿀 수 있다면 어떻게 하고 싶은지 말해 주세요.

기술 4. 공감 표현하기

1. 정말 그랬겠군요.

2. 당신을 이해할 수 있어요.

3. 정말 절망적인 기분이었겠군요.

4. 이 이야기를 할 때 당신의 절망감이 나에게도 느껴져요.

5. 정말 곤란했겠군요.

6. 얼마나 고통스러운지 알 수 있을 것 같아요.

7. 당신이 이렇게 힘들다는 것을 누구나 인정할 거예요.

8. 당신이 이런 일을 겪지 않았으면 좋았을 텐데.

9. 나는 당신 편이에요.

10. 당신 곁에 (그 자리에) 있었으면 좋았을 텐데.

11. 오, 정말 끔찍했겠군요.

12. 정말 무력감을 느꼈겠네요.

13. 이 이야기를 들으니 마음이 아파요.

14. 당신의 입장을 지지해요.

15. 나도 정말 그렇게 생각해요.

16. 정말 답답하겠어요!

17. 정말로 그랬겠어요.

18. 정말 역겨웠겠네요.

19. 당연히 화나죠.

20. 나라도 그랬을 거예요.

21. 당신이 옳다고 생각해요.

22. 정말로 힘들겠군요. 나도 느껴져요.

23. 이런 상황을 벗어나면 정말 좋겠네요.

24. 그것 때문에 짜증이 났군요.

25. 나라도 화났을 거예요.

26. 정말 화가 나네요.

27. 정말 황당하네요.

28. 정말 끔찍하네요.

29. 당신이 하는 말에 동감하는 편이에요.

30. 나라도 실망했겠네요.

31. 나라도 상처 받았을 거예요.

32. 나라도 슬펐을 거예요.

33. 오 저런, 불쌍해라!

34. 아, 정말 힘들었겠네요.

35. 네, 이해할 수 있을 것 같아요. 그러니까 ~한 기분/생각이 든다는 말이죠?

36. 그러니까 당신의 말은······.

37. 나라면 힘들었을 거예요.

38. 내가 당신을 가장 존경하는 부분은······.

39. 나라면 불안해했을 거예요.

40. 좀 무섭게 들리는데요.

부록 2

가트맨의 부부 싸움 후
감정 정리 도구 상자 진행을 위한 제안:
과거의 상처와 상한 감정 치유하기(제9장)

다음은 도구 상자(상비약 상자)의 각 단계에서 자신의 생각과 감정을 전달하는 데 도움이 되는 표현들이다.

1단계. 그 당시 내가 느꼈던 감정

1. 방어적인
2. 아무도 들어주지 않는
3. 상처받은
4. 감정이 복받치는
5. 화난
6. 슬픈
7. 사랑받지 못하는
8. 오해받는
9. 비난받는
10. 당신의 불평에 모욕감을 느낀
11. 당신이 나를 싫어하는 듯한
12. 배려받지 못한
13. 걱정되는

14. 두려운

15. 위험한

16. 긴장되는

17. 내가 맞고 당신이 틀린

18. 둘 다 부분적으로 일리가 있는

19. 걷잡을 수 없는

20. 좌절한

21. 화낼 이유가 충분한

22. 도덕적으로 정당한

23. 부당하게 비난받은

24. 인정받지 못한

25. 환영받지 못한

26. 매력적이지 않은

27. 멍청한

28. 도덕적으로 너무 화나는

29. 당연시 여겨지는

30. 떠나고 싶은

31. 이야기를 끝까지 하고 싶은

32. 감정에 압도당하는

33. 진정이 안 되는

34. 완고한

35. 무력한

36. 영향력이 없는

37. 꼭 이기고 싶은

38. 내 의견은 상관없는(내 의견은 중요하지 않은)

39. 아무런 감정도 없는

40. 나도 내 마음을 모르는

41. 외로운

42. 소외된

43. 꽉 막힌(융통성 없는)

44. 죄책감이 느껴지는

2단계. 나의 욕구

다음은 2단계에서 사람들이 일반적으로 표현하는 욕구들이다. 당시 스스로 느꼈던 모든 감정을 인정하라. 배우자(연인)의 말을 공감하며 경청하라.

1. 내 이야기가 상대에게 잘 경청되고 있다.

2. 안기고 싶다.

3. 도움을 받고 싶다.

4. 이해받고 싶다.

5. 당신에게 내 감정을 인정받고 싶다.

6. 당신이 섹스를 먼저 시작하기를 바란다.

7. 포옹을 더 자주 하기를 바란다.

8. 거부할 수 없을 만큼 내가 매력적인 때가 언제인지 알고 싶다.

9. 아이들에 대한 대화가 늘어나기를 바란다.

10. 당신이 나의 희망과 열망에 대해 물어봐 주기를 바란다.

11. 당신과 대화하고 싶다.

12. 나의 일과에 대하여 당신과 대화하고 싶다.

13. 당신과 따뜻하고 다정한 재회를 바란다.

14. 당신이 나를 더 다정하게 대하고, 스킨십도 자주 하기를 바란다.

15. 하루 일과가 끝나고 나를 다시 만난 당신의 얼굴이 행복해 보이기를 바란다.

16. 당신이 나에게 직장에서 어땠는지 물어봐 주기를 바란다.

17. 내가 대화하고자 할 때 당신이 서류를 내려놓고 컴퓨터에서 얼굴을 들거나 텔레비전 소리를 낮추기를 바란다.

18. 발이나 등을 문질러 주거나 마사지해 주기를 바란다.

19. 집안일을 자청해서 내 부담을 좀 덜어 주기를 바란다.

20. 내가 멋져 보인다고 말해 주기를 바란다.

21. 당신의 이름을 부를 때 대답해 주기를 바란다.

22. 낭만적인 드라이브나 휴가를 가고 싶다.

23. 저녁에 외식하고 영화를 보고 싶다.

24. 함께 느긋하게 목욕하고 싶다.

25. 일주일에 한 번씩 당신이 요리를 하거나 음식을 주문해 먹기를 바란다.

26. 친구를 만나고 싶다.

27. 함께 모험을 하고 싶다.

28. 혼자 있고 싶다.

29. 내가 하는 일을 당신이 고마워하기를 바란다.

30. 당신이 나를 존중해 주기를 바란다.

3단계. 화가 나는 이유

무엇 때문에 화가 나서 심하게 다투었는가? 다음은 화난 이유들이다.

나는……

1. 소외감을 느꼈다.

2. 무력감을 느꼈다.

3. 경청받지 못한다고 느꼈다.

4. 내가 필요한 것을 요청하지 못한 것처럼 느꼈다.

5. 야단맞는 기분이었다.

6. 판단받는 기분이었다.

7. 비난받는 기분이었다.

8. 존중받지 못하는 기분이었다.

9. 당신의 애정이 전혀 느껴지지 않는 기분이었다.

10. 불안하고 두려운 기분이었다.

11. 당신을 믿지 못할 것 같은 기분이었다.

12. 사랑받지 못한다고 느꼈다.
13. 힘들어서 당신이 필요할 때 당신은 내 곁에 없는 것 같다고 느꼈다.
14. 당신이 화낼까 봐 감정을 솔직히 얘기하지 못할 것 같은 기분이었다.
15. 항상 그랬듯이 당신은 아무 잘못 없고 나만 나쁜 사람처럼 느껴졌다.
16. 배려받지 못하는 기분이었다.
17. 사랑받지 못하는 기분이었다.
18. 너무 부당한 대우를 받는 것처럼 느껴졌다.
19. 당신이 화를 내거나 소리를 지르는 것이 힘들게 느껴졌다.
20. 당신이 슬퍼하거나 절망스러워하는 것이 힘들다고 느껴졌다.
21. 답답한 기분이 들었다.
22. 당신은 나에 대해 아무런 열정도 없다고 느껴졌다.
23. 내가 필요한 것을 요청할 수 없다고 느껴졌다.
24. 너무 외롭다고 느꼈다.
25. 통제당하는 기분이 들었다.
26. 조종당하는 기분이 들었다.

4단계. 책임지기

싸움이나 오해가 있었던 부분에서 당신이 했던 것에 대해 표현하라.

1. 짜증을 많이 냈다.
2. 당신에 대한 감사를 표현하지 않았다.
3. 당신의 고마움을 몰랐다.
4. 너무 예민했다.
5. 너무 비판적이었다.
6. 속에 있는 생각을 많이 나누지 못했다.
7. 정서적으로 당신과 교감하지 못했다.
8. 평소보다 당신을 외면했다.

9. 너무 쉽게 화를 냈다.
10. 우울했다.
11. 배 째라는 식이었다.
12. 다정하지 못했다.
13. 우리를 위한 시간을 내지 못했다.
14. 당신의 말을 잘 들어 주지 못했다.
15. 필요한 것을 부탁하지 않았다.
16. 희생자처럼 굴었다.
17. 혼자 있어야 한다고 생각했다.
18. 다른 사람을 배려하는 데 관심이 없었다.
19. 다른 일에 정신이 팔려 있었다.
20. 스트레스를 아주 많이 받았다.
21. 스스로에 대한 확신이 부족했다.
22. 역부족이었다.

사과하기: 미안합니다, 내가

과민 반응을 보였어요.
짜증 내며 퉁명스럽게 굴었어요.
심한 말을 했어요.
당신의 마음에 상처를 주었어요.
너무 무신경했어요.
너무 이기적이었어요.
진정하지 못했어요.
상황을 악화시켰어요.
소리를 질렀어요.
계속해서 당신 말을 가로막았어요.

참을성이 없었어요.
당신의 말을 잘 듣지 않았어요.

<u>요약: 이번 일에 구체적으로 내가 기여한 바는 ~이에요.</u>

5단계. 개선 방법

다음번에 비슷한 일이 일어났을 때 당신의 배우자(연인)가 상황을 개선하기 위해 할 수 있다고 생각되는 방법을 한 가지 적어 보라. 그리고 당신이 할 수 있는 한 가지 방법도 적어 보라.

부록 3

부부들이 섹스를 중단하는 이유: 게임 이론 분석

　미국인들의 침실에서 무슨 일이 벌어지고 있는가? 그렇게 많은 일이 일어나지 않는다는 것을 점점 더 많은 연구가 밝히고 있다. 오래 지속되는 관계에서 성생활이 감소하는 것은 꽤 흔한 일이다. 그 원인이 알려져 있지 않을지라도, 전문가들은 여성들의 열정이 부족하기 때문이라는 탓을 자주 한다. 여성들의 성욕이 떨어졌다거나 여성들은 부부 관계가 아니라 아이들에게 집중한다고 주장하면서 말이다. 제약 회사들은 이런 남녀 욕망의 차이를 알아채고 여성용 비아그라 같은 약으로 그 간극을 좁히는 데 일인자가 되기 위해 치열한 경쟁을 하고 있다. 하지만 여성들이 섹스를 하고 싶은 기분을 갖기 위해 약을 정말로 필요로 할까? 나는 그렇게 생각하지 않는다. 그 문제에 대해 정말 놀랍도록 간단한 해결책이 있다. 나는 게임 이론을 신뢰와 배반의 문제에 적용한 것처럼 이 문제에도 적용함으로써 해결책을 찾았다. 이 접근법은 모든 부부가 다시 사랑에 불을 지피는 것을 도울 수 있는 결과를 냈다. 이익을 얻기 위해 아무도 대수 방정식을 풀 필요는 없다.

　아래에서 나는 이 흔한 딜레마를 풀기 위해 내가 어떻게 정확하게 게임 이론을 사용했는지 보여 줄 것이다. 여기에 다음과 같은 핵심적인 내용이 있다.

부부가 자주 섹스를 하기 위해서는 두 사람 모두 분노, 거부나 어떤 처벌적인 행동으로 상대의 섹스 거절에 반응해서는 안 된다는 것이다. 배우자가 "하기 싫어."라고 말하는 것에 대해 부정적인 이익이 있어서는 안 된다. 사실 배우자를 거절하는 것은 심지어 약간의 긍정적인 이익을 받기도 해야만 한다.

다음과 같은 두 개의 시나리오를 생각해 보라. 이언은 섹스하고 싶고, 에이미는 그럴 기분이 아니다. 그는 에이미가 자신을 거절하는 것을 받아들여야만 한다는 것을 이해하지만, 그 거절이 그에게 괜찮지 않다. 그는 어떤 것에 대한 권리를 가지고 있는 그를 그녀가 거절한다고 믿는다. 만일 그가 그녀가 마음을 바꾸도록 설득할 수 없다면, 그는 샐쭉해지거나, 한숨을 쉬거나, 논쟁을 하거나, 비난을 하거나, 그녀를 무시할 것이다. 그의 부정적인 반응이 어떤 것이든, 그는 에이미를 벌주고 섹스하기 싫다고 말하는 것이 괜찮지 않다는 메시지를 그녀에게 보내는 것이다. 물론 그의 어떤 행동도 그녀에게 섹스를 하고 싶도록 만들지는 않을 것이다. 오히려 역효과를 낼 것이며 그들 사이의 긴장과 분한 마음을 증폭시켜 다음에도 그녀가 섹스를 하고 싶지 않게 만들 것이다.

두 번째 시나리오는 다음과 같다. 에이미가 섹스를 거절할 때, 이언은 그것을 받아들인다. 그는 원한을 품지 않으며 섹스를 권리나 기대로서 간주하지 않는다. 에이미는 하기 싫다고 말하는 것에 대해서도 약간의 긍정적인 이익을 얻는다. 다음에 진부한 시나리오를 사용한 예가 있다.

에이미: 오늘 밤은 싫어. 머리가 아파.

이언: 불쌍한 우리 여보. 백 퍼센트 이해해. 사랑해.

상대를 배려하는 이언의 반응은 "당신은 항상 머리가 아프지."라는 전통적인 반응과 전혀 다르다. 그리고 그것은 훨씬 더 효과적이다. 섹스를 거절하는 것에 대해 긍정적인 이익을 얻는 것이 앞으로 에이미가 좀 더 자주 "하기 싫어."라고 말하게 하지는 않는다. 대신 그 이익은 이언이 그녀를 더 사랑하게 하고, 성생활의 핵심이 단지 성적인 발산 횟수를 증가시키는 것이 아닌, 진정한 사랑을 나눌 수 있게 해준다. 본질적으로 에이미는 섹스에 대해 "하기 싫어."라고 말했고, 이언의 반응은 그녀가 사랑받고 있다고 느끼게 했다. 그리고 우리가 아는 것처럼 애정 어린 분위기 속에서는 섹스를 더 자주 하게 된다. 신뢰하는 관계에서는 섹스가 에로틱할 뿐만 아니라 상당한 시간 동안 열정적으로 지속될 것이다.

하지만 내 말을 곧이곧대로 받아들이지 마라. 수치를 확인해 보자.

게임 이론의 기본적인 개념은 사람들이 자신이 얻는 이익에 기초하여 다른 사람과 교환하는 것을 가치 있게 여긴다는 것이라는 걸 우리는 알고 있다. 우리가 알아차리지 못할지라도, 우리는 언제나 우리의 관계를 평가한다. 긴 하루를 보내고 다시 만난 부부의 예를 보자. 남편이 아내에게 환한 미소를 지어 보인다. 그 미소에 그녀는 성의 없는 미소로 답한다. 그들 각자는 상대의 반응을 '평가'할 것이다. 달리 말하면, 그들은 이 미소를 배우자나 다른 사람(심지어 상상 속의 '다른 사람')이 그들에게 환하게 지어 주었던 다른 미소와 비교할 것이다. 아내는 다음과 같이 생각할 것이다. '우리 남편은 정말 환상적으로 멋진 미소를 나에게 지어 보이네. 나를 보면서 이렇게 행복해하는 다른 남자는 상상조차 할 수 없어.' 하지만 그는 다음과 같이 생각할지도 모른다. '전에는 그녀가 나에게 더 환한 미소를 지어 주었는데. 분명히 다른 사람은 이보다 더 행복한 인사를 해 줄 수 있을 거야.'

만일 우리가 이런 평가에 숫자를 붙일 수 있다면, 우리는 1장에서 알과 제니가 청소하는 딜레마를 풀기 위해 만들었던 표처럼 다음과 같이 표를 만들 수 있다. 이 같은 표를 '이익 행렬표'라고 부를 것이다.

우리는 −5에서 +5까지의 점수 척도를 사용할 것이다. 아내는 남편의 미소를 아주 좋다고 생각해 +5를 준다. 하지만 그는 그녀의 미소에 −3을 준다.

	그녀의 응답 미소
그의 미소	이익 = [−3, +5]

게임 이론은 이런 도표를 사용해서 행동을 분석한다. 그것은 다른 시나리오나 '게임'을 만들어 내고 나서 각 게임 참여자가 추구하는 전략에 따라 받는 상대적인 이익을 계산한다. 그런 게임 중 하나가 수사슴 사냥 게임이다. 이 게임은 협동적인 게임이라서 부부 성생활 문제에 아주 잘 맞는다.

헤스터와 그녀의 남편 빅터가 숲에 들어간다. 그들은 토끼와 수사슴 중 어느 것을 쫓을 것인지 선택한다. 그들은 자신들의 선택에 관해 논의하지 않고 동시에 결정해야만 한다. 게임에서 점수를 얻는 방식은 다음과 같다. 수사슴을 뒤쫓는 데는 두 사람이 필요하다. 그래서 만일 한 사람은 토끼를 잡기로 선택하고 다른 사람이 수사슴을 뒤쫓는다면, 토끼를 잡은 사람은 모든 토끼를 갖고 2점을 얻으며 수사슴을 추적한 사람은 0점을 얻을 것이다. 만일 그들이 힘을 합쳐 수사슴을 쫓는다면, 그들의 협동은 3점을 얻는다. 만일 그들이 함께 토끼를 추적한다면, 그들은 포획물을 나누어 가져 1점씩 받는다. 이런 점수 체계가 다음에 있는 이익 행렬표에 나와 있다(괄호 안의 첫 숫자는 빅터의 이익을 나타내고 두 번째는 헤스터의 이익을 나타낸다).

	헤스터가 수사슴을 쫓는다	헤스터가 토끼를 쫓는다
빅터가 수사슴을 쫓는다	[3, 3]	[0, 2]
빅터가 토끼를 쫓는다	[2, 0]	[1, 1]

이 게임을 분석하기 위해 빅터의 관점에서 상황을 보는 것으로 시작해 보자. 헤스터의 이익이 지금 당장 우리의 관심사가 아니기 때문에, 다음 표에 물음표로 표시했다.

	헤스터가 수사슴을 쫓는다
빅터가 수사슴을 쫓는다	[3*, ?]
빅터가 토끼를 쫓는다	[2, ?]

수사슴이 토끼보다 점수가 더 높아서 우리는 그 선택에 별표를 했다. 게임 이론의 용어로, 빅터가 수사슴을 쫓는 것이 토끼를 선택하는 것을 "절대적으로 지배한다."라고 말한다. 수사슴을 쫓는 것이 분명 더 나은 선택이다.

이제 헤스터가 토끼를 쫓는 것에 기초해서 빅터가 얻는 이익을 나타내는 표를 만들어 보자.

	헤스터가 토끼를 쫓는다
빅터가 수사슴을 쫓는다	[0, ?]
빅터가 토끼를 쫓는다	[1*, ?]

이런 시나리오에서는 빅터가 토끼를 쫓는 것이 수사슴을 쫓는 선택을 절대적으로 지배한다.

이제 헤스터의 관점에서 선택지를 살펴보자. 다시 그녀에게 가장 좋은 선택은 빅터 또한 수사슴을 쫓는다면 그녀도 수사슴을 쫓는 것이다.

	헤스터가 수사슴을 쫓는다	헤스터가 토끼를 쫓는다
빅터가 수사슴을 쫓는다	[?, 3*]	[?, 2]

다음 표는 빅터가 토끼를 쫓을 경우 헤스터의 상황이다.

	헤스터가 수사슴을 쫓는다	헤스터가 토끼를 쫓는다
빅터가 토끼를 쫓는다	[?, 0]	[?, 1*]

만약 위의 세부 표들을 하나의 표로 합치면 다음과 같다.

	헤스터가 수사슴을 쫓는다	헤스터가 토끼를 쫓는다
빅터가 수사슴을 쫓는다	[3*, 3*]	[0, 2]
빅터가 토끼를 쫓는다	[2, 0]	[1*, 1*]

별표가 있는 두 개의 칸을 주목하라. 바로 이 칸들이 게임을 하는 사람들에게 최상의 결과가 동시에 발생하는 곳이다. 우리는 별표 두 개가 있는 칸을 게임의 해결책이라고 부른다. 왜냐하면 그 칸들의 시나리오에서는 경기에 참여한 어떤 사람도 자신이 변화를 주어 더 나은 결과를 얻을 수 없기 때문이다.

예를 들어 두 사람 모두 수사슴을 쫓는 칸인 [3*, 3*]을 살펴보자. 만약 빅터가 토끼로 바꾼다면, 그의 이익은 3점에서 2점으로 떨어지는데 그것은 좋은 선택이 아니다. 헤스터도 같은 결과를 가질 것이다. [3*, 3*]칸은 게임의 '순수 전략' 내쉬 균형이라고 부르는데, 이 경우에는 경기 참여자가 단독으로 다른 전략을 선택함으로써 어떤 나은 결과도 얻을 수 없다.

다른 '해결책' 칸인 [1*, 1*]도 비록 두 게임 참여자에게 낮은 점수를 주지만 또한 게임의 순수 전략 내쉬 균형으로 간주된다. 만약 빅터가 수사슴을 잡는 것으로 바꾼다면, 그의 점수를 1점에서 0점으로 떨어지는데 그것은 좋은 전략이 아니다. 그것은 헤스터가 단독으로 목표물을 바꾸는 것에도 똑같이 좋지 않은 선택이 된다.

이제 우리가 기본 규칙을 가지고 있으니, 헤스터와 빅터가 이 게임을 여러 번 반복하고 그들의 전략을 섞는다면 무슨 일이 일어나는지 살펴보자. 반복된 게임의 상황은 배우자들이 똑같은 교환을 반복해서 자주 하는 실제 관계와 좀 더 비슷하다. 예를 들어 그들은 50퍼센트 시간 동안 수사슴과 토끼 둘 다를 선택할 수도 있다. 하지만 우리는 실제로 각자의 관점에서 '혼합된 전략'이라고 부르는 가장 좋은 반복되는 전략으로 문제를 해결할 수 있다.

빅터가 $\sigma_{수사슴}$(σ은 확률을 나타낸다) 확률을 가지고 수사슴을 사냥하기로 결정하고, 토끼는 $(1-\sigma_{수사슴})$ 확률을 가지고 사냥을 한다고 가정해 보자. 이런 경우 만일 빅터가 $\sigma_{수사슴}$ 확률로 수사슴을 사냥하고 $(1-\sigma_{수사슴})$ 확률로 토끼를 사냥한다면, 헤스터가 수사슴을 사냥하는 경우에 그녀의 기대 이익(EP)은 다음과 같을 것이다.

수사슴을 사냥할 때 헤스터의 기대 이익 = $(3)(\sigma_{수사슴}) + (0)(1-\sigma_{수사슴})$

만약 헤스터가 토끼를 사냥하는 경우의 기대 이익은

토끼를 사냥할 때 헤스터의 기대 이익 = $(2)(\sigma_{수사슴}) + (1)(1-\sigma_{수사슴})$

이제 만일 $EP_{수사슴} = EP_{토끼}$로 한다면, 빅터의 행동은 빅터의 선택의 혼합에서 헤스터의 이익과 상관없다. 그래서 빅터의 혼합된 선택은 그녀에게 받아들여질 수 있다.

$$(3)(\sigma_{수사슴}) + (0)(1-\sigma_{수사슴}) = (2)(\sigma_{수사슴}) + (1)(1-\sigma_{수사슴})$$

$$3\sigma_{수사슴} = 1 + \sigma_{수사슴}$$

$$2\sigma_{수사슴} = 1$$

$$\sigma_{수사슴} = \tfrac{1}{2}$$

그러므로 헤스터는 빅터가 2분의 1의 확률로 수사슴을 쫓고, 2분의 1의 확률로 토끼를 쫓는다고 해도 상관하지 않는다. 그의 선택이 그녀의 이익에 영향을 주지 않기 때문이다. 그래서 빅터에게 혼합 전략이 순수 균형이 아닌 혼합된 전략 내쉬 균형이 될 수 있다.

균형을 이루기 위해서, 비슷한 계산을 하면 혼합된 전략이 역으로 작용하고 있다는 것을 보여 준다. 헤스터가 2분의 1의 확률로 수사슴을, 2분의 1의 확률로 토끼를 선택하든 빅터의 이익에는 상관없다. 그래서 각 게임 참여자가 2분의 1의 확률로 수사슴과 토끼를 선택할 때, 그런 선택은 혼합된 전략 내쉬 균형이다.

제로섬 게임

승자 독식 게임에서는, 이익 행렬의 모든 칸에 승자와 패자가 존재한다. 다음의 예에서, 두 명의 게임 참여자는 동시에 포커 칩을 탁자로 내민다.

	그녀는 레프트(Left)를 내민다	그녀는 라이트(Right)를 내민다
그는 업(Up)을 내민다	[3, -3]	[-2, 2]
그는 다운(Down)을 내민다	[-1, 1]	[0, 0]

이 게임에는 순수 전략 내쉬 균형이 없다. 즉 동시에 게임 참여자가 자신의 최대 이익에 도달하는 방법은 없다.

하지만 이제 혼합 전략 내쉬 균형을 살펴보자. 혼합 전략 내쉬 균형에서는 각자 특정 확률로 선택지를 고른다(이 게임도 여러 번 반복한다는 것을 다시 가정한다). 그는 동전을 던져 업을 낼지 다운을 낼지 결정한다. 결과는 각각 50퍼센트 확률이다. 그러므로 레프트를 내는 것에 대한 그녀의 기대 이익은 다음과 같을 것이다.

$$EP_{레프트} = (0.5)(-3) + (0.5)(1) = -1$$

라이트를 내는 것에 대한 그녀의 기대 이익은 다음과 같을 것이다.

$$EP_{라이트} = (0.5)(2) + (0.5)(0) = 1$$

그래서 만일 편파적이지 않게 동전을 던져서 그가 업을 낼지 다운을 낼지 결정한다면, 그녀는 순수 전략으로 라이트를 낼 것이다. 왜냐하면 그녀의 기대 이익이 레프트를 내는 것보다 더 높기 때문이다. 그가 이것을 알기 때문에, 그는 동전 던지기로 자신의 선택을 무작위로 정하지 않을 것이다.

우리가 이미 봤던 것처럼, 게임 이론 분석은 무엇이 이상적인 혼합 전략 내쉬 균형이 될 것인지를 계산하기 위해 대수를 사용하게 한다. 다시 우리는 다른 사람의 순수 전략들 사이에 적수의 무관심 포인트(indifference point)를 밝혀낸다. 그가 업을 내밀 확률은 우리가 푸는 미지수 $\sigma_{업}$이 된다. 만약 그가 $\sigma_{업}$ 확률을 가지고 업을 낸다면, 그는 $(1-\sigma_{업})$의 확률로 다운을 내야만 할 것이다. 그래서 다른 게임 참여자('그녀')의 기대 이익은 다음과 같이 계산된다.

$$EP_{레프트} = (\sigma_{업})(-3) + (1-\sigma_{업})(1) = -4\sigma_{업} + 1$$
$$EP_{라이트} = (\sigma_{업})(2) + (1-\sigma_{Up})(0) = 2\sigma_{업}$$

우리는 이제 그가 선택한 것에 대해 그녀가 신경 쓰지 않는 $\sigma_{업}$의 값을 찾기 위해서 $EP_{레프트} = EP_{라이트}$로 한다. 계산하면 다음과 같다.

$$EP_{레프트} = EP_{라이트}$$
$$-4\sigma_{업} + 1 = 2\sigma_{업}$$
$$1 = 6\sigma_{업}$$
$$\sigma_{업} = \tfrac{1}{6}$$

요약하면, 만일 그가 6분의 1의 확률로 업을 내고 6분의 5의 확률로 다운을 낸다면, 그녀는 그녀의 기대 이익이라는 면에서 이런 선택에 신경 쓰지 않는다. 그녀는 그가 이런 혼합된 전략을 사용할 때 레프트나 라이트를 냄으로써 더 나은 결과를 얻을 수 없다.

이제 이것을 뒤집어서 그녀의 행동적인 관점과 그의 이익에 대해서 살펴보자. 이제 그녀가 레프트를 내야만 하는 확률인 $\sigma_{레프트}$와 라이트를 내야만 하는 확률인 (1-$\sigma_{레프트}$)를 계산해 보자. 그러면 그는 그녀의 혼합 전략에 신경 쓰지 않을 것이다. 그의 기대 이익이 어떻게 될지 묻는 것으로 시작해 보자.

$$EP_{업} = (\sigma_{레프트})(3) + (1-\sigma_{레프트})(-2) = 5\sigma_{레프트} + 2$$
$$EP_{다운} = (\sigma_{레프트})(-1) + (1-\sigma_{레프트})(0) = -\sigma_{레프트}$$

다음 이 방정식에서 $\sigma_{레프트}$의 그의 무관심 확률을 구할 수 있다.

$$EP_{업} = EP_{다운}$$
$$5\sigma_{레프트} + 2 = -\sigma_{레프트}$$
$$6\sigma_{레프트} = 2$$
$$\sigma_{레프트} = \frac{1}{3}$$

만약 그녀가 3분의 1의 확률로 레프트를, 3분의 2의 확률로 라이트를 낸다면 그는 그녀의 혼합 전략에 신경 쓰지 않은 것이라는 점을 알아냈다.

이 두 게임 참여자의 혼합 전략을 합치면, 게임에 대한 혼합 전략 내쉬 균형을 얻는다. 그러므로 순수 전략 내쉬 균형은 없다고 해도 그 게임의 혼합 전략 균형이 가능했다.

이 혼합 전략은 미소를 짓거나 저녁을 먹거나, 섹스를 하자고 제안하는 것과 같은 행동을 약간의 확률로 주고받는 관계에는 이치에 맞는다. 순수 전략 게임이 해결할 수 없을 때도 게임에 대한 내쉬 균형 해결책이 존재할 수 있다는 것은 흥미롭다. 관계 안에서 섹스를 하자는 초대를 수락하고 거절하는 것에 그것을 적용할 수 있다.

섹스를 수락하거나 거절하기

에이미와 이언의 경우로 돌아가 보자. 매일 둘 중 한 사람은 상대방과 섹스를 하려고 먼저 시도한다. 그들의 이득이 같다고 가정한다면, 이익 행렬은 다음과 같다.

	에이미가 섹스를 수락한다	에이미가 섹스를 거절한다
이언이 섹스를 수락한다	[5, 5]	[1, -1]
이언이 섹스를 거절한다	[1, -1]	[0, 0]

이언과 에이미는 각각 둘 다 섹스를 수락하는 것에 가장 높은 점수인 [5, 5]를 준다. 그들은 섹스를 좋아하고 섹스를 많이 하기를 원한다. 그들은 또한 둘 다 섹스를 거절하는 것에 낮은 점수인 [0, 0]을 준다. 이렇게 하는 것은 일리가 있다. 표의 혼합된 칸에서, 만일 에이미는 수락하고 이언이 거절한다면, 그녀는 행복하지 않고 약간 거절당했다고 느낀다. 그래서 그녀는 -1의 이익을 얻고 이언은 1을 얻는다. 이것은 그녀가 약간 거절당했다고 느끼고 그는 괜찮다는 것을 나타내 준다. 이런 결과는 대칭적이다. 즉 만일 에이미가 거절하고 이언이 수락한다면, 그녀는 1을, 그녀는 -1을 얻는다. 이것은 이런 반복된 확률 세트에서 합리적인 심리적 배열처럼 보인다. 그것은 우리가 설정한 가상의 부부 상황에 딱 맞는다.

그렇다면 이 두 사람 모두 가장 좋은 결과를 수락할 수 있는 방법인 순수 전략 내쉬 균형은 존재하는가? 사실 유일하게 한 가지 존재한다. 그의 관점에서 본 선택지를 살펴보자.

	에이미가 수락한다	에이미가 거절한다
이언이 수락한다	[5*, ?]	[-1, ?]

5점에 확실히 별표가 있다. 그가 거절하는 경우의 표는 다음과 같다.

	에이미가 수락한다	에이미가 거절한다
이언이 거절한다	[1*, ?]	[0, ?]

여기서는 1점에 별표가 있다.

그녀의 관점에서 보면 다음 표가 된다.

	에이미가 섹스를 수락한다
이언이 섹스를 수락한다	[?, 5*]
이언이 섹스를 거절한다	[?, -1]

5점에 확실히 별표가 있다.

그녀가 섹스를 거절하는 경우는 다음과 같다.

	에이미가 섹스를 거절한다
이언이 섹스를 수락한다	[?, 1*]
이언이 섹스를 거절한다	[?, 0]

이번에는 1점에 별표가 있다.

위의 표를 모두 합치면 다음의 표가 된다.

	에이미가 섹스를 수락한다	에이미가 섹스를 거절한다
이언이 섹스를 수락한다	[5*, 5*]	[-1, 1*]
이언이 섹스를 거절한다	[1*, -1]	[0, 0]

그러므로 유일한 순수 전략 내쉬 균형은 둘 다 섹스를 수락하는 것인데, 이것은 놀랄 일이 아니다.

지금까지는 모든 것이 이치에 맞았다. 하지만 이제 그들 각자가 섹스를 수락할 확률과 이 부부에게 예상되는 섹스 빈도를 알 필요가 있다.

행렬에서 이언의 무관심 포인트를 계산할 수 있다.

	에이미가 동의한다	에이미가 거절한다
이언이 동의한다	[5, ?]	[-1, ?]

그리고

	에이미가 동의한다	에이미가 거절한다
이언이 거절한다	[1, ?]	[0, ?]

$$\text{이언}_{\text{에이미 동의}}\text{의 기대 이익(EP)} = 5\sigma_{\text{동의}} + (-1)(1-\sigma_{\text{동의}})$$

$$\text{이언}_{\text{에이미 거절}}\text{의 기대 이익(EP)} = 1\sigma_{\text{동의}} + (0)(1-\sigma_{\text{동의}})$$

기대 이익$_{\text{동의}}$ = 기대 이익$_{\text{거절}}$로 놓으면, 이언의 무관심 점수는 다음과 같이 계산된다.

$$5\sigma_{동의} -1 + \sigma_{동의} = \sigma_{동의}$$

$$5\sigma_{동의} = 1$$

$$\sigma_{동의} = \tfrac{1}{5}$$

그의 기대 이익 면에서 보면 에이미는 그녀의 혼합 전략에 대해 이언이 신경 쓰지 않을 단지 5분의 1의 시간에만 섹스를 하는 것에 동의할 것이고, 그 나머지 5분의 4시간에는 섹스를 거절할 것이다. 이제 그의 혼합 전략은 어떤가?

	에이미가 동의한다
이언이 동의한다	[?, 5]
이언이 거절한다	[?, −1]

	에이미가 거절한다
이언이 동의한다	[?, 1]
이언이 거절한다	[?, 0]

$$기대\ 이익_{이언\ 동의} = 5\sigma_{동의} + (-1)(1-\sigma_{동의})$$

$$기대\ 이익_{이언\ 거절} = 1\sigma_{동의} + (0)(1-\sigma_{동의})$$

기대 이익$_{이언\ 동의}$ = 기대 이익$_{이언\ 거절}$로 놓으면, 에이미의 무관심 점수는 다음과 같이 계산된다.

$$5\sigma_{동의} -1 + \sigma_{동의} = \sigma_{동의}$$

$$5\sigma_{동의} = 1$$

$$\sigma_{동의} = \tfrac{1}{5}$$

만일 이언이 5분의 1시간은 섹스를 하는 것에 동의하고, 5분의 4시간은 거절하는 혼합 전략을 사용한다면, 에이미의 이익 관점에서 그녀는 상관하지 않을 것이다. 아주 좋다. 우리는 혼합 전략 내쉬 균형이 있는 것이다. 만세!

얼마나 자주 그들은 실제로 이런 이익 행렬을 가지고 섹스를 할까? 둘 다 섹스를 수락해야 하기 때문에, 상호 수락 비율은 $\frac{1}{5} \times \frac{1}{5} = \frac{1}{25}$ = 0.04 또는 4퍼센트다. 1년 365일 중에 그들은 약 15일간, 즉 약 3주에 한 번 섹스를 할 것이다. 그들이 이성적인 행렬을 심리적으로 만든 것을 고려한다면, 이것은 이 부부에게 대단히 낮은 수치다. 왜 그런 것인가?

처음 게임 이론 행렬을 다른 각도에서 보고 섹스를 거절하는 것을 변수로 만들어 그것을 알(r)이라고 하고 그것에 대한 이익을 변화시켜 보자.

	에이미가 섹스를 수락한다	에이미가 섹스를 거절한다
이언이 섹스를 수락한다	[5, 5]	[r, r]
이언이 섹스를 거절한다	[r, r]	[0, 0]

그녀에 대한 혼합 방정식은 다음과 같다.

$$5\sigma_{동의} + (r)(1-\sigma_{동의}) = (r)(\sigma_{동의}) + (0)(1-\sigma_{동의})$$

$$\sigma_{동의}(5-2r) = r$$

$$\sigma_{동의} = r/(5-2r)$$

만약 $\sigma_{동의}$ = 0.5이기를 원한다면, 알(r)은 1.25가 되어야만 한다. 그에 대한 혼합 방정식도 똑같다. 그래서 만일 r = 1.25로 한다면, 그들은 $\frac{1}{2} \times \frac{1}{2}$ = 0.25의 비율로 섹스를 할 것이며, 결과적으로 r = 1.25로, 그들은 1년에 91번의 섹스를 할 것이고, 일주일에 약 1.8번의 섹스를 할 것이다.

이 수치는 보고된 전국 평균 수치에 놀랍도록 가깝다. 만일 알(r)을 좀 더 높게 정한다면(즉 거절하는 것에 좀 더 큰 이득이 있다), 그때는 그들이 섹스를 훨씬 더 자주 할 것이다! 예를 들어 만일 r = 1.53이라면, $\sigma_{동의}$ = 0.80, 즉 에이미가 시간의 80퍼센트를 섹스하는 것에 동의하고, 그들은 1년에 0.8 × 0.8 × 365 = 233일 섹스를 할 것이고, 일주일에 약 4번 섹스를 할 것이다. 이것은 이언과 에이미에게 훨씬 더 기분 좋게 느껴진다.

이런 결과는 섹스를 자주 하는 부부에게는 진짜로 괜찮은 것이며, 그들 중 한 사람이 섹스를 거절할지라도 약간 이득이 된다. "원하지 않는다(No)"라고 말하는 것에 실제로 긍정적인 이득이 있음에 틀림없다. 그런 결론이 놀라울 수 있지만, 수학적으로는 말이 된다.

많은 사람들이 이것을 매우 혼란스럽고 복잡하다고 생각한다는 것을 나는 안다. 하지만 우리가 계산해서 얻는 해답은 전혀 복잡하지 않다. 이 게임이론 분석은 섹스를 하고자 하는 욕구가 감소하는 것에 대처하는 부부들을 위해 단순한 전략을 선택하도록 만든다. 만일 둘 중 한 사람이 "오늘 밤에는 하고 싶지 않아!"라고 했을 때 상대방이 (그 상황을) 정말 괜찮다고 여겨지게 만든다면, 앞으로 두 사람이 모두 "좋아!"라고 말할 수 있는 밤이 더 많을 것이다. 여성용 비아그라는 필요 없다. 단지 약간의 세심함이 필요할 뿐이다.

감사의 말

내가 지난 40여 년간 해 온 대부분의 연구는 가장 친한 친구인 로버트 W. 레벤슨 박사와의 공동 연구가 기적처럼 평생 동안 이어져 왔기에 가능했습니다. 레벤슨 박사는 내 결혼식 때 들러리를 서 준 친구이기도 합니다. 그와의 우정에 비할 수 있는 것은 아무것도 없을 것입니다. 그의 우정, 사랑, 동지애라는 큰 축복 덕분에 오랜 기간 동안 함께 세파를 견디며 풍성한 삶을 누릴 수 있었기 때문입니다. 깊고 지속적인 우정 속에 학문의 길을 함께 걸으며 나누었던 웃음과 모든 대화들은 나의 연구에 속속들이 영향을 끼쳤습니다. 그런데 이 책만은 로버트의 사려 깊은 통찰력에 신세지지 않고 썼습니다. 혹시라도 오류가 있다면 그 책임은 전적으로 나에게 있음을 밝힙니다.

지난 16년 동안 나는 보석처럼 아름다운 아내 줄리 앤 슈워츠 가트맨 박사와 함께 연구를 해 왔습니다. 친구이자 동료, 동반자인 줄리 덕분에 나는 비로소 연구만이 아닌 실제 삶에서도 아름다운 부부 관계를 누릴 수 있었습니다. 우리는 함께 일하며 연구하고 토론하며 함께 사랑을 배워 가고 서로 주고받은 상처들을 치유합니다. 그리고 과학에 근거하고 경험으로 입증된 부부 관계 상담법을 임상의들에게 훈련시키는 방법을 함께 개발합니다. 줄리의 전문 지식과 지혜가 없었다면 나와 로버트의 연구 결과에 바탕을 둔 치료법들은 인간의 고통에 대한 깊은 이해와 공감, 세심한 감성이 결여되었을 것입니다. 다행스러운 일이지만 공동 작업을 시작하고 얼마 지나지 않아 누가 무엇을 개발했는지도 기억할 수 없을 만큼 좋은 팀워크를 이룰 수 있었습니다. 줄리는 타고난 편집자이자 집필가이기도 합니다. 그녀는 낸과 내가 책에 나온 개념들을 보다 명확하게 표현할 수 있도록 인내심을 갖고 도와주었습니다. 나의 삶은 줄리의 강인함과 영감, 상상력, 예리한 지성으로 인해 더할 수 없이 풍요로워졌습니다. 줄리 앤, 당신을 진심으로 소중히 여겨요.

지난 수년간 함께 교류하며 연구에 도움을 주었던 소중한 동료 스티브 애셔, 캐롤라인 코원과 필립 코원, 폴 에크먼, 진 골드스미스, 메이비스 헤서링턴, 수전 존슨, 제임스 머리, 빌 핀조프, 로스 파크, 스티브 포지스, 에드 트로닉, 댄 와일, 제프 자익에게도 감사를 전하고 싶습니다.

또한 나와 함께했던 뛰어난 학생들과 실험실 직원들, 동료들에게도 감사의 말을 전하고 싶습니다. 이 책을 쓰는 데 도움을 준 분들은 다음과 같습니다. 줄리아 뱁콕, 레네이 브래들리, 킴 부엘만, 시빌 카레르, 짐 코언, 줄리언 쿡, 재니 드라이버, 샤론 펜티먼, 댄 프렌드, 빌 그리핀, 캐럴 후번, 배네사 카엔존슨, 닐 제이콥슨, 린 캐츠, 이치아르 루자라자, 타라 마디하스타, 하워드 마크먼, 킴 매코이, 제임스 머리, 남은영, 클리프 노태리어스, 제니퍼 파커스트, 레기나 루셰, 조앤 우 쇼르트, 캐트린 스윈슨, 크리스틴 스윈슨, 앰버 타바레스, 댄 요시모토. 오랜 기간 동안 아주 즐겁게 연구할 수 있도록 열심히 일해 주고 창의적인 에너지를 불어넣어 준 그대들에게 감사드립니다.

16년 전 줄리와 내가 이타나 쿠노브스키와 함께 설립한 가트맨 연구소는 지속적인 지원을 아끼지 않았습니다. 이타나의 낙관적 태도와 창의력 덕분에 힘들었던 순간을 여러 번 무사히 넘길 수 있었습니다. 이타나, 고맙습니다. 강의를 하거나 워크숍에서 발표할 때면 내가 운이 좋다는 생각이 듭니다. 참가자 전원이 활기 넘친 데다 열정적이고 부지런한 직원들의 지원을 받는 교수가 몇이나 될까요? 특별히 제이미 브래들리, 크리스티 컨텐트, 리 컬버웰, 벨린다 그레이, 에일리 게레로, 카일 모리슨, 미셸 플레켓, 케이트 램스버그, 앤 스크랜턴, 캐럴 스나이더, 스테이시 워커, 신시아 윌리엄스, 린다 라이트에게 감사를 전합니다. 실험실과 가트맨 연구소의 부부 치료 및 임상의 훈련을 위해 모두 하나가 되어 노력해 준 덕분에 좋은 팀워크를 이룰 수 있었습니다.

최근 앨런 쿠놉스키가 가트맨 연구소의 CEO로 취임했습니다. 그는 남미의 훌륭한 사업가로서 수십 년간 연구소에 지혜와 안정감, 열정, 진취성, 창의력, 따뜻한 온정을 불어넣어 주었습니다. 그리고 우리 부부가 오토바이의 세계로 입문하도록 해 주었습니다. 앨런과 이타나 부부는 우리가 전 세계를 돌아다니며 같은 문제의식을 지닌 치료사와 연구자들을 만날 때마다 동행해 주었습니다.

가트맨 부부 치료사 자격증을 가진 치료사들과 동료들에게도 감사의 마음을 전합니다. 특별히 리사 베이커윌슨, 최성애(크리스티나 최), 조벽, 코니 포이츠, 켄 프레몬스미스, 마샤 고메즈, 앤디 그린도퍼, 바버라 존스톤, 밥 나바라, 데이브 페너, 마이클 레디거, 트루디 새키, 룻 삭스, 모린 소여, 존 슬래터리, 올리아 스미스칼랜드, 테리 스테렌버그, 로런스 스토야노브스키, 미라바이 와베, 대런 윌크, 팻 워시, 레이 발린스키, 린다 보히스에게 감사를 전합니다. 치료사들 역시 우리에게 지식과 영감, 도전 의식을 불어넣어 주었습니다. 이분들은 우리의 삶을 더욱 풍요롭게 만들어 주었을 뿐 아니라, 전 세계 부부 관계 클리닉의 네트워킹을 통해 부부들이 서로를 보다 효과적으로 사랑할 수 있도록 돕고자 하는 우리의 꿈을 공유해 주었습니다. 이분들은 우리의 연구를 생각지도 못했던 먼 곳까지 전하며, 혁신을 통해 새로운 아이디어를 창조하고, 전혀 생각지도 못했던 문제에까지 우리 아이디어를 창의적으로 적용해 주었습니다.

또한 연구 지원금과 중견과학자상을 준 국립정신건강연구소를 비롯하여 꾸준히 연구 자금을 지원해 준 컬린 재단, 탈라리스 연구소, 마케마티카, 연방 아동가족부에게도 감사를 전합니다. 연구는 비용이 높고 투자 회수 기간이 긴 사업입니다. 연구 비용을 지원받기가 점점 어려워지는 상황에서 선견지명 있는 개인 후원자들이 없다면 연구를 중단할 수밖에 없을 것입니다.

오랜 기간 동안 많은 분들의 도움이 있었기에 연구를 진행할 수 있었습니다. 특히 누구보다도 과학의 발전과 이웃의 행복을 위해 자발적으로 연구에 참가해 준 용감한 실험 참여자분들께 무한한 감사의 마음을 전합니다.

낸과 나는 에이전트로서의 전문 지식을 가지고 격려와 지원을 아끼지 않은 카팅카 맷슨에게 감사를 전합니다. 또한 편집자로서의 예리한 시각과 열정, 노하우를 가지고 다양한 제안을 해 준 벤 로넨에게도 감사드립니다.

- 존 가트맨

찾아보기

ㄱ

가트맨라포포트 청사진 176~178, 184, 250, 263, 272
감정 일축형 143~145
감정 정리 도구 상자 213, 240, 357
감정 코칭형 144, 145
감정의 홍수 70, 71, 75, 82, 93, 177, 178, 180, 192, 193, 214, 328
건강한 관계의 집 103, 105, 123, 240
건설적인 갈등 176, 178
게임 이론 36~39, 42, 62, 69, 95, 131, 243, 248, 364, 366, 368, 372, 379, 380
『게임 이론과 경제적인 행동 Theory of Games and Economic Behavior』 36
결핍 28
결혼 치료 223
경계심 38, 70
경멸 45, 77, 79, 81~83, 95, 132, 142, 171, 229, 300
경청 82, 177, 181, 192, 194, 206, 214, 228, 359, 360

고백 76, 101, 153, 242, 243, 250
공감 44, 45, 71, 91, 130, 144, 145, 148, 153, 158~160, 172, 177, 179, 181, 196~198, 201, 202, 206, 209, 211~213, 241, 275, 292, 318, 344, 355, 359, 382
공정성(공정하다) 97, 243, 332, 334, 335
구강성교 279, 280, 284
구술 면접 294, 295, 297
귀인 186
『그림자 꼬리표 Shadow Tag』 346
『그림자 밖으로 Out of the Shadow』 111
『'그저 친구'는 아닌 사이 Not 'Just Friends'』 99
긍정적 감정의 밀물 현상 76, 77, 79
긍정적인 비교 43, 95, 96, 317
기만 120, 126, 136, 158, 167, 208, 219, 264, 295, 331, 333
'끔찍' 상태 45~47, 51, 69, 70, 76, 78, 119, 183

ㄴ

'나' 전달법 181, 182, 204, 206
『나에게 야한 말을 해 줘 Talk Dirty to Me』 285
내쉬 균형 42, 369~372, 374, 375, 377, 379
냉전 36~38, 243
냉정함 238
'너' 전달법 181, 182, 210
네 가지 독 27, 79, 80, 152, 159
노벨상 37, 42
노스캐롤라이나 대학교 223
논의 52, 64~66, 74, 100, 123, 164, 169, 176, 178, 180~183, 188, 189, 193, 196, 208, 213, 214, 217, 232, 273, 315, 326, 367
논쟁 25, 26, 45, 62, 64, 66, 70, 71, 76, 78, 97, 100, 136, 170~172, 176, 187~189, 193, 203, 205, 207, 213, 214, 304, 365

ㄷ

다가가기 73
담 쌓기 45, 71, 79, 82, 83
댄 요시모토 Yoshimoto, Dan 145
데이터 창고 42
도널드 보컴 Baucom, Donald 223
도덕 54, 88, 105, 240, 246, 341, 353, 358
도박 137
돌프 질만 Zillmann, Dolf 113
동거 49, 109, 122, 133, 179, 188, 295
동맹의 증거 335

ㄹ

레이철 엘블링 Ebling, Rachel 67
렌 시미 Syme, Len 329
로니 바르바크 Barbach, Lonnie 273
로라 카스텐슨 Carstensen, Laura 42, 325
로버트 레벤슨 Levenson, Robert 64, 67, 196, 302, 325, 381
로버트 액설로드 Axelrod, Robert 243
로버트 크릴리 Creely, Robert 101
로베르트 바이스 Weiss, Robert 76
로빈 윌리엄스 Williams, Robin 223
로이스 버부루게 Verbrugge, Lois 329
루이스 어드리크 Erdrich, Louise 346
리사 버크먼 Berkman, Lisa 329
리처드 래넌 Lannon, Richard 328

ㅁ

말 걸기 사다리 165, 166
멀어지는 대화 73~75, 92, 93, 95, 98, 164, 165
메타 커뮤니케이션 142
모성 327
몰두 112, 147
몰래 숨겨진 마르코프 모델 26
몸짓 언어 45
문제 해결 56, 64, 71, 75, 76, 79, 82, 91, 115, 121, 126, 129, 131, 144, 152, 159, 160, 167, 176, 177, 181, 183~187, 189~191, 193, 195, 198~200, 202, 205~207, 219, 225, 238, 241, 244, 275, 304, 344, 364, 370
『미국 부부들 American Couples』 49

미달이문 순간 72~76, 94, 98, 129, 164, 166, 167, 245
미래 배반 225
미셸 와이너데이비스 Weiner-Davis, Michele 273
미시간 대학교 243

ㅂ

바람피우기 110, 223, 242
바소프레신 113, 114
바퀴벌레 숙소 26, 27, 69, 71, 72, 75, 83, 93, 94, 99, 305, 339
반감 114
디스커버리 박물관 68
방어 45, 79, 81, 82, 138, 147, 156, 177, 181, 182, 187, 188, 192~195, 197, 200, 201, 203, 204, 210, 217, 235, 240, 241, 251, 263~265, 343, 357
배반 지수 293
버니 질버겔드 Zilbergeld, Bernie 259
버나드 메이도프 Madoff, Bernard 333
보수 63~66, 68, 71, 79, 164, 167~172, 175, 184, 203, 211, 339
부부 상담 26, 49, 52, 56, 67, 84, 96, 122, 127, 129, 130, 135, 136, 176, 185, 190, 223, 229, 230, 231, 234, 235, 238~242, 245, 246, 249, 250, 256, 257, 259, 263, 273, 291~293, 295, 297, 381
부엘만 점수 체계 297
부인 49, 102, 130, 135, 185, 256, 260, 296
부재 128~130

부정성 26, 69, 77, 79, 80, 83, 89, 93, 165, 167, 320
부정적 감정의 밀물 현상 76~79, 213, 294
부정적인 비교 92, 94~96, 98, 99, 101, 110, 120, 131, 244, 245
부호화 체계 45
불공평 133~135, 169, 241, 331, 333, 342
불신 27, 29, 40, 41, 89, 93~95, 97, 102, 129, 172, 235, 241, 243, 293, 351
불일치 69, 82, 208
불충실 27
불행한 부부 26, 27, 29, 45, 49, 66, 69, 70, 93, 104, 146, 185, 213, 218, 295, 311, 325, 326, 329, 330
블루마 자이가닉 Zeigarnik, Bluma 75
비난 45, 63, 64, 74, 79, 80, 82, 83, 102, 121, 124,126~128, 135, 156, 171, 181~183, 187, 188, 193, 188, 193, 194, 199, 201, 202, 204, 206~208, 211, 215~217, 241, 245, 272, 301, 302, 357, 358, 360, 365
비밀 28, 90, 91, 93, 100, 101, 104~106, 114, 124, 125, 202, 242, 256, 257, 334, 340
비성적(非性的)인 불륜(비성적 불륜) 123~125
비인격적 섹스 113, 257, 258~260
빅터 프랭클 Frankl, Victor 258
빈센트 버스켄스 Buskens, Vincent 247
빌리 크리스털 Crystal, Billy 109

ㅅ

사과 89, 138, 182, 202, 217, 247, 249, 351, 362
사랑 지도 271, 272, 274, 305
『사랑을 위한 과학 A General Theory of Love』 328
사랑의 연구실 24, 26, 27, 31
살바도르 미누친 Minuchin, Salvador 246
상담 치료사 67, 127, 229, 230, 234, 297
상처 30, 41, 64, 744, 76~78, 88, 100, 111, 121, 126, 128~131, 164, 180, 183, 184, 190,193, 196, 200, 213, 216, 224, 225, 230, 235, 241, 242, 247, 251, 272, 320, 331, 342, 343, 352, 356, 357, 362, 381
셀리 티스데일 Tisdale, Sallie 285
선약된 대화 176, 188, 189, 191, 193, 199, 209, 210, 213, 218, 273
설득 40, 91, 176, 180, 206, 208, 224, 265, 365
성 중독자 111, 112
성교 262, 279~281, 384
성적인 친밀감 28
성 충동 107, 109, 111~113, 115, 189
셜리 글래스 Glass, Shirley 99, 101, 224, 260
셰어 하이트 Hite, Shere 262
소통 27, 72, 79, 84, 132, 141, 142, 146, 152, 175, 205, 251, 261, 263, 303
속죄 240, 241, 247, 249, 250
수 카터 Carter, Sue 327
수사슴 사냥 게임 367, 370
수전 존슨 Johnson, Susan 164, 382
스터즈 터켈 Terkel, Studs 294
스트레스 23, 29, 30, 64, 70, 98, 121, 130, 131, 166, 172, 210, 211, 213, 224, 231~233, 235, 240, 242, 245, 327, 330, 334, 344, 362
시카고 대학교 329
신뢰 게임 331, 332
신뢰 지표 35~37, 39, 41, 43~45, 47~49, 51~53, 56, 57, 62, 65, 93, 97, 102, 218, 328
신뢰성 45, 48, 49, 94, 229, 241
신용 135, 243, 247
신체 이미지 154, 276

ㅇ

아동기 경험 142
안나 루프 Ruef, Anna 196
아나톨 라포포트 Rapoport, Anatol 176
알렉산더 해밀턴 Hamilton, Alexander 137
알아차림 181, 184, 200, 204
알코올 중독 137
애착 손상 164, 327
앤디 크리스텐슨 Christensen, Andy 223
약물 남용 54, 125
에스더 페렐 Perel, Esther 257
엠버 타바레스 Tabares, Amber 168
연민 143, 158, 184, 230, 246
영원한 취약성 183
예측 36, 50, 67, 68, 225, 297
오리건 대학교 76

오르가슴　114, 261, 262, 278, 279, 281~284
오스카어 모르겐슈테른 Morgenstern, Oskar　36
옥시토신　113, 114, 327
『왜 다른 사람과의 섹스를 꿈꾸는가 Mating in Captivity』　257
외도　27~29, 49, 84, 87, 88, 92, 97, 99, 101, 102, 119, 218, 219, 223~225, 229~231, 233, 235, 237~251
외도자　88, 99, 103, 104, 106, 244~249
외상후 스트레스　224, 235, 240, 242
요한(루트비히) 폰 노이만 Von Neumann, Johann　36
용서　175, 229, 235, 238, 241, 247~250, 344
우리감　172, 302
우호감　25, 28, 110
워싱턴 대학 연구실　24
윌리엄 포크너 Faulkner, William　165
유진 젠들린 Gendlin, Eugene　154, 155
의사소통　79, 84, 132, 141, 142, 175, 261, 263, 303
의식화　112
이기심　28, 129, 134, 137
이득　37~43, 46~48, 51, 62, 68, 69, 83, 95, 97, 137, 186, 197, 328, 330, 332, 333, 375, 380
이혼　24, 25, 50, 67, 83, 91, 124, 141, 153, 235, 293, 297, 313, 320
인내　181, 185, 189, 240, 382
일축　88, 100, 143, 144, 145, 148, 165
입증　31, 51, 70, 159, 240, 241, 243, 244, 247, 381

ㅈ

자위행위　113, 114, 281~284
자이가닉 효과　75, 76, 93, 129, 175
장 피아제 Piaget, Jean　151
정서적 부재　129, 130
정서적 조율　71, 72, 141, 145, 148
정서적 학대　120, 132
제니스 드라이버 Driver, Janice　168
제니퍼 슈나이더 Schneider, Jennifer　114
제닝스 브라이언트 Bryant, Jennings　113
제로 섬 게임　37, 83, 93, 304, 371
제임스 코언 Coan, James　327, 382
조건적 충절　121, 122
조앤우드워드 Woodward, Joanne　260
존 내쉬 Nash, John　42
존 카시오포 Cacioppo, John　329
종교　49, 93, 112, 136, 345, 353
'좋음' 상태　45~47, 51, 62, 64, 65, 67, 69
죄수의 딜레마　248
「죄의 과학 The Science of Sin」　230
주관적인 현실　214, 215
줄리 가트맨 Gottman, Julie　5, 155, 237, 240, 381, 382
중독　27, 111~114, 126, 137
'중립' 상태　45~47, 51, 63, 65, 67, 68, 69
지속되는 취약성　193
지시　52, 66, 141, 171, 198, 275, 333, 340, 382~384
직장 남편　123

직장 아내 123
집단적 독백 152
집안일 24, 38~41, 53, 76, 133, 306, 360

ㅊ

찰리 채플린 Chaplin, Charlie 90
책임 29, 39, 74, 78, 81, 104, 124, 128, 134, 157, 168, 171, 177, 190, 192, 201, 202, 209, 216, 217, 226, 235, 241, 245, 246, 250, 264, 311, 312, 334, 341, 354, 361, 381
초감정 142, 143, 145, 148, 180
촉발제 215~217
취약성 92, 165, 183, 184, 189, 193, 205, 215, 218, 342, 346
치유 80, 99, 129, 199, 213, 219, 229, 230, 239~242, 245, 249, 342, 357, 381
친밀한 대화 152, 153, 180, 240, 343, 351

ㅋ

카레일 러스벌트 Rusbult, Caryl 260
캘리포니아 대학교 329
킴 부엘만 Buehlman, Kim 297

ㅌ

타라 마디하스타 Madyhastha, Tara 26, 326, 382
타이거 우즈 Woods, Tiger 111
타협 169, 176, 177, 180, 206~209, 304, 344

토머스 고든 Gordon, Thomas 182
토머스 루이스 Lewis, Thomas 328
톰 브래드베리 Bradbury, Tom 183
투명성 243, 244, 334
특정 정서 부호화 체계(SPAFF) 45

ㅍ

패리 애미니 Amini, Fari 328
패트릭 칸스 Carnes, Patrick 111
페기 보건 Vaughan, Peggy 242
페퍼 슈워츠 Schwartz, Pepper 49
포르노 107, 109, 111, 113~115, 137, 258, 262
『포르노그래피 Pornography』 113
폭력 35, 114, 120, 121
폴 뉴먼 Newman, Paul 260
프리츠 하이더 Heider, Fritz 186
필립 블룸스타인 Blumstein, Philip 49

ㅎ

하이트 보고서 262
하임 기너트 Ginott, Haim 144
합리화 112
『행복한 부부 이혼하는 부부: 행복한 결혼 생활을 위한 7가지 원칙 The Seven Principles for Making Marriage Work』 25
호감과 존중 체계 297, 299
호르몬 70, 114, 327, 328
혼외정사 110
환상 35, 92, 98, 114, 115, 125, 164, 267, 366
회복 30, 56, 69, 74, 75, 79, 82, 87, 88,

91, 100, 121, 130, 136~138, 141, 153, 165, 221, 223~225, 227, 229, 231, 233, 235, 237, 239~241, 243, 245~247, 249, 251, 256, 272, 291, 317, 321, 322, 330
회상 다이얼   43, 44, 196
회피   100
후회할 만한 사건   74~76, 91, 93, 100, 163, 165, 167, 175, 185, 189, 213, 214, 217, 322, 347

기타

MRI   327, 331